FIESTA CRISTIANA

Recursos para la Adoración
Resources for Worship

Escrito y
compilado por
JOEL N. MARTÍNEZ y
RAQUEL M. MARTÍNEZ

ABINGDON PRESS
Nashville, Tennessee

FIESTA CRISTIANA
Recursos para la adoración / Resources for Worship

Índice General

REFLEXIÓN SOBRE LA LITURGIA HISPANA / A REFLECTION ON HISPANIC LITURGY

APÉNDICES

PRÓLOGO

«Vivo por medio de la adoración, ¡pero me está matando!». Con estas terribles palabras un miembro en una de nuestras iglesias nos hizo ver la urgencia de lo que está frente a nosotros, pero que a veces no percibimos tan claramente: que la adoración es lo que nutre a la iglesia; que, como cristianos, es por la adoración –y no solo de pan– que vivimos. A pesar de ello, frecuentemente la adoración parece moribunda y, por lo tanto, incapaz de sustentar la vida.

La iglesia siempre ha vivido por medio de la adoración. Jesucristo, en aquella noche oscura y triste en que fue traicionado, cuando sus discípulos estaban por abandonarlo y cuando el horror de la cruz era inminente, tomó el pan, dio gracias y lo dio a sus discípulos, diciendo: «Tomad, comed. Esto es mi cuerpo que es dado por vosotros». Con esa acción, Jesucristo lanzó su reto y dio respuesta al peligro y al dolor de aquella noche. Y desde entonces, en las catacumbas y en las catedrales, en los bosques y en las funerarias, en las guerras y en las bodas, en medio de pruebas y terrores, los cristianos han partido ese pan y se han alimentado con el Pan de la Vida.

No obstante, para muchas personas la adoración se ha convertido en una experiencia ajena o, a lo sumo, en una ceremonia a la que uno asiste porque es domingo, y «eso es lo que se hace en domingo». Hay muchas razones que podrían explicar este fenómeno, pero este no es el lugar para discutirlas. Dicho lo anterior, sin embargo, cuando menos existe una razón para la que este libro ofrece una respuesta adecuada: para muchas personas la adoración ha cesado de ser una celebración. La adoración es gozosa por naturaleza y es vital recobrar ese sentido de la adoración como una «fiesta cristiana», tal y como el título de este libro lo proclama.

Nuestra celebración no es como otros festejos. Se celebran toda clase de eventos: cumpleaños, aniversarios, graduaciones, promociones. En la mayoría de estos casos se celebra el pasado, lo que ha sucedido, un éxito alcanzado. Celebramos –y ciertamente debemos celebrar– tales momentos, logros y memorias. También en la fiesta de adoración cristiana celebramos el pasado: celebramos lo que Dios hizo por y con nosotros; y especialmente celebramos la vida, muerte y resurrección de Jesucristo. Pero, por sobre todo, nos gozamos porque estamos anticipando el futuro, la gran celebración, la fiesta final de todas las edades, el banquete celestial, el Reino de Dios.

Cuando, al participar de la Santa Comunión, comemos el trozo de pan y bebemos de la copa *en memoria* de Jesús, no solamente recordamos sus sufrimientos en aquella noche oscura de la última cena, o en la cruz, sino que también recordamos su resurrección. Sobre todo recordamos la promesa de su victoria total anunciada por su resurrección, pero todavía por llegar en el día final. Jesucristo mismo lo señaló cuando, en su última cena, les dijo a sus discípulos que solamente participaría con ellos de un vino nuevo en el Reino de Dios (Mateo 26:29; Marcos 14:25). Así que, cuando comemos de este pan y bebemos de este vino, no solamente recordamos la muerte de Jesús, sino también su victoria final.

Esto es lo que hace posible que los cristianos celebremos una fiesta en la adoración incluso en tiempos de dolor y horror. Es difícil estar de fiesta cuando la muerte nos amenaza, o cuando la pena y el dolor roen nuestras entrañas. ¡Pero aún así los cristianos lo hacen! ¿Por qué? Porque miramos hacia el futuro, hacia el tiempo de la gran fiesta cuando «enjugará Dios toda lágrima de los ojos...» (Apocalipsis 21:4); cuando las espadas se convertirán en azadones y no habrá quien infunda temor (Miqueas 4:3-4). Es difícil celebrar nuestra unidad cuando no podemos estar de acuerdo y cuando la discordia destruye el vigor y la energía de la iglesia. ¡Pero aún así los cristianos lo hacen! ¿Por qué? Porque sabemos que, por encima de todas nuestras insignificantes quejas e incluso de nuestros desacuerdos mayores, el tiempo se acerca cuando el propósito de la unidad eterna en Dios se cumplirá (Efesios 1:10). De manera que al reunirnos para adorar a Dios, ¡esta es verdaderamente una celebración! ¡una fiesta! Así que el título de este libro es muy propio.

Una segunda razón por la que muchas personas encuentran la adoración como algo muy remoto o débil es porque nos hemos estancado. Es decir, nuestro patrón de adoración ha permanecido siendo el mismo durante mucho tiempo, y a tal punto hemos sido cautivados por lo que hicieron nuestros antepasados, que no hemos tomado en cuenta lo mucho que ha cambiado la cultura y el modo de vivir en estos últimos años. ¡Cuán extraña se ha vuelto la adoración frente a la realidad que vive el pueblo hoy día! Un caso bien claro es el enorme cambio demográfico que se ha dado en los Estados Unidos durante los últimos veinte años, ¡y qué poco conocimiento tienen las iglesias de esto! Ciudades enteras cambian a tal grado que es común escuchar veinte diferentes lenguas donde hasta hace poco se usaba solamente un idioma. Mientras que las cadenas de *fast food* han reconocido esto y por ello han introducido comidas y sabores nuevos en su menú, la iglesia se ha contentado con la «comida tradicional», aunque esta le resulta cada día más y más extraña a un creciente número de personas.

El hecho de que La Iglesia Metodista Unida publique este libro, y que haya publicado el himnario *Mil Voces Para Celebrar,* son indicadores de que la situación empieza a cambiar. Ya nos hemos dado cuenta que no solamente el mundo, sino hasta nuestros propios vecindarios, ya no son lo que antes eran, y que la situación en la cual la iglesia es llamada a testificar y a servir es muy diferente a la de hace algunos años. Nuestra esperanza es que, al reconocer más extensamente el creciente pluralismo cultural en nuestra sociedad, la iglesia produzca materiales semejantes en otros idiomas. En sí mismo, esto ya es parte de la celebración, parte de la anticipación de esa fiesta final donde una gran multitud de toda tribu, nación, pueblo y lengua que nadie podrá contar cantarán las alabanzas del Cordero (Apocalipsis 7:9-10).

Este libro es sobre la adoración contextualizada. Pero también es sobre la adoración universal. Porque la Iglesia de Jesucristo es una –aunque se encarne en cada cultura y se adore en las lenguas vernáculas– no debe permitir que las diferencias la dividan. Así pues, este libro se puede usar como un recurso para la adoración en el idioma español, y también se puede –y se debe– usar como recurso para la adoración bilingüe. Adoramos en compañía los unos de los otros, cuando estamos juntos físicamente y cuando estamos separados. Para no olvidar esa realidad necesitamos ocasiones para adorar juntos, cerca los unos de los otros, y quizás aun tropezándonos con un idioma diferente al nuestro, ¡pero celebrando nuestra unidad en Cristo!

Joel y Raquel Martínez, así como la Casa Metodista Unida de Publicaciones y la Junta General de Discipulado, rinden un gran servicio no solamente a la comunidad metodista unida latina, o a los metodistas unidos de habla inglesa, sino a la iglesia universal y, sobre todo, a su Rey y Señor. Quiera el Señor, por el poder de su Espíritu, usar este recurso para «la sanidad de las naciones» (Apocalipsis 22:2).

Justo L. González
Decatur, GA

FOREWORD

"I live by worship. Yet it is killing me!" With these shocking words a member of one of our churches alerted us to the urgency of the issues before us. It is by worship that the church lives. It is by worship —and not by bread alone— that each one of us lives. Yet too often worship seems lifeless, and therefore powerless to nurture life.

It is by worship that the church has always lived. On that dark and dismal night on which Jesus was betrayed, when his disciples were about to abandon him, when the horror of the cross loomed large, the Lord Jesus took bread, and he gave thanks, and gave it to his disciples, saying, "Take, eat. This is my body which is given for you." Out of that bread he made his challenge and his response to the perils and the pains of that night. And ever since, in catacombs and in cathedrals, in forest clearings and in funeral parlors, in wars and in weddings, amid trials and terrors, Christians have lived by the breaking of that bread, and by eating of the Bread of Life.

Yet, for too many worship has become an alien experience, or at most a formality one attends because it is Sunday, and this is what one does on Sundays. There are many reasons for this situation, and this is not the place to discuss them. But there is at least one reason why this book is a most adequate response: for many, worship has ceased being a celebration. Worship must be, as the title of this book proclaims, a "Fiesta cristiana." Worship is joyous by its very nature.

Yet, ours is not just any celebration. People celebrate all sorts of things: birthdays, anniversaries, graduations, promotions, achievements. In most of these, what we celebrate is the past, something that has happened, or some milestone we have reached. We celebrate —and we certainly ought to celebrate— such moments, achievements and memories. In the fiesta of Christian worship, we also celebrate the past. We celebrate what God has done for and with us. And most especially we celebrate the life, death, and resurrection of Jesus. But above all, we celebrate the great celebration that is still to come, the final fiesta of all ages, the heavenly banquet, the Reign of God.

When in communion we eat and drink "in remembrance" of Jesus, we not only remember that dark night of the Last Supper, or the cross that followed it. We also remember his resurrection. And above all, we remember the promise of his final victory already announced in the resurrection, but still to come in the final day. Jesus himself pointed us in this direction when in the Last Supper he said to his disciples that he would drink new wine with them in the Reign of God (Mt. 26:29; Mk. 14:25). Thus, when we eat this bread and drink this wine we proclaim and remember both the death of Jesus and his final victory.

This is what makes it possible for Christians to celebrate the fiesta of worship even in times of pain and horror. It is very difficult to have a fiesta when death threatens, or when grief and pain gnaw at our entrails. And yet, Christians do it! Why? Because we are looking forward to the great fiesta, when God "will wipe every tear from their eyes" (Rev. 21:4), when spears will be turned into plowshares, and no one shall make them afraid (Mic. 4:3-4). It is difficult to celebrate our unity when we find it so difficult to agree on so many things, and when dissension tears the very fiber of the church. And yet, Christians do it! Why? Because we know that, in spite of all our petty grievances and our momentous disagreements, the time will come when God's eternal plan of unity will be fulfilled (Eph. 1:10). So, it is truly a fiesta we celebrate, and therefore this book is most aptly named.

Then, there is a second reason why so many find worship remote or powerless. Too often we have become so set in our patterns of worship, so enthralled by what our ancestors did, that we fail to see how culture and life change, and how alien to people's reality worship has become. A clear case of this is the enormous demographic change that has taken place in the United States in the last twenty years, and how little cognizance most churches have taken of it. Entire cities change, to the point that twenty languages are commonly heard when until recently only one was spoken. While fast food chains have been quick to recognize these developments, bringing in new foods and new flavors, churches have been content with their traditional menus, even though the fare is becoming increasingly alien to a growing number of people.

For the United Methodist Church to publish this book, and to have published earlier the hymnal *Mil Voces Para Celebrar* is an indication that things are beginning to change, that we are beginning to realize that not only the world but even our own neighborhoods are no longer what they used to be, and that the situation in which the church is called to witness and to serve is very different than it was a few years ago. It is to be hoped that, in further cognizance of the further growing pluralism in our society, the church will produce similar materials in other languages. This in itself is part of the fiesta, part of the foretaste of that final fiesta when a great multitude that no one will be able to count, out of every tribe and nation, and people and language will sing the praises of the Lamb (Rev. 7:9-10.)

Contextual worship is what this book is about. But it is also about catholic worship. The church of Jesus Christ is one. While it must be incarnate in every culture, and worship in every language, it must not allow such differences to tear it asunder. That is why this book, which may be used as a resource for worship in Spanish, can also —should also— be used as a resource for bilingual worship. We worship in the company of each other, both when we are physically present to each other and when we are apart. But to remind us of that we need occasions when we actually worship together, in physical proximity, perhaps even stumbling over the other's language, but celebrating our unity in Christ!

In providing this resource, Joel and Raquel Martínez, as well as the United Methodist Publishing House and the General Board of Discipleship, are rendering an important service, not only to Latino United Methodists, or to English-speaking United Methodists, but to the entire church catholic, and above all to its one Lord. May that Lord, through the power of the Spirit, make use of it for the healing of the nations! (Rev. 22:2).

Justo L. González
Decatur, GA

INTRODUCCIÓN GENERAL

Si queremos que la adoración incluya la respuesta y la entrega de todo el ser a Dios, es necesario que nos dirijamos a las personas en y por medio de los modismos y la cultura autóctonas. La fe necesita expresarse en el idioma, los ritmos y los sonidos que son parte de la comunidad reunida para la adoración. El testimonio bíblico es que todos los hijos e hijas de Dios han sido creados en la imagen divina, y que la humanidad plena de cada ser humano sólo puede expresarse en su unicidad como criatura. A menos que la persona se vea y se escuche a sí misma en la liturgia, su experiencia en la iglesia será alienante.

Muy a menudo en la iglesia nos hemos equivocado al imponer moldes culturales que invaden y reprimen los dones de otra cultura. Esta tendencia ha constituido un reto a través de toda la historia de la iglesia. Muy frecuentemente el testimonio del evangelio se ha percibido como la dominación cultural de un grupo sobre otro. Las minorías culturales y raciales en los Estados Unidos han luchado contra la exclusividad de las tradiciones culturales impuestas en la adoración y las prácticas de la iglesia. En el caso específico de los hispanos, la respuesta de la iglesia en el área de recursos litúrgicos ha sido –hasta hace poco– simplemente traducir materiales sin ofrecer incentivos para el desarrollo de nuevos recursos. Tampoco se ha incorporado o invitado el uso de la música, los ritmos y tradiciones indígenas en la liturgia. Lo que sí podemos celebrar es el hecho de que el poder del evangelio subvierte esta tendencia e invita a los oprimidos y a quienes se han visto forzados al silencio a participar plenamente en la liturgia de la iglesia.

Esta tendencia de suprimir otras expresiones culturales ha producido dos resultados desafortunados. En primer lugar, ha retrasado el descubrimiento y redescubrimiento de tradiciones importantes provenientes de las culturas e historias de las diversas comunidades que forman parte de la comunidad cristiana mundial. En segundo lugar, la iglesia dominante se ha empobrecido al faltarle la diversidad de tesoros musicales y litúrgicos de culturas diferentes. Más aún, la misión de la iglesia no se ha cumplido tan efectivamente como debiera. Como el Dr. Justo L. González nos ha recordado: «Aunque es cierto que las naciones necesitan el evangelio, también es cierto que el evangelio necesita a las naciones» (*Out of Every Tribe and Nation*, pág. 29). La universalidad del evangelio se afirma solamente cuando todos los acentos de la iglesia universal se reconocen y se reciben.

En el caso de La Iglesia Metodista Unida, uno puede notar los cambios positivos en el área de adoración y música que son reflejados por el *United Methodist Hymnal* de 1989. La variedad musical e himnódica en este himnario contrasta dramáticamente con la uniformidad cultural del himnario publicado en 1966. *The United Methodist Book of Worship,* publicado en 1992, también refleja un aprecio nuevo a las tradiciones y prácticas cristianas de muchas otras culturas. Fue en esta publicación que una práctica hispana de Adviento –Las Posadas– fue oficialmente presentada a la iglesia mayoritaria. También otras tradiciones de grupos étnico-raciales fueron incluidas en forma limitada en este recurso.

Desde entonces, La Casa Metodista Unida de Publicaciones publicó, y la Conferencia General adoptó, un nuevo himnario en español, *Mil Voces Para Celebrar.* Éste fue aprobado en la Conferencia General de 1996 en Denver. Posteriormente, la Casa de Publicaciones comenzó la preparación de un himnario en coreano que ya está disponible. Éste fue oficialmente aprobado en la Conferencia General del 2000. Estos avances y otros representan un esfuerzo prometedor de La Iglesia Metodista Unida para ponerse al día con la necesidad creciente de tener recursos que sean litúrgicamente apropiados y culturalmente relevantes para una audiencia que cada vez es más diversa. Otras denominaciones hermanas han respondido a esta realidad cultural de forma semejante.

Cuando afirmamos el desarrollo y el uso de recursos de adoración que son culturalmente relevantes, toda la iglesia se beneficia. No hay ningún observador serio que no haga la predicción de que habrá cambios dramáticos en el mapa demográfico futuro de los Estados Unidos. Este futuro requiere que todas las iglesias incorporen los dones y tradiciones de esas comunidades nativas e inmigrantes a su forma de ministrarlas. Hacerlo así será una forma de alcanzar fielmente con el evangelio a todos los pueblos y constituirá una afirmación del evangelio mismo.

Un recurso más amplio

La decisión de La Casa Metodista Unida de Publicaciones de comprometerse en la publicación de este recurso es otra de las señales esperanzadoras de que nuestra denominación quiere ser una parte vital de ese futuro diverso y lleno de color que nos espera en este siglo 21. En años recientes, la Junta General de Discipulado, la Casa Metodista Unida de Publicaciones y otras agencias, han respondido al Plan Nacional de Ministerios Hispanos ofreciendo un mayor número de publicaciones y recursos en español para uso en la iglesia (*Módulo I, Módulo II, Manual de Adoración,* y otros. Ver la sección de «Recursos Adicionales» para otros materiales disponibles).

Las peticiones, discusiones y reuniones que precedieron a la publicación del recurso que ahora tienen en sus manos, se han llevado a cabo desde hace varios años. La aprobación del Plan Nacional de Ministerios Hispanos durante la Conferencia General del 1992, y la adopción del Himnario *Mil*

Voces Para Celebrar por la Conferencia General del 1996, aceleró la necesidad de tener un libro de adoración en español. Los autores/editores del presente volumen estuvieron directamente involucrados en muchas de esas conversaciones y reuniones.

Este volumen, *Fiesta Cristiana,* aunque no es un libro de adoración oficial, es un intento para producir un recurso más extenso de ayudas litúrgicas en español para congregaciones y ministerios hispanos. Este recurso es bilingüe con la intención de que así sea más fácil el desarrollo de los ministerios hispanos en congregaciones locales y entre pastores cuyo idioma primario sea el inglés. El título fue escogido para enfatizar que la adoración debe ser gozosa. Una fiesta es una ocasión en donde la música, la danza, el entusiasmo y la participación son centrales; es un momento para afirmar la vida en la comunidad. Creemos que la adoración del Dios viviente –creador, redentor y sustentador de la vida– siempre debe ser una fiesta, un regocijarnos en el Dios de la vida.

Así que con este volumen se intenta responder a dos necesidades que se presentan una y otra vez en una variedad de lugares. La primera es una petición para tener un recurso en español más extenso que puedan usar pastores y líderes de adoración. Para responder a eso, se han desarrollado y escogido materiales litúrgicos que cubren el año cristiano, los días especiales en el calendario metodista unido, y los cultos y ocasiones especiales provenientes de la experiencia hispana de adoración.

En segundo lugar, hay congregaciones no-hispanas que tratan de desarrollar ministerios con el pueblo hispano/latino, y que han expresado constantemente la necesidad de tener versiones de los cultos y ritos que puedan entender. Para poder responder a esta necesidad, una parte de este libro es bilingüe. Se ha tratado de proveer la suficiente dirección de modo que los pastores no-hispanos o comités de adoración puedan ayudar a la congregación a tener una liturgia en español con un modelo metodista unido. Una vez más, el Plan Nacional de Ministerios Hispanos, al llamar a toda la iglesia a responder a la población hispana/latina, ha solicitado a la denominación que desarrolle más recursos bilingües.

Una nota más acerca de la herencia. Entre una de sus características, nuestra herencia metodista incluye la preocupación por el orden y la disciplina, aunque también da valor a la libertad y la experiencia. Juan y Carlos Wesley respetaron las raíces y tradiciones litúrgicas de la Iglesia Anglicana, pero adaptaron sus prácticas para llevar el evangelio al pueblo excluido y abandonado de su época. Nuestra esperanza es que este recurso reafirme las tradiciones litúrgicas cristianas enraizadas en la adoración de los primeros siglos de la iglesia. Entender y usar los ciclos del año cristiano es un ejemplo de esto. Asimismo, reconocemos y afirmamos la necesidad de la adaptación creativa y el enriquecimiento por parte de la iglesia contemporánea. Un buen ejemplo en este volumen es el «Credo del Pueblo Inmigrante». Éste es una expresión contemporánea proveniente de la fe y la experiencia del pueblo de Centroamérica. Es una afirmación nueva y valiosa que la iglesia en todas partes puede recibir, especialmente en este país donde hay constante inmigración de todas partes del mundo.

ORGANIZACIÓN

El libro está organizado según el modelo del *Libro de Adoración Metodista Unido*. Incluye los ciclos del año cristiano, ofrece recursos para días especiales en el calendario metodista unido, añade una versión hispana del *Leccionario Común,* ofrece liturgias específicas de la tradición hispana, y provee recursos para cultos particulares y celebraciones en la vida de la iglesia. Debido a las limitaciones de espacio, las presentaciones y comentarios incluidos son breves. Hay numerosas referencias a *Mil Voces Para Celebrar (MVPC),* y un apéndice con otros recursos que esperamos resulten útiles.

Nuestro deseo y oración más ferviente es que la iglesia se beneficie con el uso de *Fiesta Cristiana* como un poderoso recurso para cumplir con la misión de hacer y nutrir a los discípulos de Jesucristo.

GENERAL INTRODUCTION

If worship is to include the response and offering of the whole person to God, it is imperative that persons be addressed in and through the idiom and culture that are native to them. Faith must find expression in the language, rhythms and sounds that are indigenous to that gathered community. The biblical witness is that all of God's children are made in the divine image and that the full humanity of each person can only be expressed in their creaturely uniqueness. Unless a people can see and hear themselves in the liturgy of worship, their experience in the church will be an alienating one.

Too often the church has erred in imposing cultural modes that submerge and repress the gifts of another culture. This tendency has been a challenge throughout the history of the church. Quite often, the gospel witness has been perceived as one more expression of cultural domination by one group over another. Racial and cultural minorities in the United States have struggled against the uniformity of culturally-imposed traditions in the worship and practice of the church. In the specific instance of Hispanics, the church's response in the area of liturgical resources has been, until recently, to translate the materials with little encouragement to develop new ones. However, it does not incorporate or invite the indigenous music, rhythms or traditions into the liturgy. We can celebrate that the power of the gospel subverts this tendency and invites the silenced and the oppressed into full participation in the liturgies of the church.

This development has produced two unfortunate results. First, it has delayed the discovery and rediscovery of important traditions coming from the cultures and histories of the diverse communities that comprise the Christian community. Secondly, the wider church has been impoverished by the absence of the diverse musical and liturgical treasures among the various cultures. More than this, the mission of the church has been less effective. As Dr. Justo L. González reminds us: "While it is true that the nations need the Gospel, it is also true that the Gospel needs the nations" (*Every Tribe and Nation*, p. 29.) The catholicity of the Gospel is only affirmed as all the accents are heard and celebrated in the life of the church universal.

In the case of The United Methodist Church, in the area of worship and music, one can note the encouraging changes symbolized by the publication of *The United Methodist Hymnal* in 1989. The variety of music and hymnody in that hymnal is in marked contrast to the more culturally unitary hymnal published in 1966. *The United Methodist Book of Worship*, published in 1992, likewise reflects a new appreciation of the Christian traditions and practices arising from many cultures. It was in this publication that a traditional Hispanic Advent practice —Las Posadas (The Dwellings)— was formally introduced to the wider church. Other racial/ethnic group traditions also found limited inclusion in this resource.

Since then, the United Methodist Publishing House published, and the General Conference officially adopted, a Spanish-language hymnal —*Mil Voces Para Celebrar*. This was approved at the General Conference in Denver in 1996. Subsequently, the UMPH began the preparation of a Korean-language hymnal now available. This was officially approved by the 2000 General Conference. These developments, and others, represent a promising effort by The United Methodist Church to "catch up" with the growing need for language appropriate and culturally relevant liturgical resources for an increasingly culturally diverse membership and constituency. Several sister denominations are responding in similar fashion.

By affirming the development and use of culturally relevant worship resources, the whole church will be the beneficiary. There is no serious student of the future who is not predicting dramatic changes in the demographic map of the United States. That future will require all churches to incorporate the gifts and traditions of native and immigrant communities in their practice of ministry. To do so will be a formula for faithful outreach to all people and an affirmation of the Gospel itself.

A More Comprehensive Resource

The decision by Abingdon Press to undertake the publication of this resource is a continuation of hopeful signs that our denomination wants to be a vital part of the diverse and colorful future that awaits us all in the 21st century. In recent years the General Board of Discipleship and the UMPH, along with other agencies, have responded to the National Plan for Hispanic Ministry by offering more Spanish-language publications and resources for use by the church (*Module I, Module II, Manual de Adoración, By Water and the Spirit*, and others. See "Additional Resources" for other materials.)

The requests, discussions and meetings that preceded the publication of this resource go back several years. The approval of the National Plan for Hispanic Ministry by the 1992 General Conference and the adoption of the Spanish-language hymnal *Mil Voces Para Celebrar* by the 1996 General Conference accelerated the call for a book of worship in Spanish. The authors/editors were directly involved in many of these conversations and meetings.

This volume, *Fiesta Cristiana*, while not an official book of worship, is an attempt to produce a more comprehensive resource of liturgical offerings in Spanish for Hispanic congregations and ministries. This resource is also intentionally bilingual in order to facilitate the development of Hispanic ministries by local congregations and pastors whose primary language is English. The title was chosen to underscore that worship is to be joyful. A *fiesta* is an occasion of joyful celebration where music, dance, enthusiasm and participation are central. It is a life-affirming moment in a community's life. We believe the worship of the Living God who is creator, redeemer and sustainer of life should be all about *fiesta*, a rejoicing in the God of life.

Thus, this offering seeks to respond to two recurring needs that were expressed in a wide variety of settings. The primary one was the request for a more comprehensive Spanish resource for pastors and worship planners. In response, the authors have developed and collected liturgical materials covering the Christian year, special days in the United Methodist calendar, and specific services and rites arising from the Hispanic worship experience.

In addition, non-Hispanic congregations seeking to be in ministry with Hispanic people continually express the need for bilingual versions of services and rites. In order to address this need, a portion of the book is bilingual. An attempt has been made to provide sufficient guidance so that a non-Hispanic pastor or worship committee can help the congregation offer a Spanish-speaking liturgy in the United Methodist pattern. Again, the National Plan for Hispanic Ministry, in calling on the whole church to respond to the Hispanic population, has urged the denomination to develop more bilingual worship resources.

One further note on heritage: Our Wesleyan heritage is inclusive of the concern for order and discipline as well as valuing freedom and experience. John and Charles Wesley respected their liturgical roots and traditions in the Anglican Church but adapted their practices to reach the excluded and neglected people in their day with the Gospel. It is our hope that this resource will reaffirm Christian liturgical traditions that are rooted in the earliest worship of the church. The understanding and use of the cycles of the Christian Year is such an example. Correspondingly, the authors recognize and affirm the need for creative adaptation and enrichment by the contemporary church. A good example in this volume is the "Creed of the Immigrant People." It is a contemporary expression coming from the faith and experience of Central American people. It is a new and valued affirmation that the wider church can welcome, especially in this land of continuing immigration from all parts of the globe.

ORGANIZATION

The organization of the volume follows the pattern of the *United Methodist Book of Worship*. It incorporates the cycles of the Christian Year, offers resources for special days in the United Methodist calendar, adds a Spanish version of the Revised Common Lectionary, offers specific liturgies from the Hispanic tradition, and provides resources for occasional services and celebrations in the life of the church.

Due to space constraints, introductions and commentary have been kept to a minimum. There is extensive cross-referencing with *Mil Voces Para Celebrar (MVPC)*, and an appendix of other resources that, it is hoped, will be found useful.

It is the authors' fervent hope and prayer that the church will be served in its disciple-making and disciple-sustaining mission through the use of *Fiesta Cristiana*.

CÓMO USAR FIESTA CRISTIANA

Las siguientes sugerencias van dirigidas a pastores, pastoras, líderes de adoración, y comités de adoración que vayan a usar este recurso. Con esto esperamos que se puedan utilizar mejor las riquezas de nuestras tradiciones litúrgicas, tanto del metodismo unido como de la iglesia ecuménica.

1) *Fiesta Cristiana* puede servir como recurso básico para orientar al comité o equipo de adoración en la congregación local. El pastor, pastora o líder pueden utilizar el libro para educar al comité y a la congregación sobre las tradiciones, prácticas y costumbres que han formado la vida litúrgica de la Iglesia cristiana desde los primeros siglos. En este sentido, *Fiesta Cristiana* puede servir como un «libro de texto» para la iglesia local hispana.

2) Al planearse un culto de adoración, el equipo de adoración o el pastor/pastora puede proceder de la siguiente manera:

   A. Considerar la estación y día del año cristiano como punto de partida.
   B. Consultar el Leccionario Común Revisado para las lecturas bíblicas de ese día.
   C. Considerar los cultos, actos de adoración e himnos de *Mil Voces Para Celebrar*, y *The United Methodist Hymnal* sugeridos en la preparación del culto.
   D. Consultar «Recursos Adicionales» en el Apéndice para identificar otros recursos disponibles.
   E. Seleccionar elementos litúrgicos de este libro, de *Mil Voces Para Celebrar*, *The United Methodist Hymnal*, *The Faith We Sing* (suplemento al *United Methodist Hymnal*), y de otras fuentes, para desarrollar recursos propios de la congregación e incluirlos en el culto.
   F. Para mejor efectuar A-E, se recomienda que el equipo tenga suficientes copias de este libro al realizar la planificación del culto.

3) El libro también se puede usar como recurso en el desarrollo de un estudio congregacional sobre la adoración. Se puede combinar *Fiesta Cristiana*, *Mil Voces Para Celebrar*, *The United Methodist Hymnal*, *The Faith We Sing*, y otros recursos para que la congregación comprenda mejor las raíces bíblicas e históricas de la adoración cristiana.

4) Se permite hacer copia de los cultos y otros recursos únicamente para el uso de la congregación local. No se permite reproducir para distribución sin el permiso de la Casa de Publicaciones de la Iglesia Metodista Unida.

5) Se ha incluido una lista de himnos que se encuentran en *Mil Voces Para Celebrar,* en *The United Methodist Hymnal* y *The Faith We Sing* para hacer referencia entre estos recursos. Esto ayudará en la selección de himnos para cultos bilingües.

6) En este libro se hace referencia extensa a los himnos y cantos de *MVPC.* Se espera que esto promueva el uso del himnario oficial de nuestra Iglesia Metodista Unida entre nuestro pueblo. *Fiesta Cristiana* es complementario a *MVPC.* El uso de ambos fortalecerá las tradiciones litúrgicas del metodismo unido entre nuestro pueblo.

PATRÓN BÁSICO DE ADORACIÓN

El patrón básico de adoración que se usa en La Iglesia Metodista Unida tiene sus raíces en las reuniones que se efectuaban en las sinagogas y en los hogares del pueblo judío incluso antes del tiempo de Jesucristo. En las sinagogas se enfatizaba la lectura e interpretación de las Escrituras (Palabra). En los hogares se acostumbraban las comidas familiares con acciones de gracias y oraciones. Fue el mismo señor Jesús que en una cena familiar con sus discípulos estableció la Comunión (Mesa) como un sacramento.

Los dos aspectos, Palabra y Mesa, representan el corazón de la adoración cristiana hasta el día de hoy. A través de muchos siglos, la iglesia fue dando forma al modelo de culto que ahora usamos como metodistas unidos y que se acostumbra en diversas denominaciones dentro del mundo cristiano.

El patrón básico se compone de cuatro movimientos: 1) Entrada y alabanza, 2) Proclamación de la Palabra y respuesta del pueblo, 3) Acción de gracias del pueblo y la Santa Comunión, 4) El compromiso y la despedida.

ENTRADA Y ALABANZA

La congregación se reúne en el nombre del Señor Jesucristo. Durante estos momentos pueden darse saludos, la bienvenida, anuncios, el preludio, cantos, ensayo de himnos nuevos, música especial, testimonios, momentos de oración, momentos de confesión y palabras de seguridad. Cuando se celebra la Santa Comunión, se incluye una confesión general y las palabras de perdón bajo la acción de gracias del pueblo, y como preparación para participar en la Santa Comunión.

Proclamación de la palabra de Dios y respuesta del pueblo

Se tiene una oración para iluminación, la lectura de las Sagradas Escrituras del Antiguo y del Nuevo Testamento y se predica la palabra. En este momento también se pueden tener cantos especiales, música instrumental, letanías, salmos recitados o cantados. La respuesta a la palabra de Dios puede incluir una afirmación de fe o credo. Y también se puede celebrar el Pacto Bautismal.

Se tienen oraciones de gratitud y de petición, una oración pastoral y se ora el Padrenuestro. También se pueden extender expresiones de paz y recibir los diezmos y ofrendas del pueblo. Si se celebra el sacramento de la Santa Comunión, se traen al frente el pan y la copa al mismo tiempo que se presentan los diezmos y las ofrendas, o se pueden tener ya listos con anticipación en la mesa de la Comunión.

Acción de gracias del pueblo y la Santa Comunión

Así como Jesús dio gracias y bendijo el pan y la copa, también el pastor o pastora y el pueblo dan gracias. En diálogo entre pastor(a) y congregación se recuerda el acto de salvación realizado por Jesucristo, se invoca la presencia del Espíritu Santo y se concluye con alabanza a la Trinidad. El pueblo responde con aclamaciones de alabanza. Se ora el Padrenuestro. Esta oración de Jesucristo es el puente que une la Acción de Gracias y el partimiento del pan y del vino.

El siguiente acto es el partimiento del pan. El pastor o pastora, detrás de la mesa de comunión, levanta el pan y lo parte, ya sea en silencio o con palabras apropiadas. Después levanta la copa en silencio, o con palabras apropiadas y luego anuncia que la mesa está lista e invita al pueblo a venir a la mesa.

En seguida se sirve el pan y la copa a la congregación, así como Jesús los dio a sus discípulos. Toda persona es invitada a participar. Otras personas clérigas, así como personas laicas, pueden asistir al pastor o pastora en esta tarea. Se pueden cantar himnos apropiados durante la comunión.

Para una introducción más extensa, ver la introducción al *Culto con el Sacramento de la Santa Comunión I,* MVPC, págs. 6-8.

Se canta un himno de gratitud, o de acción de gracias después de la Santa Comunión. La congregación afirma su intención de ser fieles discípulos y discípulas y entonces es enviada a cumplir su ministerio en el mundo, en el nombre del Señor Jesucristo, y con la bendición del Dios trino.

Uso del patrón básico

¿Por qué este patrón, y por qué usarlo? ¿Se permite cambiarlo y modificarlo? ¿Se constreñirá el espíritu y se limitará el entusiasmo en alabar a Dios con este patrón? Todas estas preguntas y preocupaciones surgen y se manifiestan entre el pueblo metodista unido. Son preguntas importantes.

Lo primero que debemos afirmar es que dentro del patrón básico se pueden desarrollar una diversidad inmensa de órdenes para el culto. El patrón es solamente una guía y modelo para una adoración ordenada, y no debe tomarse como un obstáculo para una adoración expresiva y entusiasta.

El patrón básico de adoración comunica la teología bíblica y metodista. Además, a través de ese modelo, se reconoce y valora la centralidad tanto de la predicación como del sacramento de la Santa Comunión. Al mismo tiempo enfatiza la convocación del pueblo para adorar a, y en el nombre del Señor. Y por último reafirma que el fin de todo encuentro con Dios en la adoración debe resultar en un nuevo compromiso para ser testigos y siervos y siervas de Jesucristo en el mundo.

Culto de la Santa Comunión

Para una introducción completa a la Santa Comunión, ver la Introducción al Culto con el Sacramento de la Santa Comunión I, MVPC, págs. 6-8.

Entrada y alabanza

La comunidad se congrega

Saludo

La gracia de nuestro Señor Jesucristo sea con ustedes.
Y también contigo.
El Cristo resucitado está con nosotros.
¡Gloria a Dios!
Alabemos a Dios quien nos llama y nos congrega alrededor de su mesa.
Nos sentamos con el Cristo resucitado; de la vid somos las ramas.
En la mesa del Señor experimentamos la unidad.

Himno de alabanza—Sugerencias:

MVPC:
18 Alzo mis manos
29 Alma, bendice al Señor
269 Es Cristo de su Iglesia

UMH:
545 The Church's One Foundation
547 O Church of God, United

Oración de invocación

Dios misericordioso, para quien todos los corazones están abiertos, todos los deseos conocidos y ningún secreto encubierto, purifica los pensamientos de nuestros corazones por la inspiración de tu Santo Espíritu. Al venir a tu mesa, llénanos con tu presencia, para que vivamos en comunión los unos con los otros, como es tu voluntad. En el nombre de Jesucristo. **Amén.**

Acto de alabanza

Gloria sea a ti, Dios todopoderoso.
Tú hablaste y la luz iluminó la oscuridad y lo creado surgió del caos.
Tú respiraste en el polvo de la tierra y nos formaste a tu imagen.
Tú miraste la obra de tus manos, y declaraste que todo era bueno.
Y todavía nos hablas y nos buscas. ¡Alabado seas!
Nos llamas por nombre para dejar nuestra comodidad y para ser tus discípulos y discípulas, compañeras y compañeros.

Tú has venido a nuestro encuentro como refugiado, como niño amenazado, como la Palabra hecha carne.

Nos has salvado humillándote en favor nuestro, extendiendo tus brazos ampliamente para quitar nuestro pecado, caminando por sendas de muerte para llevarnos a la vida una vez más. Y nos encuentras, nos llamas y nos salvas. Por ese amor tuyo ¡Te alabamos, oh Dios!

PROCLAMACIÓN Y RESPUESTA

ORACIÓN PARA RECIBIR ILUMINACIÓN

Oh Dios, abre nuestros corazones y nuestras mentes con el poder de tu Santo Espíritu, de tal manera que, al leer las Escrituras y proclamar tu Palabra, podamos oir con gozo lo que tú nos dices hoy. **Amén.**

LECTURA DEL ANTIGUO TESTAMENTO —*Ver el leccionario, pág. 108.*

SALMO —*Ver el leccionario.*

LECTURA DEL EVANGELIO —*Ver el leccionario.*

HIMNO, CÁNTICO O MÚSICA ESPECIAL —Sugerencias:

MVPC 303 Escuchar tu voz
UMH 550 Christ, From Whom All Blessings Flow

SERMÓN

RESPUESTA A LA PALABRA

Aquí se puede extender una invitación al discipulado cristiano, seguido por un himno de invitación o respuesta, o un himno de Bautismo o confirmación. Aquí es apropiado realizar la confirmación, reafirmación de fe y la recepción de miembros. La congregación puede afirmar su fe, o repetir un credo (ver Credo Hispano, pág. 269).

LA INVITACIÓN

Cristo, nuestro Salvador, nuestro hermano y amigo, invita a su mesa a quienes le aman. El Señor nos invita y nos llama a buscar a otros para que ellos también compartan del banquete, de la comunidad de amor. Cuando partimos el pan compartimos el amor de Cristo, quien dio su vida para darnos redención. Cuando bebemos de la copa afirmamos el nuevo pacto, un pacto de justicia y paz para todos. El pacto de Cristo es el pacto de la nueva criatura, identificada con el prójimo en su caminar.

CONFESIÓN Y PERDÓN

Misericordioso Dios, confesamos que no te hemos amado de todo corazón, y con frecuencia no hemos sido una iglesia fiel. No hemos cumplido con tu voluntad, hemos violado tu ley, nos hemos rebelado en contra de tu amor. No hemos amado a nuestro prójimo y no hemos escuchado la voz del necesitado, de quienes están en prisión, de los recién llegados. Perdónanos, te lo rogamos, y concédenos un espíritu de solidaridad y reconciliación. Por Cristo Jesús. **Amén.**

(silencio)

Escuchen las buenas nuevas: «Dios muestra su amor para con nosotros, en que siendo aun pecadores, Cristo murió por nosotros» (Ro. 5:28). ¡En el nombre de Jesucristo son perdonados!

¡En el nombre de Jesucristo eres perdonado(a)! Amén.

SALUDO DE PAZ

Se puede cantar uno de los siguientes himnos durante el saludo:

MVPC 279 Con gran gozo y placer (primera estrofa y el coro. El coro se puede repetir varias veces).

350 La paz esté con nosotros

OFRENDA

Mientras se reciben las ofrendas, se puede cantar un himno, o se puede tocar música especial. Si no se ha hecho con anticipación, se traen los elementos a la mesa del Señor junto con las ofrendas.

Himno sugerido: MVPC 322 Te ofrecemos, Padre nuestro

ACCIÓN DE GRACIAS Y LA SANTA COMUNIÓN

El Señor sea con ustedes.
Y contigo también.
Eleven sus corazones.
Los elevamos al Señor.
Demos gracias al Señor, nuestro Dios.
Es digno y justo darle gracias y alabarle.

Es verdaderamente digno y justo darte gracias en todo tiempo y en todo lugar, Dios todopoderoso, creador del cielo y de la tierra. Tú nos creaste a tu imagen y semejanza y nos diste vida con tu aliento.

Tú nos redimiste del pecado e hiciste con nosotros un pacto. Tú nos hablaste a través de tus profetas y has sido siempre fiel a tu pueblo a pesar de nuestra rebeldía. Y así, con todo tu pueblo y con toda la compañía del cielo, alabamos tu nombre y nos unimos al himno eterno:

*Santo Jehová, Dios todopoderoso,
  Cielos y tierra proclaman tu gloria.
  ¡Hosanna en lo alto!
  Bendito el que viene en el nombre de Dios.
  ¡Hosanna en lo alto!

Santo eres tú, Señor, y bendito para siempre tu Hijo Jesucristo. Tu Espíritu lo ungió para que predicara las buenas nuevas a los pobres, diera libertad a los presos y oprimidos, y vista a los ciegos. Él vino para anunciar que tu tiempo se había cumplido para nuestra salvación.

Sanó a los enfermos, dio de comer a los hambrientos y comió con los pecadores. Mediante el bautismo de su sufrimiento, muerte y resurrección, diste nacimiento a tu Iglesia, nos liberaste de la esclavitud del pecado y de la muerte, e hiciste con nosotros un nuevo pacto mediante el agua y el Espíritu. Cuando el Señor Jesús ascendió a los cielos, prometió estar siempre con nosotros, en el poder de tu Palabra y del Espíritu Santo.

Al venir a tu mesa, pedimos que tu Espíritu nos transforme para que nosotros también proclamemos las buenas nuevas a los pobres, compartamos nuestra fe y nuestros bienes con los refugiados, los enfermos, los drogadictos, y con quienes se encuentran oprimidos por nuestro egoísmo y nuestra avaricia. Danos el amor y la fortaleza para sentarnos con quienes han sido excluidos por la sociedad. Danos valor para vivir una vida de acuerdo con tu ejemplo.

El Señor Jesús, la noche que fue entregado, tomó pan; y habiendo dado gracias, lo partió y dijo: «Tomad, comed, esto es mi cuerpo que por vosotros es partido: haced esto en memoria de mí». Asimismo tomó la copa, después de haber cenado y dijo: «Tomad de esta copa pues es mi sangre que sella el nuevo pacto para redimir a todo el mundo. Cada vez que tomen de esta copa, háganlo en memoria de mí».

Por eso, recordando la gran misericordia que has mostrado en Jesucristo, te rogamos aceptes este nuestro sacrificio de alabanza y acción de gracias como un sacrificio vivo y santo, en unión al sacrificio de Cristo por nosotros, para que nuestras vidas proclamen el misterio de fe:

  * Cristo murió y resucitó. Cristo vendrá otra vez.

*(*Para la versión musical, ver **Música para la Comunión A**, pág. 63).*

Derrama tu Santo Espíritu sobre quienes estamos aquí reunidos y sobre estos dones de pan y vino; haz que sean para nosotros el cuerpo y la sangre de Cristo, para que seamos el cuerpo de Cristo para el mundo, redimidos por su sangre.

Por tu Espíritu, haznos uno con Cristo, uno con los demás y uno en el ministerio a todo el mundo, hasta que Cristo venga en la victoria final. Mediante tu Hijo Jesucristo, con el Espíritu Santo, a ti sea todo honor y gloria, Dios omnipotente, ahora y siempre.

*Amén.

EL PADRENUESTRO

SE PARTE EL PAN

ORACIÓN DE HUMILDE ACCESO   ¹

No presumimos venir a tu mesa, oh Señor misericordioso, confiados en nuestra rectitud, sino en tus muchas y grandes misericordias. No somos dignos ni aun de recoger las migajas debajo de tu mesa. Mas tú eres el mismo, siempre misericordioso por naturaleza. Concédenos por tanto, Señor, de tal manera participar de este sacramento de tu hijo Jesucristo, que podamos andar en novedad de vida, crecer a su semejanza y que siempre vivamos en Él y Él en nosotros. **Amén.**

*Cordero de Dios, que quitas el pecado del mundo, ten piedad de nosotros. Cordero de Dios, que quitas el pecado del mundo, ten piedad de nosotros. Cordero de Dios, que quitas el pecado del mundo, danos hoy tu paz.

SE COMPARTEN EL PAN Y LA COPA

Se sirven el pan y la copa a la congregación y se dicen estas palabras u otras adecuadas:

Nombre, el cuerpo de Cristo que fue entregado por ti.

Nombre, la sangre de Cristo que fue derramada por ti.

Se pueden cantar himnos mientras se administra la Santa Comunión. Cuando todos hayan recibido los elementos, se deja en orden la mesa del Señor.

*(*Para la versión musical, ver **Música para la Comunión A**, pág. 63).*

Himnos sugeridos: MVPC 316-327. Ver también:

MVPC 150   Hoy celebramos con gozo
     208   Nuevos comienzos trae el día / UMH 383 This Is a Day
           of New Beginnings

UMH: 617   I Come With Joy   628   Eat This Bread
    618   Let Us Break Bread Together   641   Fill My Cup, Lord

El compromiso y la despedida

ORACIÓN

Dios eterno, te damos gracias por este misterio santo en que te has entregado a nosotros. Permite que podamos vivir en el mundo con el poder de tu Espíritu Santo, y entregarnos al servicio de nuestro prójimo. En el nombre de Jesucristo. **Amén.**

HIMNO – Sugerencias

MVPC: 291 Sois la semilla / You Are the Seed
     307 Enviado soy de Dios / Sent Out In Jesus' Name

BENDICIÓN

SALIDA

CULTO DE LA SANTA COMUNIÓN

ENTRADA Y ALABANZA

LA COMUNIDAD SE CONGREGA

SALUDO

La gracia y paz de Dios creador y redentor en Cristo Jesús sea con nosotros. **¡Amén!**
Nos gozamos porque Dios siempre ha estado con nosotros.
¡Dios ciertamente está con nosotros!
Celebremos el fruto de nuestro ministerio y las bendiciones del futuro.
¡Dios ciertamente está con nosotros!
Si Dios es con nosotros, ¿quién contra nosotros?
Nadie, porque el Espíritu nos ha liberado. ¡Dios ciertamente está con nosotros. ¡Amén!

HIMNO DE ALABANZA—Sugerencias:

MVPC: 4 ¡Santo! ¡Santo! ¡Santo!
33 Santo (Holy)
49 Cantemos al Señor

ORACIÓN

Dios todopoderoso, para quien todos los corazones están abiertos, todos los deseos conocidos y ningún secreto encubierto, purifica los pensamientos de nuestros corazones por la inspiración de tu Santo Espíritu, para poder amarte plenamente y alabar dignamente tu santo nombre, por Jesucristo nuestro Señor. **Amén.**

A SERVICE OF HOLY COMMUNION

ENTRANCE

THE GATHERING

GREETING

Grace and peace to you from God our maker and redeemer in Jesus Christ. **Amen!**
We rejoice because throughout the years God has been with us.
God certainly has been with us!
We celebrate the fruits of our ministry and the many blessings yet to come.
God certainly has been with us!
If God is certainly with us, who can be against us?
No one, for the Spirit has set us free. God certainly has been with us. Amen!

HYMN OF PRAISE—Suggestions:

UMH: 64 Holy, Holy, Holy
149 Let's Sing Unto the Lord
MVPC: 33 Santo (Holy)

PRAYER

Almighty God, to you all hearts are open, all desires known, and from you no secrets are hidden. Cleanse the thoughts of our hearts by the inspiration of your Holy Spirit, that we may perfectly love you, and worthily magnify your holy name, through Jesus Christ, our Lord. **Amen.**

ACTO DE ALABANZA
Música especial, la lectura de un salmo u otro acto de alabanza.

PROCLAMACIÓN Y RESPUESTA

LECTURA(S) BÍBLICA(S)

Ver el leccionario (pág. 108) para las lecturas del día.

HIMNO - MVPC 313
    ¡Oh! Cantádmelas otra vez

SERMÓN

AFIRMACIÓN DE FE
(ésta u otra)

Creemos en Dios, quien ha creado y sigue creando; quien ha venido en la humanidad de Jesús a reconciliar y a hacer todo nuevo; quien obra en nosotros a través del Espíritu.
Confiamos en Dios, quien nos llama a ser su Iglesia; a celebrar la vida en su plenitud; a amar y servir a los demás; a buscar la justicia y resistir al mal; a proclamar a Jesús crucificado y resucitado, nuestro juez y nuestra esperanza.
En la vida y en la muerte, en la vida más allá de la muerte, Dios está con nosotros. No estamos solos. ¡A Dios demos gracias!

ORACIONES POR LOS DEMÁS

INVITACIÓN

Cristo invita a su mesa a quienes le aman y sinceramente se arrepienten de sus pecados y procuran vivir en paz con el prójimo. Confesemos

ACT OF PRAISE
Special music or the reading of a psalm, or some other act of praise.

PROCLAMATION AND RESPONSE

SCRIPTURE READING(S)

See the lectionary (p. 108) for the lessons of the day.

HYMN - UMH 600
    Wonderful Words of Life

SERMON

AFFIRMATION OF FAITH
(this or another)

We believe in God, who has created and is creating; who has come to us in the humanity of Jesus to reconcile and to make things new; who works in us through the Holy Spirit. We trust in God, who calls us to be the Church; to celebrate life in all its fullness; to love and to serve our neighbor; to seek justice and to resist evil; to proclaim Jesus Christ crucified and risen, our judge and our hope.
In life and in death, in the life beyond death, God is with us. We are not alone. Let us give thanks to God!

PRAYERS OF THE PEOPLE

INVITATION

Christ our Lord invites to his table all who love him and who earnestly repent of their sin and seek to live in peace with one another. Therefore,

nuestro pecado delante de Dios, y en presencia los unos de los otros:

CONFESIÓN Y PERDÓN

Todas las promesas de nuestros labios, las cargas de nuestros corazones, la angustia y pena con las cuales luchamos y fuimos derrotados, no cambiaron nuestro vivir ni nos trajeron liberación.
¿Escucharás nuestro pesar? ¿Abrirás nuestras prisiones? ¿Aceptarás nuestras oraciones?
Enséñanos a perdonar a quienes nos han herido, a propósito o por error, y a ser perdonados por aquellos quienes hemos herido, a propósito o por error. Borra nuestro pecado con tu misericordia. Que las oraciones de nuestro corazón sean aceptables delante de ti, oh Dios, nuestra roca y redentor. Amén.

Escuchen las buenas nuevas: «Dios muestra su amor para con nosotros, en que siendo aun pecadores, Cristo murió por nosotros»¡En el nombre de Jesucristo son perdonados!
¡En el nombre de Jesucristo eres perdonado (a)!

SALUDO DE PAZ

Se intercambian expresiones de la paz de Dios.

OFRENDA

LA GRAN ACCIÓN DE GRACIAS

El Señor sea con ustedes.
Y también contigo.
Eleven sus corazones.

let us confess our sin before God and one another:

CONFESSION AND PARDON

All the vows of our lips, all the burdens of our hearts, all the anguish and regret with which we wrestled and lost, did not change our way of living, and did not bring us deliverance.
Will you listen to our sorrow? Will you open our prisons? Will you accept our prayers?
Teach us to forgive those who have hurt us whether deliberately or by error, and may those whom we have hurt, either deliberately or by error, forgive and pardon us. Wipe away our sin with your great mercy. May the prayers of our hearts be acceptable before you, O God, our rock and our redeemer. Amen.

Hear the good news: "God demonstrates his own love for us in this: While we were still sinners, Christ died for us." In the name of Jesus Christ, you are forgiven!
In the name of Jesus Christ, you are forgiven!

THE PEACE

Signs and words of God's peace are exchanged.

OFFERING

THE GREAT THANKSGIVING

The Lord be with you.
And also with you.
Lift up your hearts.

Los elevamos al Señor.
Demos gracias al Señor nuestro Dios.
Es digno y justo darle gracias y alabarle.

Si experimentamos comunión aquí, si hay alguna bendición, entonces hay esperanza. Podemos ser sanados. ¿Cuál es la promesa?
El Consolador vendrá.
¿Somos uno en el Espíritu?
¡Sí, somos uno en el Espíritu!
Santo Dios, tú nos creaste hijas e hijos de tu Palabra y nos hemos reunido para alabarte y darte gracias. Respiramos con tu aliento; somos hechos a tu semejanza; somos parte de tu creación a la cual llamaste buena. Nos llamaste a salir de la esclavitud; llámanos una vez más. Como hijos e hijas de tu Palabra, nos unimos en alabanza y decimos:

*Santo, Santo Dios, poderoso Señor. Cielo y tierra muestran tu gloria.
¡Hosanna en lo alto!

Guardaste tu promesa. Tanto amaste al mundo que vino Uno en el nombre del Señor que no nos despreció. Ciertamente Él llevó nuestros dolores y cargó nuestras dolencias en una cruz. La noche que fue entregado, tomó el pan y habiendo dado gracias, lo partió y dijo: «Tomad, comed, esto es mi cuerpo que por vosotros es partido». Después de la cena tomó la copa y habiendo dado gracias, dijo:

*(*Para la versión musical, ver **Música para la Comunión B**, pág. 67).*

We lift them up to the Lord.
Let us give thanks to the Lord our God.
It is right to give our thanks and praise.

If communion is experienced here, if there is blessing, then there is hope. We can be healed! What is the promise?
The Comforter will come.
Are we one in the Spirit?
Yes, we are one in the Spirit!
Holy God, you created us women and men of your Word and we praise you and give you thanks. We breathe with your breath; we are made in your image; we share your creation which you called good. You called us out of bondage. Call us once again. As sons and daughters of your Word, we join in praise and thanksgiving, saying:

*Holy, Holy Lord, God of power and might. Heaven and earth are full of your glory.
Hosanna in the highest!

You gave your promise and kept it. Because you loved the world One came in the name of the Lord. He did not despise us; he did not reject us. Surely he bore our sorrow and carried our grief to a cross. On the night in which he was betrayed, he took bread, blessed it and broke it, saying: "Take, eat. This is my body which is given for you." After supper he took the cup, and having blessed it, said: "Drink from this, all of you.

*(For the musical version, see **Música para la Comunión B**, p. 67.)*

«Bebed de ella todos vosotros. Ésta es mi sangre del nuevo pacto derramada para el perdón de los pecados. Haced esto todas las veces que la bebiereis, en memoria de mí».

Y así, recordando los méritos de tu Hijo Jesucristo, te ofrecemos este sacrificio de alabanza y acción de gracias, como un sacrificio vivo y santo en unión al sacrificio de Cristo por nosotros, para que así proclamemos el misterio de fe:

*Cristo murió y resucitó. Cristo vendrá otra vez.

Derrama tu Santo Espíritu sobre quienes estamos reunidos y sobre estos dones de pan y vino; haz que sean para nosotros el cuerpo y la sangre de Cristo, y que nosotros seamos el cuerpo de Cristo para el mundo, redimidos por su sangre.

Ferméntanos con la levadura del valor y la pasión. Bendícenos y quebrántanos al igual que tu Hijo fue bendecido y quebrantado. Álzanos así como su copa fue alzada. Tritura nuestra voluntad y corazón para que el vino de tu amor se desborde en nuestras vidas. Ayúdanos a usar ese amor para derribar barreras; y conquistar el odio, violencia, temor, racismo, y para realizar una reconciliación justa en tu nombre.

EL PADRENUESTRO

SE COMPARTEN EL PAN Y LA COPA

(*Para la versión musical, ver **Música para la Comunión B**, pág. 67).

This is the cup of the new covenant of my blood, poured out for you, and for many, for the forgiveness of sins. Do this, as often as you drink it, in remembrance of me."

And so, in remembrance of these your mighty acts in Jesus Christ, we offer ourselves in praise and thanksgiving as a holy and living sacrifice, in union with Christ's offering for us, as we proclaim the mystery of faith:

*Christ has died; Christ is risen; Christ will come again.

Pour out your Holy Spirit on us who are gathered here, and on these gifts of bread and wine. Make them be for us the body and blood of Christ, that we may be for the world the body of Christ, redeemed by his blood.

Leaven us with courage and with passion. Bless us and break us open, as your Son was blessed and broken. Lift us up, as his cup was lifted. Press our wills and bruise our hearts so that the wine of your love may overflow in our hearts and in our lives. Teach us how to use that love to bring down barriers, to conquer hate, violence, fear and racism, and to help bring about a just reconciliation in your name.

THE LORD'S PRAYER

THE GIVING OF THE BREAD AND CUP

(For the musical version, see **Música para la Comunión B**, p. 67.)

Se sirven el pan y la copa y se dicen estas palabras u otras adecuadas:

Nombre, el cuerpo de Cristo que fue entregado por ti. **Amén.**
Nombre, la sangre de Cristo que fue derramada por ti. **Amén.**

Sugerencias de himnos apropiados para la Comunión:

MVPC: 324 Un pan, un cuerpo
    322 Te ofrecemos, Padre nuestro

DESPEDIDA

Santo Dios, envíanos el Espíritu del Cristo resucitado,
para que podamos ver con nuestros ojos, escuchar con nuestros oídos, y amar con nuestras vidas. Enséñanos a orar hasta que Cristo venga otra vez. En su nombre lo pedimos.

Hasta entonces la jornada continúa. Caminamos, acampamos, y caminamos de nuevo. Y que Dios dirija nuestro caminar. **Amén.**

HIMNO DE DESPEDIDA
MVPC: 307 Enviado soy de Dios

BENDICIÓN

The bread and cup are given to the people, with these or other words:

Name, The body of Christ, given for you. **Amen.**
Name, The blood of Christ, given for you. **Amen.**

Appropriate hymns may be sung during Communion. Suggestions:

UMH: 620 One Bread, One Body
MVPC: 322 Let Us Offer

SENDING FORTH

Holy God, send upon us the Spirit of the risen Christ,
so that we may see with our eyes, hear with our ears, and love with our lives. Teach us how to pray until the day when Christ comes again. In his name, we pray.

Until then, the journey continues. Until then, we walk, we pitch our tent, we walk again. And may God guide us on our way. **Amen.**

SENDING FORTH HYMN
MVPC: 307 Sent Out In Jesus' Name

BENEDICTION

Culto de alabanza con la Santa Comunión

Introducción

El Culto de Alabanza (Praise Worship) se está celebrando con más frecuencia en algunas congregaciones. Aquí se ofrece una alternativa para celebrar un Culto de Alabanza con la Santa Comunión, con unas adaptaciones al texto del rito y usando música contemporánea. Los cantos que aquí se sugieren son de Mil Voces Para celebrar *(MVPC)*, The Faith We Sing *(FWS) y los propios de* Fiesta Cristiana *(FC). Si se puede proyectar la letra de los cantos e himnos en una pantalla, será mejor. También se recomienda que se usen instrumentos musicales, símbolos y objetos que reflejen la vida y cultura del pueblo que se congrega.*

Se espera que este culto inspire el uso de música, cantos, y mensaje que sean de celebración, jubilosos, y que reflejen el gozo del pueblo que ha conocido la gracia renovadora de Cristo Jesús.

Orden de culto

Cantos para congregar al pueblo —Algunas sugerencias:

MVPC: 355 Dios está aquí	FWS: 2049 God Is Here Today
278 Miren qué bueno	2231 O Look and Wonder
73 Sólo tú eres santo	2077 You Alone Are Holy
	2272 Holy Ground
FC: 286 Santo, Santo, Santo / Holy, Holy, Holy	

Bienvenida y saludo

A quienes han llegado para alabar a Dios, ¡bienvenidos y bienvenidas al banquete del Señor! Aquí hay del pan que satisface y de la copa que sacia nuestra sed de Dios.

¡Cristo nos invita a celebrar su nombre!
Alabemos con júbilo.
Como pueblo redimido hagamos fiesta y recordemos
el gozo de nuestra salvación. Amén.

Oración
Se invoca la bendición y dirección de Dios sobre el culto.

Cantos de los salmos —Algunas sugerencias:

MVPC:	44	Te alabarán (Sal.138:4-6)
FC:	284	Jubilosos (Sal.33, adapt.)
FWS:	2002	I Will Call Upon the Lord (Ps. 18:2-3)
	2022	Great Is the Lord (Ps. 35:27b-28)
	2023	How Majestic Is Your Name (Ps. 8:1)

LECTURA DE LA ESCRITURA

Lecturas relacionadas al tema del sermón

SERMÓN

RESPUESTA A LA PALABRA

Se puede repetir un credo (Ver «Afirmaciones de Fe», pág. 265), o se puede cantar un canto relacionado al sermón, o la congregación puede ofrecer testimonios de gratitud a Dios.

OFRENDA

MÚSICA ESPECIAL

INVITACIÓN

La invitación de Cristo a su mesa es para todos. El Señor desea que vengamos sin negar nuestras faltas y errores, pero con hambre y sed de una vida nueva.

CONFESIÓN Y PERDÓN

Abriendo nuestros corazones, confesemos al Señor:
Tú nos conoces, oh Señor. No hemos vivido como tú quieres que vivamos; al contrario, nos hemos alejado de Ti. Ayúdanos a regresar a tus caminos. Deseamos que nos escuches, nos recibas y nos perdones. Nos atrevemos a pedirte esto sólo por Cristo Jesús, tu Hijo y nuestro Salvador. Amén.

Si confesamos nuestros pecados, Él es fiel y justo para perdonar nuestros pecados y limpiarnos de toda maldad (I Juan 1:9). Hermanos y hermanas, crean al Señor cuando les ofrece perdón. ¡En el nombre de Jesucristo ustedes son perdonados!
¡En el nombre de Jesucristo tú también eres perdonado(a)!

Mientras se intercambian expresiones de reconciliación y paz se puede cantar el himno «La paz esté con nosotros», MVPC 350.

El Señor sea con ustedes.
Y también contigo.
Arriba los corazones.
Los levantamos al Señor.
Demos gracias al Señor nuestro Dios.
Es justo darle gracias y alabarle.

En verdad es digno, justo y saludable darte gracias siempre y en todas partes, Dios todopoderoso, creador de todo cuanto existe. Sólo tú eres digno de todo honor y toda alabanza en los cielos y en la tierra. Tú nos diste el soplo de vida y nos formaste a tu imagen y semejanza para ser tus criaturas, la familia de tu amor. En amor nos invitas a recibir los dones y riquezas de tu mano para que nada nos falte. Sólo deseas la gratitud de nuestros corazones y la alabanza de nuestros labios.

Por lo tanto, celebrando y anunciando tu gloria, alabamos tu nombre al unirnos con los coros celestiales en la estrofa eterna:

*Santo, Santo, Santo, Dios de gloria y poder.
Cielos y tierra proclaman tu gloria.
Hosanna, hosanna, hosanna en los cielos.
Bendito aquel que viene en el nombre de Dios.
Hosanna, hosanna, hosanna en los cielos.

Bondadoso Dios, nos hiciste para ti, pero nos alejamos de ti en nuestro pecado. Sin embargo, tú nos buscaste enviando a tu Hijo Jesucristo a rescatarnos. Como el pastor encuentra y regresa a la oveja perdida al redil, así Él nos regresó al rebaño de tu amor. Él sufrió por nosotros y te fue obediente, aún aceptando la muerte para ofrecernos la salvación y traernos nuevamente a ti.

En la noche en que fue entregado cenó con sus discípulos. Esa noche tomó el pan, te dio gracias, lo partió y dijo: «Tomad, comed, esto es mi cuerpo entregado por ustedes. Haced esto en memoria de mí». Después de la cena alzó la copa, te dio gracias y dijo a sus discípulos: «Bebed todos de esto. Esta es mi sangre del nuevo pacto derramada por ustedes y por muchos para el perdón de los pecados. Haced esto en memoria de mí».

Te rogamos que aceptes este nuestro sacrificio de alabanza y acción de gracias como sacrificio vivo y santo en unión al sacrificio de Cristo por nosotros, para que nuestras vidas proclamen el misterio de la fe:

*(*Para la versión musical, ver **Música para la Comunión C**, pág. 68).*

*Jesucristo ha muerto, y ha resucitado. Pronto volverá Jesús.

Ahora, oh Dios, celebramos una vez más la redención de nuestras vidas en la muerte, resurrección y ascensión de Cristo Jesús. Pedimos que derrames tu Espíritu Santo sobre nosotros y sobre este pan y vino. Permite que el pan y el vino sean para nosotros el cuerpo y la sangre de Cristo para que así nosotros seamos el cuerpo de Cristo al servicio de tu reino sobre la tierra. Te rogamos que nos acompañes aquí como Iglesia obediente hasta que nos unamos con todos los santos en el cielo y seamos uno contigo. Por tu Hijo Jesucristo, con el Espíritu Santo en tu santa Iglesia, a ti sea todo honor y gloria, Dios omnipotente, ahora y siempre.

*Amén.

EL PADRENUESTRO

> MVPC: 130 Padre nuestro
> Versión en inglés: *The Lord's Prayer*, pág. 288 de este recurso.

SE COMPARTEN EL PAN Y LA COPA

Se parte el pan y se eleva en silencio o con palabras apropiadas. De igual manera se eleva la copa en silencio o con palabras apropiadas. Se distribuyen los elementos a la congregación. Se pueden cantar himnos y cantos de comunión durante este tiempo. Algunas sugerencias:

> MVPC: 317 El Señor nos ama hoy
> 319 Una espiga / UMH 637 Una espiga / Sheaves of Summer
> 322 Te ofrecemos, Padre nuestro / Let Us Offer to the Father
> 323 Arriba los corazones

LA ORACIÓN DESPUÉS DE LA COMUNIÓN

¡Gracias, oh Dios! Tú que eres digno de toda alabanza nos has perdonado y nos has ofrecido vida nueva. Hemos experimentado la realidad de Cristo en nosotros al comer el pan y beber de la copa. ¿Qué más te podemos pedir? Gracias, bondadoso Dios. Lleva nuestros pasos a un servicio más digno de tu nombre, hoy y siempre. **Amén.**

CANTO DE DESPEDIDA — Algunas sugerencias:

*(*Para la versión musical, ver **Música para la Comunión C**, pág. 68).*

MVPC: 307   Enviado soy de Dios / Sent Out In Jesus' Name
346   El culto terminó

FWS: 2186   Song of Hope / Canto de Esperanza

BENDICIÓN

PRAISE COMMUNION SERVICE

Praise and Worship Services are being celebrated more and more frequently in some congregations. Here is an alternative for the celebration of a Praise and Worship Communion Service, with some text adaptations and using contemporary music. The songs suggested are from Mil Voces Para Celebrar *(MVPC),* The Faith We Sing *(FWS) and this resource,* Fiesta Cristiana *(FC). The words may be shown on a screen. It is suggested that musical instruments, symbols and other objects that reflect the culture of the people gathered be used.*

It is hoped that this service may inspire the use of music, songs and message that are of a celebrative nature and that reflect the joy of a people that has experienced Christ's renewing grace.

ORDER OF WORSHIP

GATHERING SONGS —Suggested:

MVPC:	355	Dios está aquí	/ FWS:	2049	God Is Here Today
	278	Miren qué bueno		2231	O Look and Wonder
	73	Sólo tú eres santo		2077	You Alone Are Holy
				2272	Holy Ground

FC: 286   Santo, Santo, Santo / Holy, Holy, Holy

WELCOME AND GREETING

To all those who have come to praise God: Welcome to the Lord's Banquet! Here is bread that satisfies and the cup that quenches our thirst for God.

Christ invites us to celebrate his name!
Let us praise joyfully!
As a redeemed people, let us make a feast and remember
the joy of our salvation. Amen.

PRAYER

A prayer invoking the blessing and guidance of God in the service.

SONGS OF THE PSALMS —Suggested:
MVPC:	44	Te alabarán (Sal. 138:4-6)
FC:	284	Jubilosos (Sal. 33, adapt.)

43

FWS: 2002   I Will Call Upon the Lord (Ps. 18:2-3)
           2022   Great Is the Lord (Ps. 35:27b-28)
           2023   How Majestic Is Your Name (Ps. 8:1)

SCRIPTURE READING(S)

Readings related to the sermon's topic

SERMON

RESPONSE TO THE WORD
A creed may be used (See AFIRMACIONES DE FE / AFFIRMATIONS OF FAITH, *p. 265,) or a song related to the sermon may be used, or the congregation may offer testimonies of gratitude to God.*

OFFERING

SPECIAL MUSIC

INVITATION

Christ's invitation to the table is for all. The Lord wants us to come without denying our faults and failures, and hungry and thirsty for new life.

CONFESSION AND PARDON

Let us open our hearts and confess to the Lord:
You know us, O God. We have not lived as you want us to live; we have instead strayed from your path. Help us return to your ways. We long for you to listen to us, to receive us and to pardon us. We ask this in the name of Jesus Christ, your Son and our Savior. Amen.

If we confess our sins, he is faithful and just and will forgive us our sins and cleanse us from all unrighteousness (1 John 1:9.)
Brothers and sisters, believe the Lord when he offers pardon.
In the name of Jesus Christ you are forgiven!
In the name of Jesus Christ you are forgiven also!

While the congregation sings "La paz esté con nosotros," MVPC 350, signs of peace and reconciliation may be exchanged.

THE GREAT THANKSGIVING

The Lord be with you.

And also with you.
Lift up your hearts.
We lift them up to the Lord.
Let us give thanks to the Lord our God.
It is right to give our thanks and praise.

It is right, and a good and joyful thing, always and everywhere to give thanks to you, God almighty. You alone are worthy of all honor and praise in heaven and on earth. You gave us the breath of life and formed us in your image to be your children, the family of your love. In love you invite us to receive the gifts and riches of your hand so that we may lack nothing, while you only desire gratitude from our hearts and praise from our lips.

Therefore, celebrating and announcing your glory, we join the heavenly choir and praise your name in the unending hymn:

> *Holy, holy, holy, God of power and might.
> Heaven and earth of full of your glory.
> Hosanna, hosanna, hosanna in the highest.
> Blessed is the One who comes in the name of the Lord.
> Hosanna, hosanna, hosanna in the highest.

Merciful God, you formed us to be yours, but in our sin we strayed. You sent your Son Jesus Christ to save us and, as the shepherd finds the lost sheep and returns it to the flock, he returned us to your flock. He suffered for us, was obedient to you even accepting death to offer us salvation and bring us back to you once more.

On the night in which he gave himself up for us he took bread, gave thanks to you, broke the bread, gave it to his disciples and said: "Take, eat; this is my body which is given for you. Do this in remembrance of me." After supper he took the cup, gave thanks to you, gave it to his disciples and said: "Drink from this, all of you; this is my blood of the new covenant, poured out for you and for many for the forgiveness of sins. Do this in remembrance of me."

We offer ourselves in praise and thanksgiving as a holy and living sacrifice, in union with Christ's offering for us so that our lives may proclaim the mystery of faith:

** *Jesus Christ has died. Jesus Christ is risen. Jesus Christ will come again.**

*(*Para la versión musical, ver **Música para la Comunión** C, pág. 68).*

And now, O God, we celebrate again the redemption of our souls in the death, resurrection and ascension of Jesus Christ. Pour out your Holy Spirit on us gathered here and on these gifts of bread and wine. Make them be for us the body and blood of Jesus Christ that we may be for the world the body of Christ as we serve in your kingdom on earth. Be with us and help us to be an obedient church until we are joined with your saints in heaven and are one with you. Through your Son, Jesus Christ, with the Holy Spirit in your holy Church, all honor and glory are yours, almighty God, now and for ever.

*Amen.

THE LORD'S PRAYER

See *The Lord's Prayer*, p. 288. / MVPC: 130 Padre nuestro

GIVING THE BREAD AND THE CUP

The pastor breaks the bread in silence, or with appropriate words and lifts the cup in silence or with appropriate words. The bread and cup are given to the people. Appropriate songs may be sung during communion. Suggested:

UMH: 637   Sheaves of Summer / MVPC: 319   Una espiga
MVPC: 317   El Señor nos ama hoy
          322   Let Us Offer to the Father / Te ofrecemos, Padre nuestro
          323   Arriba los corazones

PRAYER AFTER COMMUNION

Thank you, O God, you that are worthy of all praise. You have forgiven us and offered us new life. We have experienced the reality of Christ in us as we have received the bread and cup. What more can we ask of you? Thank you, loving God. Guide our steps into service that is more worthy of your name, today and forever. **Amen.**

CLOSING SONG —Suggested:

MVPC: 307   Enviado soy de Dios / Sent out In Jesus' Name
          346   El culto terminó
FWS: 2186   Song of Hope / Canto de Esperanza

BENEDICTION

*(*Para la versión musical, ver **Música para la Comunión C**, pág. 68).*

Culto de la Santa Comunión para el fin del año

Entrada y alabanza

Saludo

La gracia del Señor Jesucristo sea con ustedes.
Y también contigo.
El Cristo resucitado está con nosotros.
¡Alabemos al Señor!

Himno de alabanza —Sugerencias—MVPC:

10	Tu pueblo jubiloso	368	Oh, nuestro Padre, nuestro Dios
16	Te loamos, oh Dios	369	Al umbral de un nuevo año

Oración de adoración

Se hace la siguiente oración u otra similar:

Dios todopoderoso, para quien todos los corazones están abiertos, todos los deseos conocidos y ningún secreto encubierto, purifica los pensamientos de nuestros corazones por la inspiración de tu Santo Espíritu, para que podamos amarte plenamente y alabar dignamente tu santo nombre, por Jesucristo nuestro Señor. **Amén.**

Acto de alabanza o salmo

Se puede tener música especial, o la lectura de un salmo. Sugerencias:

Salmo 90:1-12; Salmo 103:1-18

Testimonios

Se dará oportunidad a la congregación para testificar y dar gracias por las bendiciones recibidas durante el año.

La proclamación de la palabra de Dios y la respuesta del pueblo

Oración para recibir iluminación

Oh Dios, abre nuestros corazones y mentes con el poder de tu Santo Espíritu, de tal manera que, al leer las Escrituras y al proclamar tu Palabra, podamos oir con gozo lo que tú nos dices hoy, y así ser formados por tu santa Palabra. **Amén.**

PRIMERA LECTURA —*Ver el Leccionario Común Revisado, pág. 108.*

HIMNO   Al umbral del año, o Un nuevo año (*Ver págs. 273 y 272*)

SEGUNDA LECTURA —*Ver el leccionario.*

SERMÓN

AFIRMACIÓN DE FE —Credo con las palabras de San Juan, MVPC, pág. 68.

ORACIONES DE GRATITUD Y DE PETICIÓN

Quien oficia, o espontáneamente por miembros de la congregación, se pueden dirigir oraciones breves de gratitud y de petición. Después de cada oración, la congregación responderá: «Señor, escucha nuestra oración». También se puede usar una letanía de intercesión y petición, o se puede ofrecer una oración pastoral.

CONFESIÓN Y PERDÓN

Cristo nuestro Señor invita a su mesa a quienes le aman, a quienes verdadera y sinceramente se arrepienten de sus pecados y procuran vivir en paz y amor con su prójimo. Confesemos, por lo tanto, nuestro pecado delante de Dios, en presencia los unos de los otros:
Dios misericordioso, confesamos que no te hemos amado de todo corazón, y con frecuencia no hemos sido una iglesia fiel. No hemos cumplido con tu voluntad, hemos violado tu ley, nos hemos rebelado en contra de tu amor, no hemos amado a nuestro prójimo y no hemos escuchado la voz del necesitado. Perdónanos, buen Dios, te lo rogamos. Libéranos para que te sirvamos con gozo, mediante Jesucristo nuestro Señor. Amén.

Todos oran en silencio.

Escuchen las buenas nuevas: «Dios muestra su amor para con nosotros, en que siendo aún pecadores, Cristo murió por nosotros» (Romanos 5:8).
¡En el nombre de Jesucristo son perdonados!
¡En el nombre de Jesucristo eres perdonado(a)! Gloria a Dios. Amén.

Se intercambian expresiones de la paz de Dios.

OFRENDA

Mientras se recibe la ofrenda, se puede tener música especial. Las personas previamente designadas traen los elementos para la Comunión junto con las ofrendas a la mesa del Señor. Si éstos ya han sido colocados previamente, entonces se descubren en este momento. Mientras se llevan las ofrendas a la mesa, se puede cantar un himno o una doxología.

Sugerencia: MVPC: 322 Te ofrecemos, Padre nuestro

ACCIÓN DE GRACIAS Y LA SANTA COMUNIÓN

LA GRAN ACCIÓN DE GRACIAS

El Señor sea con ustedes.
Y también contigo.
Eleven sus corazones.
Los elevamos al Señor.
Demos gracias al Señor nuestro Dios.
Es digno y justo darle gracias y alabarle.

Es verdaderamente digno y justo darte gracias en todo tiempo y en todo lugar, Dios todopoderoso, creador del cielo y de la tierra. Tú nos creaste a tu imagen y semejanza y nos diste vida con tu aliento. Cuando nos apartamos de ti y te olvidamos, tu amor permanece inmutable. Tú nos libraste del cautiverio, hiciste un pacto para ser nuestro Dios soberano y nos hablaste por medio de tus profetas. Tú eres el creador del tiempo, eres el Alfa y la Omega. Tú eres desde antes del principio del tiempo y serás después del fin del tiempo. Tú eres el Dios de ayer, de hoy, y del futuro. Así como llamaste a Abraham, a Moisés y a Rut del pasado al futuro, así también nos llamas a nosotros de un momento que se acaba a un momento que está por venir. Oh Dios, confiamos en que tú seguirás siendo nuestro pastor y guía en este año que comienza.

Por tanto, con ángeles y arcángeles y con toda la compañía del cielo, alabamos y magnificamos tu glorioso nombre, ensalzándote siempre y diciendo:

Santo, santo, santo, Señor Dios de los ejércitos. Llenos están los cielos y la tierra de tu gloria. ¡Gloria sea a ti, oh Señor altísimo! Amén.

Santo eres tú y bendito es tu Hijo Jesucristo, al que ungiste con tu Espíritu para predicar buenas nuevas a los pobres, sanar a los quebrantados de corazón, proclamar libertad a los cautivos, dar vista a los ciegos y poner en libertad a los oprimidos; para proclamar el año agradable del Señor. Él sanó a los enfermos, dio de comer a los hambrientos, comió con los pecadores, y apuntó a un futuro nuevo al proclamar el reino de Dios.

Mediante el bautismo de su sufrimiento, muerte y resurrección, diste nacimiento a tu Iglesia, nos liberaste de la esclavitud del pecado y de la muerte, e hiciste con nosotros un nuevo pacto mediante el agua y el Espíritu. Cuando el Señor Jesús ascendió a los cielos, prometió estar siempre con nosotros en el poder de tu Palabra y de tu Santo Espíritu. Y es por medio del Espíritu Santo que vivimos en el tiempo de Dios.

El Señor Jesús, la noche que fue entregado, tomó pan; y habiendo dado gracias, lo partió y dijo: «Tomad, comed, esto es mi cuerpo que por vosotros es partido: haced esto en memoria de mí». Asimismo, después de haber cenado, tomó también la copa diciendo: «Esta copa es el nuevo pacto en mi sangre; haced esto todas las veces que la bebáis, en memoria de mí» (1 Corintios 11:23-25).

Por eso, recordando la gran misericordia que has mostrado en Jesucristo, te rogamos aceptes este nuestro sacrificio de alabanza y acción de gracias junto con el sacrificio de Cristo por nosotros, y así nuestras vidas proclamen el misterio de la fe:

Cristo ha muerto; Cristo ha resucitado; Cristo vendrá otra vez.

Derrama tu Santo Espíritu sobre quienes estamos aquí reunidos y sobre estos dones de pan y vino; haz que sean para nosotros el cuerpo y la sangre de Cristo, para que redimidos por su sangre nosotros seamos el cuerpo de Cristo para el mundo.

Mediante el poder de tu Espíritu, haznos uno con Cristo, uno con los demás y uno en la obra del ministerio a todo el mundo, hasta que Cristo venga en la victoria final y todos podamos participar en el banquete celestial. Confiando en el Cristo resucitado y en la presencia de tu Santo Espíritu, terminamos este año con gratitud y principiamos el año nuevo pidiendo que nos bendigas y nos ayudes a ser fieles discípulos y discípulas de nuestro Señor, Cristo Jesús. Mediante tu Hijo Jesucristo, con el Espíritu Santo en tu santa Iglesia, a ti sea todo honor y gloria, Dios omnipotente, ahora y siempre. **Amén.**

EL PADRENUESTRO

SE PARTE EL PAN

Quien oficia parte el pan en silencio, o dirá:

Porque hay un solo pan, así nosotros siendo muchos, somos un cuerpo en Cristo y todos miembros los unos de los otros, pues todos participamos de aquel mismo pan. El pan que partimos es la comunión del cuerpo de Cristo.

Quien oficia levanta la copa en silencio, o dirá:

La copa por la cual te damos gracias es la comunión en la sangre de Cristo.

Oh Cristo, Cordero de Dios, que quitas el pecado del mundo, ten piedad de nosotros.
Oh Cristo, Cordero de Dios, que quitas el pecado del mundo, ten piedad de nosotros.
Oh Cristo, Cordero de Dios, que quitas el pecado del mundo, danos tu paz. Amén.

SE COMPARTEN EL PAN Y LA COPA

Mientras la congregación recibe el sacramento, se pueden cantar himnos de comunión. Ver MVPC: 316-327.

EL COMPROMISO Y LA DESPEDIDA

ORACIÓN CONGREGACIONAL

Dios eterno, te damos gracias por este misterio santo en que te has entregado a nosotros. Concede que podamos vivir en este nuevo año con el poder de tu Espíritu. Ayúdanos para que, con gozo, tomemos el yugo de obediencia y busquemos hacer siempre tu voluntad. Señor, te pertenecemos. Empléanos para lo que tú quieras, en el lugar en que tú quieras, sea para cumplir alguna tarea o para llevar algún sufrimiento, para ser utilizados o ser dejados por ti, ya sea en

abundancia o en necesidad. Libremente y de todo corazón nos sometemos a tu voluntad.

Y ahora, al glorioso y bendito Dios, Padre, Hijo y Espíritu Santo, pertenecemos en amor y lealtad. Así sea. Y el pacto que hicimos sobre esta tierra sea ratificado en los cielos. Amén.

HIMNO   337   Pues si vivimos

Durante el canto la congregación puede formar un círculo alrededor del santuario, o pasar al altar para unos momentos de oración, y así recibir la bendición.

BENDICIÓN

Culto breve de la Santa Comunión para uso en el hospital o en un hogar

Este culto de Santa Comunión se ha preparado para ser usado en un hospital o en un hogar. Se asume que la persona que va a recibir el sacramento no puede asistir al culto regular de Santa Comunión por causa de su enfermedad u otro impedimento. Miembros de la familia y otras amistades pueden estar presentes y participar del sacramento. El pastor o pastora traerá consigo los elementos para el sacramento. Únicamente un pastor o una pastora con órdenes de presbítero, o un pastor o pastora local con nombramiento pastoral, podrá oficiar en este sacramento.

ORDEN DEL CULTO

SALUDO

La gracia del Señor Jesucristo sea con ustedes.
Y también contigo.
El Cristo resucitado está con nosotros.
¡Alabemos al Señor!

LECTURAS BÍBLICAS — Algunas sugerencias:

Salmo 61:1-5; Salmo 71:1-3, 20-23; Jeremías 33:6; Santiago 5:14-16

ORACIÓN DE PETICIÓN

Buen Dios, en este momento nos acercamos a ti por medio de esta oración, así como tu Hijo Jesús nos enseñó a orar a ti. Te suplicamos que tomes en cuenta a N..., quien se encuentra enfermo(a). Lo/la ponemos en tus manos y te rogamos por su vida, por su estado espiriual y por su salud física. Oramos por su familia, pidiendo que la sostengas y le des esperanza en este momento de prueba. Bendice y dirige al personal médico que atiende a N.... Permite que los tratamientos, las medicinas, y toda atención médica sean de beneficio para N.... Por Cristo Jesús, nuestro Salvador, Señor y Médico divino, lo rogamos. **Amén.**

INVITACIÓN

Cristo nuestro Señor invita a su mesa a quienes le aman, a quienes verdadera y sinceramente se arrepienten de sus pecados y procuran vivir en paz y amor con el prójimo. Confesemos, por lo tanto, nuestro pecado delante de Dios, en presencia los unos de los otros:

Dios misericordioso, confesamos que no te hemos amado de todo corazón, y con frecuencia no hemos sido una iglesia fiel. No hemos cumplido con tu voluntad, hemos violado tu ley, nos hemos rebelado en contra de tu amor, no hemos amado a nuestro prójimo y no hemos escuchado la voz del necesitado. Perdónanos, oh Dios, te lo rogamos. Libéranos para que te sirvamos con gozo, mediante Jesucristo nuestro Señor. Amén.

Escuchen las buenas nuevas: «Dios muestra su amor para con nosotros, en que siendo aún pecadores, Cristo murió por nosotros» (Romanos 5:8). ¡En el nombre de Jesucristo son perdonados!
¡En el nombre de Jesucristo eres perdonado(a)!
Gloria a Dios. Amén.

La gran acción de gracias

Elevemos nuestros corazones y demos gracias a Dios.

Santo eres tú y bendito es tu Hijo Jesucristo, a quien ungiste con tu Espíritu para predicar buenas nuevas a los pobres, sanar a los quebrantados de corazón, proclamar libertad a los cautivos, dar vista a los ciegos, y poner en libertad a los oprimidos; para proclamar el año agradable del Señor. Jesús, el Médico divino, sanó a los enfermos, a los paralíticos y a los cojos. Jesús, el buen Pastor, tuvo compasión de su pueblo, dio de comer a los hambrientos, dio agua viva a los sedientos y comió con los pecadores.

Oh Dios, a través de su sufrimiento y muerte nos liberaste del pecado y de la muerte y destruiste sus poderes para siempre. Levantaste de los muertos a este mismo Jesucristo que ahora reina contigo en gloria, derramaste sobre nosotros tu Santo Espíritu, e hiciste con nosotros un nuevo pacto.

En la noche que fue entregado, Jesús tomo el pan, y habiendo dado gracias, lo partió, lo dio a sus discípulos y dijo: «Tomad, comed, esto es mi cuerpo que por vosotros es partido. Haced esto en memoria de mí».

Asimismo, tomó la copa después de haber cenado y, habiendo dado gracias, la dio a sus discípulos y dijo: «Tomad de esta copa que es el nuevo pacto en mi sangre, derramada por muchos para el perdón de sus pecados. Haced esto todas las veces que la bebiereis, en memoria de mí».

Derrama tu Santo Espíritu sobre quienes estamos aquí reunidos y sobre estos dones de pan y vino; haz que sean para nosotros el cuerpo y la sangre de Cristo para que, renovados y redimidos por su sangre, seamos el cuerpo de Cristo para el mundo, hasta que Cristo venga en su victoria final y podamos todos participar del banquete celestial.

Mediante tu Hijo Jesucristo, en la unidad del Espíritu Santo, a ti sea todo honor y gloria, Dios omnipotente, ahora y siempre. **Amén.**

EL PADRENUESTRO

SE COMPARTEN EL PAN Y LA COPA

Se sirve el pan y la copa a la persona enferma y a quienes estén presentes, y se dicen estas palabras u otras que sean adecuadas:

N..., el cuerpo de Cristo que fue entregado por ti.
N..., la sangre de Cristo que fue derramada por ti.

BENDICIÓN

LA SANTA COMUNIÓN
CON PREFACIOS PARA DIVERSAS OCASIONES

INTRODUCCIÓN

La celebración de la Santa Comunión entre las congregaciones hispanas es momento solemne y rico en expectación. En el caso de ocasiones particulares, por ejemplo el Domingo de Comunión Mundial, se enfatiza el tema del día mediante prefacios que sean adecuados al tema. Por lo tanto, aquí se ofrecen algunos prefacios que señalan y reconocen, en forma más específica, las grandes celebraciones del calendario cristiano.

Este orden de la Santa Comunión se puede incorporar al culto dominical. Después de que la congregación haya ofrecido alabanzas, oraciones, y escuchado la lectura de la Escritura y la predicación, se continúa con lo siguiente:

INVITACIÓN

Cristo nuestro Señor invita a su mesa a quienes le aman, sinceramente se arrepienten de sus pecados y procuran vivir en paz con los demás. Confesemos, por lo tanto, nuestro pecado delante de Dios, en presencia los unos de los otros.

CONFESIÓN Y PERDÓN

Dios de misericordia, confesamos que no te hemos amado de todo corazon, no hemos hecho tu voluntad, hemos violado tu ley, nos hemos rebelado contra tu amor, no hemos amado a nuestro prójimo y no hemos escuchado la voz del necesitado. Perdónanos, te lo suplicamos y libéranos para que te sirvamos con gozo. Por Jesucristo nuestro Señor. Amén.

¡En el nombre de Jesucristo son perdonados!
¡En el nombre de Jesucristo eres perdonado(a)!

LA PAZ

OFRENDA

LA GRAN ACCIÓN DE GRACIAS

El Señor sea con ustedes.
Y también contigo.

Eleven sus corazones.
Los elevamos al Señor.
Demos gracias al Señor nuestro Dios.
Es digno y justo darle gracias y alabarle.

Oremos:
Es verdaderamente digno y justo darte gracias en todo tiempo y en todo lugar, Dios todopoderoso, creador del cielo y de la tierra. . . .

Aquí un prefacio adecuado se puede usar en el día o estación indicada. Ver los prefacios sugeridos al final de este rito, pág. 59.

Y así, con todo tu pueblo y con toda la compañía del cielo, alabamos tu nombre y nos unimos en el himno eterno:

*Santo Señor, Dios todopoderoso, cielo y tierra proclaman tu gloria. ¡Hosanna en lo alto! Bendito el que viene en el nombre de Dios. ¡Hosanna en lo alto!

Santo eres tú y bendito es tu Hijo Jesucristo...

Aquí se pueden agregar palabras apropiadas para el día o la ocasión.

Mediante el bautismo de su sufrimiento, muerte y resurrección, diste nacimiento a tu Iglesia, nos liberaste de la esclavitud del pecado y de la muerte, e hiciste con nosotros un nuevo pacto mediante el agua y el Espíritu...

Aquí se pueden agregar palabras apropiadas para el día o la ocasión.

El Señor Jesús, la noche que fue entregado, tomó pan; y habiendo dado gracias, lo partió y dijo: «Tomad, comed, esto es mi cuerpo que por vosotros es partido: haced esto en memoria de mí». Asimismo tomó también la copa, después de haber cenado, diciendo: «Esta copa es el nuevo pacto en mi sangre; haced esto todas las veces que la bebáis, en memoria de mí» (1 Corintios 11:23-25).
Por eso, recordando la gran misericordia que has mostrado en Jesucristo, te rogamos aceptes este nuestro sacrificio de alabanza y acción de gracias como un sacrificio vivo y santo, en unión al sacrificio de Cristo por nosotros, para que nuestras vidas proclamen el misterio de fe.

*Cristo murió y resucitó. Cristo vendrá otra vez.

*(*Para la versión musical, ver **Música para la Comunión A**, pág. 63).*

Derrama tu Santo Espíritu sobre quienes estamos aquí reunidos y sobre estos dones de pan y vino; haz que sean para nosotros el cuerpo y la sangre de Cristo, para que redimidos por su sangre nosotros seamos el cuerpo de Cristo para el mundo.

Mediante el poder de tu Espíritu, haznos uno con Cristo, uno con los demás y uno en la obra del ministerio a todo el mundo, hasta que Cristo venga en su victoria final y podamos todos participar del banquete celestial.
Mediante tu Hijo Jesucristo, con el Espíritu Santo en tu santa Iglesia, a ti sea todo honor y gloria, Dios omnipotente, ahora y siempre.

*Amen.

Si no se ha orado el Padrenuestro antes, se puede hacer en este momento.

SE PARTE EL PAN

Quien oficia parte el pan en silencio o dirá:

Porque hay un solo pan, así nosotros, siendo muchos, somos un cuerpo en Cristo y todos miembros los unos de los otros, pues todos participamos de aquel mismo pan. El pan que partimos es la comunión del cuerpo de Cristo.

Quien oficia levanta la copa en silencio o dirá:

La copa por la cual te damos gracias es la comunión de la sangre de Cristo.

SE COMPARTEN EL PAN Y LA COPA

Se sirven el pan y la copa a la congregación y se dicen estas palabras u otras que sean adecuadas:

El cuerpo de Cristo que fue entregado por ti.
La sangre de Cristo que fue derramada por ti.

Mientras la congregación recibe el sacramento, se pueden cantar himnos que sean apropiados para este momento. Ver MVPC, págs. 316-327. Después de que todos hayan recibido los elementos, se deja en orden la mesa del Señor, y se ofrece la siguiente oración:

Dios eterno, te damos gracias por este misterio santo en que te has entregado a nosotros. Concede que podamos vivir en el mundo con el poder de tu

*(*Para la versión musical, ver **Música para la Comunión A**, pág. 63).*

Espíritu y entregarnos al servicio de nuestro prójimo, en el nombre de Jesucristo, nuestro Señor. Amén.

Se continúa con un himno de despedida y la bendición.

Prefacios para Diversas Ocasiones

Adviento

....En tu amor nos formaste a tu imagen y semejanza, dándonos el soplo de vida y sembrando en nosotros una sed y hambre que sólo en ti se pueden calmar. Nunca abandonaste a tus criaturas y siempre guardaste los pactos incluso cuando tu pueblo los olvidaba. Los profetas anunciaron tu palabra fiel, y su promesa brilló como astro resplandeciente en la oscuridad.

Navidad

....A quienes caminaban en profundas oscuridades prometiste la luz eterna de Aquel que es el mismo ayer, hoy y por los siglos. Tu salvación, como una gran luz que resplandeció sobre las naciones, es la esperanza que nos sostiene hasta que finalmente se cumpla tu reinado de paz, justicia y plenitud.

Epifanía

....Tu amor para los humildes de la tierra, desde los esclavos de Egipto hasta los pastores de Belén, se manifestó en la gloria que brilló en el pesebre. Los pueblos todavía buscan ese milagro que no se revela excepto al corazón de fe y al espíritu humilde. Al igual que antes se escuchó la voz celestial diciendo: «Éste es mi Hijo amado....», hoy sigues hablando a tu pueblo hasta que todos conozcan tu amor y sirvan a tu reino.

Cuaresma

....Nos hiciste para ti y aunque en nuestra rebelión nos alejamos, tu amor nunca faltó. Aun en los caminos oscurecidos por la sombra del pecado viniste a buscarnos como el pastor a la oveja perdida. Y hoy nos invitas a buscarte durante los días de preparación para la fiesta de la Resurrección. Como pueblo rescatado, ahora llévanos a dar testimonio de tu salvación a través de hechos de justicia y misericordia.

Domingo de pasión/ramos

....En amor nos formaste para ser tuyos; y cuando caímos en pecado y fuimos sujetados a la maldad y a la muerte, tu amor permaneció firme. Hoy invitas a tus hijos e hijas fieles a que preparemos con gozo nuestros corazones para la fiesta de la Resurrección, y para que renovados por tu Palabra y Sacramento, por la oración ferviente y los actos de justicia y misericordia, podamos llegar a la plenitud de la gracia que tienes preparada para quienes te aman. (*The United Methodist Book of Worship*, 1992. Es traducción).

Jueves santo

....Tú haces que la tierra produzca el trigo y la viña dé su fruto para alimentarnos. Tú enviaste a tu Hijo como un siervo humilde entre nosotros. Él, que dio de comer a los hambrientos, sanó a los enfermos, lavó los pies de sus discípulos, hoy nos invita a la fiesta que ha preparado para quienes le aman.

Domingo de resurrección

....En este día, cuando se proclama el triunfo de tu amor sobre la muerte, revive la fe de tu pueblo. Levántanos de los sepulcros cavados por la injusticia, la violencia y el pecado y llévanos a la cima de una nueva fidelidad. Tú, que nunca perdiste ni una sola batalla, capacita a tu Iglesia para triunfar con el amor sobre el odio; y con la paz sobre la injusticia y la violencia.

Pentecostés

....Como el Santo Espíritu se movió sobre la creación dando vida y disipando la oscuridad; y como más tarde diste tu palabra por medio de los profetas y renovaste el pacto con tu pueblo; así hoy recordamos el nuevo pacto que en el día de Pentecostés convirtió a temerosos hombres y mujeres en valientes testigos de tu amor. Ahora te pedimos que ese mismo poderoso viento y fuego purificador nos haga siervos y siervas más aptos de tu misión a todas las naciones.

Domingo de paz con justicia

....Por amor de tu nombre libraste a tu pueblo de la esclavitud, y en fidelidad a tu pacto lo encaminaste a la tierra prometida. Como pueblo de ese nuevo pacto en Jesucristo, nos ofreces libertad de pecado y promesa de una vida nueva en el Espíritu. Concede que, al recordar nuestra herencia de libertad, también luchemos hasta que «corra el juicio como las aguas, y la justicia como arroyo impetuoso» (Amós 5:24).

DOMINGO DE COMUNIÓN MUNDIAL

....De un linaje hiciste a todos los pueblos y naciones. Te deleitas en la alabanza que ofrecen todas las razas, en todas las lenguas, con todos los ritmos, en fiesta continua sobre toda la tierra. Haz de quienes se acercan en este día a esta Comunión una familia que te adore y te sirva hasta que todos festejen juntos en el banquete celestial.

DÍA O DOMINGO DE ACCIÓN DE GRACIAS

....En tu bondad bendices la tierra con tal abundancia que los pajarillos no carecen de alimento y los lirios florecen a su tiempo. Tú en el desierto alimentaste a Israel, y en Galilea tu Hijo dio de comer a las multitudes. Ahora nosotros, con corazones agradecidos, te bendecimos por tu providencia y cuidado.

MATRIMONIO CRISTIANO

....En tu amor eterno redimes a la humanidad e inspiras el amor entre tus hijos e hijas. Como Jesús convirtió el agua en vino en las bodas de Caná, tú así conviertes el amor matrimonial en reflejo de tu amor divino en los corazones de quienes hacen sus votos de lealtad. En tu gracia, cada hogar puede convertirse en habitación del gozo de tu reino y fuente de esperanza para un mundo quebrantado. En esa confianza tu pueblo forma hogares y suplica tu bendición sobre cada familia que está dentro del gran círculo de tu amor.

LA GRAN ACCION DE GRACIAS
Música para la Comunión - A

*Esta música se puede cantar al unísono como aparece aquí, o se puede alternar entre
líder y congregación. Para esta última opción, ver la siguiente página.*

El Señor sea con ustedes
Y contigo también...

Quien oficia continúa con las palabras apropiadas y concluye diciendo:

Y así con todo tu pueblo y con toda la compañía del cielo, alabamos tu nombre
y nos unimos al himno eterno.

MÚSICA: Raquel M. Martínez
© 2003 Abingdon Press

Música para la Comunión - A

El Señor sea con ustedes.
Y contigo también...

Quien oficia continúa con las palabras apropiadas y concluye diciendo:

Y así con todo tu pueblo y con toda la compañía del cielo, alabamos tu nombre y nos unimos al himno eterno.

Líder canta primero y la congregación repite:

MÚSICA: Raquel M. Martínez
© 2003 Abingdon Press

san - na, ho - san - na, ho - san-na en lo al - to. Ho - al - to.

Quien oficia continúa con la Acción de Gracias, recordando la institución de la Última Cena, y concluye con las siguientes palabras:

Por eso, recordando la gran misericordia que has mostrado en Jesucristo, te rogamos aceptes este nuestro sacrificio de alabanza y acción de gracias como un sacrificio vivo y santo, en unión al sacrificio de Cristo por nosotros, para que nuestras vidas proclamen el misterio de fe:

Cris - to mu - rió, y re - su - ci - tó. Cris - to ven - drá o - tra vez.

MÚSICA: Raquel M. Martínez
© 2003 Abingdon Press

Quien oficia invoca la presencia del Espíritu Santo y su obra en el mundo, y alaba a la Trinidad. Concluye diciendo:

Mediante tu Hijo Jesucristo, con el Espíritu Santo, a ti sea todo honor y gloria, Dios omnipotente, ahora y siempre.

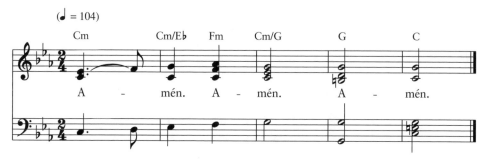

A - mén. A - mén. A - mén.

MÚSICA: Raquel M. Martínez
© 2003 Abingdon Press

Cordero de Dios

MÚSICA: Raquel M. Martínez

Música para la Comunión - B

El Señor sea con ustedes
Y también contigo ...

The Lord be with you.
And also with you ...

Quien oficia continúa con el
texto y concluye diciendo:

The pastor continues with the text and
concludes:

Como hijos e hijas de tu Palabra, nos
unimos y decimos:

As sons and daughters of your Word, we
join in praise and thanksgiving, saying:

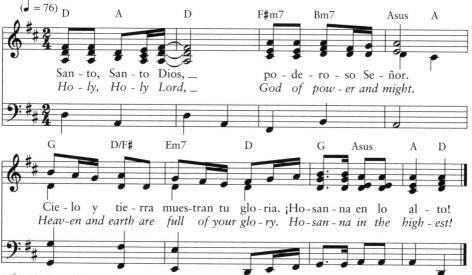

San - to, San - to Dios, _ po - de - ro - so Se - ñor.
Ho - ly, Ho - ly Lord, _ God of pow - er and might.

Cie - lo y tie - rra mues-tran tu glo - ria. ¡Ho-san - na en lo al - to!
Heav-en and earth are full of your glo - ry. Ho-san - na in the high - est!

MÚSICA: Raquel M. Martínez
© 2003 Abingdon Press

Quien oficia continúa con la Acción de
Gracias, recordando la institución de la
Última Cena, y concluye con las siguientes
palabras:

The pastor continues the
thanksgiving, recalling the
institution of the Lord's Supper and
concludes with the following:

Y así...te ofrecemos este sacrificio de alabanza y acción de gracias como un sacrificio vivo y santo en unión al sacrificio de
Cristo por nosotros, para que así
proclamemos el misterio de fe:

And so ... we offer ourselves in
praise and thanksgiving as a holy
and living sacrifice, in union with
Christ's offering for us, as we
proclaim the mystery of faith:

Cris - to mu - rió, re - su - ci - tó. Cris - to ven-drá o-tra vez.
Christ has died. Christ is ris - en, Christ will come a - gain.

MÚSICA: Raquel M. Martínez
© 2003 Abingdon Press

Música para la Comunión - C

El Señor sea con ustedes.
Y contigo también...

*Quien oficia continúa con las palabras
apropiadas y concluye diciendo:*

Por lo tanto, ... alabamos tu nombre al
unirnos con los coros celestiales en la estrofa
eterna:

The Lord be with you.
And also with you ...

*The pastor continues with the
appropriate words and concludes:*

Therefore ... we join the heavenly
choir and praise your name in the
unending hymn:

Líder canta la primera vez, luego todos repiten.
Leader sings the first time, then all sing the repeat.

*English pronunciation: lay, loh, lay, loh, lye, loh, etc.

MÚSICA: William Loperena, O.P.

© Orden de Predicadores, Convento Nuestro Señora de Rosario, Bayamón, PR 00960. Usado con permiso.

san - na, ho - san - na, ho - san - na en los cie - los. Ho -
san - na, ho - san - na, ho - san-na in the high - est. Ho -

san - na, ho - san - na, ho - san-na en los cie - los.
san - na, ho - san - na, ho - san-na in the high - est.

Líder canta primero; luego todos repiten.
Leader sings first; then all repeat.

Ben - di-to a - quel que vie - ne en el nom - bre de Dios.
Bless-ed is the One who comes in the name of the Lord.

Dios. Ho - san - na, ho - san - na, ho - san-na en los cie - los. Ho-
Lord. Ho - san - na, ho - san - na, ho - san-na in the high - est. Ho-

san - na, ho - san - na, ho - san-na en los cie - los.
san - na, ho - san - na, ho - san-na in the high - est.

69

Quien oficia continúa con la Acción de Gracias, recordando la institución de la Última Cena y concluye diciendo:

The pastor continues the thanksgiving, recalling the institution of the Lord's Supper and concludes:

Te rogamos que aceptes este nuestro sacrificio de alabanza...en unión al sacrificio vivo y santo de Cristo por nosotros para que nuestras vidas proclamen el misterio de la fe:

We offer ourselves in praise and thanksgiving as a holy and living sacrifice, in union with Christ's offering for us so that our lives may proclaim the mystery of faith:

Líder canta primero; luego todos repiten.
Leader sings first; all sing the repeat.

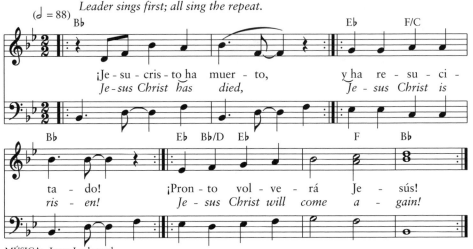

¡Je - su - cris - to ha muer - to, y ha re - su - ci -
Je - sus Christ has died, Je - sus Christ is

ta - do! ¡Pron - to vol - ve - rá Je - sús!
ris - en! Je - sus Christ will come a - gain!

MÚSICA: Jorge Lockward
© 2002 General Board of Global Ministries, GBGMusik, 475 Riverside Dr., New York, NY 10115

Quien oficia invoca la presencia del Espíritu Santo y su obra en el mundo, y alaba a la Trinidad. Concluye diciendo:

The pastor invokes the present work of the Holy Spirit in the world and then praises the Trinity, concluding:

Por tu Hijo Jesucristo, con el Espíritu Santo en tu santa Iglesia, a ti sea todo honor y gloria, Dios omnipotente, ahora y siempre.

Through your Son Jesus Christ, with the Holy Spirit in your holy Church, all honor and glory are yours, almighty God, now and forever.

Líder canta primero; todos repiten.
Leader sings first; all sing the repeat.

A - mén, a - mén. A - mén, a - mén.

A - mén, a - mén. A - mén, a - mén, a - mén.

MÚSICA: Jorge Lockward
© 2002 General Board of Global Ministries, GBGMusik, 475 Riverside Dr., New York, NY 10115

EL SACRAMENTO DEL BAUTISMO

INTRODUCCIÓN

En el sacramento del bautismo Dios derrama su gracia renovadora sobre nosotros. El bautismo es señal y sello del nuevo pacto en Jesucristo así como la circuncisión es señal del pacto antiguo. El Espíritu Santo actúa, por medio del agua y las palabras, para iniciarnos en la gran familia de Dios que es la santa Iglesia de Cristo. Por la obra del Espíritu Santo somos limpiados, renovados y vestidos con esa novedad de vida que es don gratuito del Señor.

En el nuevo pacto, Dios se ofrece a nosotros y nosotros somos invitados a responder. Dios nos llama y envía a su misión en Cristo Jesús. El discipulado es nuestra respuesta en fidelidad a su reino de justicia y paz.

Personas de todas las edades pueden ser candidatas para el bautismo. La Iglesia Metodista Unida insiste que se imparta una instrucción adecuada tanto para los padres como padrinos en el caso del bautismo de niños y jóvenes. Lo mismo se requiere para los candidatos adultos y a quienes servirán como testigos. El bautismo se ofrece a toda persona sin importar su nacionalidad, raza, sexo, clase social o cultura.

Por medio del bautismo llegamos a ser miembros de la santa Iglesia de Cristo. Cada congregación que celebra el sacramento participa como círculo familiar cristiano que recibe, afirma, y se compromete a guiar en su jornada de fe a quien se bautiza. Por lo tanto, es necesario que el sacramento del bautismo se celebre en un culto público –con la congregación presente– excepto en circunstancias que sean de emergencia. Debemos recordar que el bautismo es de tal naturaleza que solamente se recibe una sola vez, y no se repite.

En el calendario cristiano, por lo regular, se han recomendado el Domingo de Pentecostés, la víspera del Día de Resurrección y el Domingo de Epifanía (el más cercano a enero 6), como ocasiones propicias para celebrar bautizos, aunque también se puede celebrar en cualquier otro tiempo que sea propio. Lo más importante es que se imparta la instrucción adecuada, y que la preparación de la liturgia y de los participantes en el culto sea cuidadosa.

Jesús comisionó a la Iglesia para bautizar: «Por lo tanto, id y haced discípulos a todas las naciones, bautizándoles en el nombre del Padre, del Hijo y del Espíritu Santo» (Mateo 28:19). ¡En fidelidad y gozo celebremos este sacramento como la gran familia del Señor!

Orden para el rito del Bautismo

(Se recomienda que se use todo el rito, y que se incorpore al orden del culto dominical).

Al pasar al frente quienes serán bautizados, se puede cantar el estribillo «Su Gran Familia» (ver letra y música en la página 274) u otro himno apropriado.

Quien oficia, dirigiéndose a la congregación, dirá:

Amada congregación del Señor, en el sacramento del bautismo Dios continúa la obra de su gracia redentora en Cristo Jesús en nosotros. Por medio del agua y la obra del Espíritu Santo, quienes son bautizados vienen a formar parte de la santa Iglesia de Cristo, son incorporados al nuevo pacto y asumen su misión como siervos y siervas de su reino.

Presentación de los candidatos

Un/a representante de la congregación:

Les presento a N... para ser bautizado(a)

Renuncia del pecado y profesión de fe

Quien oficia se dirige a los padres y padrinos o a los candidatos y testigos que pueden contestar por sí mismos:

En el nombre de toda la iglesia les pregunto:
¿Renuncian a las fuerzas espirituales de maldad, a los poderes malignos del mundo y a la esclavitud del pecado, y se arrepienten de sus pecados?

Sí, lo hago.

¿Aceptan la libertad y el poder que Dios les da para resistir al mal, la injusticia y la opresión en cualquier forma que se presenten?

Sí, lo hago.

¿Confiesan a Jesucristo como su Salvador, depositan toda su confianza en su amor y gracia y prometen seguirle y servirle como su Señor, en unión de la Iglesia que Cristo ha abierto a personas de cualquier edad, nacionalidad y raza?

Sí, lo hago.

(Para niño/niña o quien no puede contestar por sí mismo/misma)

Quien oficia, dirigiéndose a los padres y padrinos:

¿Nutrirán a esta criatura en las enseñanzas de la Iglesia de Cristo, de manera que a través de su ejemplo pueda ser guiada a aceptar la gracia de Dios, a proclamar su fe y a vivir una vida cristiana?

Sí, lo haré.

Quien oficia, dirigiéndose a los padrinos del niño/niña:

¿Están ustedes en la disposición de ayudar a los padres de esta criatura a llevar a cabo sus deberes de instruir y de ser ejemplo en la práctica de la fe cristiana?

Sí, estamos dispuestos.

(Para personas que pueden contestar por sí mismas)

Quien oficia, dirigiéndose a los candidatos:

¿Recibes y profesas la fe cristiana como está contenida en las escrituras del Antiguo y Nuevo Testamentos?

Sí, lo hago.

De acuerdo con la gracia que Dios te ha dado, ¿continuarás siendo fiel miembro de la santa Iglesia de Cristo, sirviendo como representante de Cristo en el mundo?

Sí, lo haré.

Quien oficia, dirigiéndose a los testigos de los candidatos:

¿Apoyarán y alentarán a esta(s) persona(s) en su vida cristiana?

Sí, lo haremos.

Quien oficia, dirigiéndose a la congregación dirá:

¿Reafirman su propia renuncia al pecado, y su compromiso al Señor como cuerpo de Cristo?

Sí, la reafirmamos.

¿Se ayudarán unos a otros a crecer en la fe y la vida cristiana, y cuidarán a esta(s) persona(s) que está(n) delante de ustedes?

Con la ayuda de Dios, proclamaremos las buenas nuevas y viviremos según el ejemplo de Cristo. Rodearemos a esta(s) persona(s) con una comunidad de amor y perdón para que pueda(n) crecer en su confianza en Dios, y ser hallada(s) fiel(es) en su servicio a los demás. Oraremos para que sea(n) fiel(es) al discipulado y para que ande(n) por el camino que conduce a la vida eterna.

Unámonos en nuestra profesión de fe:

Creo en Dios, creador del cielo y tierra, que sigue creando y derramando buenos dones sobre todas sus criaturas.

Creo en Jesucristo, que encarnó el amor y la gloria de Dios entre nosotros. Nacido de la virgen María, se crió entre los pobres, comió con los pecadores, y se dio en amor y servicio a los enfermos, las viudas, y a la niñez. Fue maltratado injustamente bajo el poder de Poncio Pilato; fue condenado a muerte de cruz, y resucitó al tercer día, según las Escrituras. Ahora reina a la diestra de Dios Padre, y juzgará todas las cosas al cumplirse los tiempos.

Creo en el Espíritu Santo que renueva y acompaña a la Iglesia en su misión. Creo en el reinado de Dios que se hace presente en quienes hacen justicia, aman misericordia y caminan humildemente con Dios. Amén.

ACCION DE GRACIAS SOBRE EL AGUA BAUTISMAL

Oremos:
Dios eterno, por tu palabra creaste y ordenaste el universo entero. Nos hiciste a tu imagen y semejanza, y siempre has buscado nuestra salvación a pesar de nuestra desobediencia.

Mostraste tu amor al salvar a quienes escucharon a tu siervo Noé en tiempo del diluvio; a quienes siguieron a Moisés, Miriam y a Josué desde Egipto a la tierra prometida, cruzando las olas del Mar Rojo y las aguas del Río Jordán.

Más tarde renovaste tu pacto con tu pueblo, enviando a Jesús, formado en el agua del vientre materno, y declaraste su misión al ser bautizado en las aguas del río Jordán. Ese mismo Jesús que envió, sigue enviando hoy a sus discípulos y discípulas a bautizar a los pueblos de todas las naciones.

Oh Dios, bendice el don de agua, y a quienes han de recibirla. Límpiales de su pecado, arrópales con tu amor, y revístelos de tu Santo Espíritu para que sean aptos en el servicio de tu reino. **Amén.**

(Para niños/niñas)

Quien oficia, dirigiéndose a los padres:

¿Que nombre dan a esta criatura?

Al bautizar a cada candidato(a), quien oficia llamará a la criatura/persona por su nombre:

N..., yo te bautizo en el nombre del Padre, del Hijo y del Espíritu Santo. **Amén.**

Inmediatamente después de la administración del agua, quien oficia y los padrinos o testigos de los candidatos pondrán las manos sobre la cabeza de cada candidato e invocarán la acción del Espíritu Santo. Otras personas podrán unirse a quien oficia en este acto. Durante la imposición de manos, quien oficia dirá:

Que el Espíritu Santo obre en ti, para que, habiendo nacido del agua y del Espíritu, puedas ser fiel discípulo(a) de Jesucristo. **Amén.**

Después de que todos hayan sido bautizados, la congregación dirá:

Por el poder del Espíritu Santo y por medio del bautismo te has unido a la nueva creación de Dios, y has sido aceptado(a) para compartir en el real sacerdocio de Cristo. Todos somos uno en Jesucristo. Con gozo y acción de gracias te damos la bienvenida como miembro de la familia de Cristo.

CONFIRMACIÓN O REAFIRMACIÓN DE FE

Si hay confirmaciones o reafirmaciones de fe, el agua se usará simbólicamente, y de manera que no pueda interpretarse como un bautismo. Ver el CULTO DE RENOVACIÓN DEL PACTO BAUTISMAL *para instrucción sobre el uso del agua, pág. 78. Quien oficia dirá:*

Recuerda tu bautismo y sé agradecido(a).
Amén.

Quien oficia, y otras personas, pueden poner sus manos sobre la cabeza de la(s) persona(s) que están siendo confirmadas, o están reafirmando su fe. Quien oficia dice:

N..., Que el Espíritu Santo obre en ti para que, habiendo nacido del agua y del Espíritu, puedas ser fiel discípulo(a) de Jesucristo. **Amén.**

RECEPCIÓN EN LA IGLESIA METODISTA UNIDA

Las personas que vienen de otras denominaciones, que ahora desean unirse a la Iglesia Metodista Unida, y que no han sido presentadas anteriormente, pasarán al frente y se hará su presentación en este momento.

Dirigiéndose a estas personas, junto con quienes han sido bautizados, confirmados, o han profesado su fe, quien oficia dirá:

Como miembros de la Iglesia universal de Cristo, ¿serán leales a la Iglesia Metodista Unida y la sostendrán con sus oraciones, su presencia, sus contribuciones y su servicio?

Sí, lo haremos.

Recepción en la congregación local

Si hay personas de otras congregaciones de la Iglesia Metodista Unida que desean trasladarse a esta congregación, y que no han sido presentadas anteriormente, pasarán al frente y se hará su presentación en este momento.

Dirigiéndose a estas personas, junto con quienes han sido bautizados, confirmados, o han profesado su fe, quien oficia dirá:

Como miembros de esta congregación, ¿se comprometen a participar en la vida y ministerio de esta congregación con sus oraciones, su presencia, sus contribuciones y su servicio?

Sí, lo haremos.

Quien oficia, dirigiéndose a la congregación dirá:

Miembros de la familia de Dios: encomiendo a su cuidado a estas personas. Recíbanlas como miembros de nuestra familia, y hagamos todo lo que esté de nuestra parte para ayudarles a crecer en su fe, a confirmar su esperanza y a perfeccionarse en amor.

La congregación responde:

Damos gracias a Dios y les recibimos con alegría y amor. Como miembros, junto con ustedes, del cuerpo de Cristo y de esta congregación de la Iglesia Metodista Unida, renovamos nuestro compromiso de participar plenamente en los ministerios de la iglesia con nuestras oraciones, nuestra presencia, nuestras contribuciones y nuestro servicio, y para que en todo Dios sea glorificado.

Dirigiéndose a quienes han sido bautizados, confirmados o recibidos, quien oficia dirá:

Que el Dios de gracia, que nos invita a gloria eterna en Cristo, les fortalezca por el poder del Espíritu Santo para que sean sal de la tierra y luz del mundo, y para que vivan en gracia y paz unos con los otros. **Amén.**

Es apropiado celebrar la Santa Comunión en esta ocasión. Se puede usar El Sacramento de la Santa Comunión II, MVPC, *pág. 14. Si se hace así, se recomienda que se les sirva primero a quienes han sido bautizados.*

Culto de Renovación del Pacto Bautismal

INTRODUCCIÓN

El Culto de Renovación del Pacto Bautismal se acostumbra especialmente en el Domingo del Bautismo del Señor (primer domingo después de la Epifanía), pero también se puede celebrar el Día de Pentecostés, o durante la estación de Resurrección.

Durante los últimos años este culto se ha venido celebrado más y más entre las iglesias protestantes/evangélicas. Reconociendo la centralidad del sacramento del bautismo, los metodistas unidos están practicando esta liturgia con mayor frecuencia.

Se recomienda que este culto se celebre por lo menos cada año. Deberá ser una ocasión festiva, donde toda la congregación recuerde su bautismo y renueve su pacto con el Señor. Se puede invitar a los padrinos y madrinas de bautismo, juntamente con familiares para unirse en el gozo de la ocasión.

El santuario se puede preparar con flores frescas y paramentos blancos. Se sugiere que, además de la pila bautismal, se preparen pilas adicionales para facilitar la participación de toda la congregación en el acto de renovación. Un adorno de flores blancas y palomas blancas en las pilas es apropiado. El agua debe desplegarse abundantemente. Si es posible, se puede colocar una fuente de agua corriendo continuamente en un lugar céntrico.

Aclaración: **Quien oficia debe enfatizar que este culto no constituye un segundo bautismo. Además el agua debe usarse simbólicamente y de maneras que no puedan interpretarse como un bautismo.**

ALGUNAS MANERAS PARA EL USO DEL AGUA

1) *Quien oficia puede levantar el agua con la mano y dejarla fluir de nuevo a la pila de manera que la congregación la vea y la oiga.*

2) *Quien oficia puede tocar el agua y hacer la señal de la cruz en la frente de cada persona y decir: «Recuerda tu bautismo y sé agradecido(a)».*

3) *Miembros de la congregación pueden tocar el agua y, con el dedo índice, hacer la señal de la cruz en su propia frente.*

4) *Miembros de la congregación pueden venir a la pila por familias, tocar el agua y hacer la señal de la cruz en la frente de un miembro de su familia, y decir: «Recuerda tu bautismo y sé agredecido(a)».*

ORDEN DEL CULTO

A todos los sedientos: Venid a las aguas. Venid todos los que estáis cansados; venid todos los que anheláis perdón. Tú, Santo Espíritu, por medio de Jesucristo te has derramado sobre nosotros, y con ello nuestro Dios santo y misericordioso, nos llama y nos bendice.

¡Bebamos abundantemente de estas aguas!

HIMNO DE ALABANZA —Algunas sugerencias:

> MVPC 22 Oh, criaturas del Señor / UMH 62 All Creatures of Our God and King, vs. 1-5
> 28 Al Dios de Abraham, loor / UMH 116 The God of Abraham Praise

LETANÍA DE CONFESIÓN

> Señor y Espíritu dador de vida, que te movías sobre las aguas cuando comenzó el mundo:
> **Haz que muramos al pecado y vivamos para Dios.**
> Tú que condujiste a tu pueblo de la esclavitud a través de las aguas del Mar Rojo, y hacia la libertad a través de las aguas del Jordán:
> **Haz que muramos al pecado y vivamos para Dios.**
> Tú que ungiste a Jesús como Mesías cuando fue bautizado por Juan en el Jordán:
> **Haz que muramos al pecado y vivamos para Dios.**
> Tú que levantaste a Jesús de la tumba y lo proclamaste Hijo de Dios con todo su poder:
> **Haz que muramos al pecado y vivamos para Dios.**
> Tú que dotas a las aguas del bautismo con el poder que da nueva vida:
> **Haz que muramos al pecado y vivamos para Dios.**

LECTURA DEL ANTIGUO TESTAMENTO —*Ver el leccionario, pág. 108.*

LECTURA DEL EVANGELIO —*Ver el leccionario, pág. 108.*

SERMÓN

HIMNO —Algunas sugerencias:
MVPC: 125 Cuando al Jordán fue Cristo / UMH: 52 When Jesus Came to Jordan

178 Soplo del Dios viviente
328 Agua, Dios nuestro

Ofrenda

Renovación del pacto bautismal

Hermanos y hermanas en Cristo:

> A través del sacramento del bautismo Dios señala la obra de su gracia redentora en Cristo Jesús con nosotros. Por medio del agua y la obra del Espíritu Santo quienes son bautizados vienen a formar parte de la santa Iglesia de Cristo. Somos incorporados en su nuevo pacto y asumimos nuestra misión como siervos y siervas de su reino.

> A través de la afirmación de nuestra fe renovamos el pacto hecho en nuestro bautismo, reconocemos lo que Dios hace por nosotros y afirmamos nuestra dedicación a la santa Iglesia de Cristo.

Renuncia del pecado y profesión de fe

Quien oficia se dirige a la congregación:

> En el nombre de toda la Iglesia les pregunto:
> ¿Renuncian a las fuerzas espirituales de maldad, a los poderes malignos del mundo y a la esclavitud del pecado?

Sí, lo hago.

> ¿Aceptan la libertad y el poder que Dios les da para resistir el mal, la injusticia y la opresión en cualquier forma en que se presenten?

Sí, lo hago.

> ¿Confiesan a Jesucristo como su Salvador, depositan toda su confianza en su amor y gracia y prometen seguirle y servirle como su Señor, en unión de la Iglesia, la cual Cristo ha abierto a personas de toda edad, nacionalidad y raza?

Sí, lo hago.

> De acuerdo con la gracia que Dios les ha dado, ¿continuarán siendo fieles miembros de la santa Iglesia de Cristo, sirviendo como representantes de Cristo en el mundo?

Sí, lo haré.

Creo en Dios Padre todopoderoso, creador del cielo y de la tierra.

Y en Jesucristo, su único Hijo, Señor nuestro; que fue concebido del Espíritu Santo, nació de la virgen María, padeció bajo el poder de Poncio Pilato, fue crucificado, muerto y sepultado; al tercer día resucitó de entre los muertos, ascendió al cielo y está sentado a la diestra de Dios Padre todopoderoso, de donde vendrá a juzgar a los vivos y a los muertos.

Creo en el Espíritu Santo, la santa Iglesia universal, la comunión de los santos, el perdón de los pecados, la resurrección del cuerpo y la vida perdurable. Amén.

ACCIÓN DE GRACIAS SOBRE EL AGUA BAUTISMAL

Bendito sea nuestro Dios, ahora y para siempre, por los siglos de los siglos.
En paz oremos al Señor:
Que estas aguas sean santificadas por el poder, la operación eficaz y el descenso del Espíritu Santo.
Oremos al Señor:
Que se manifieste sobre estas aguas la operación purificadora de la santa Trinidad.
Oremos al Señor:
Que esta agua sea una fuente que mane hasta la vida eterna.
Oremos al Señor:
Que sirva para la purificación de las almas y cuerpos de quienes, con fe, la saquen y la compartan.
Oremos al Señor:
Oh, Señor, por tu voluntad, de la nada has dado el ser a todas las cosas, y por tu poder sostienes toda la creación y por tu providencia gobiernas el mundo.
Por eso, oh Señor, tú que amas a la humanidad, manifiéstate ahora como en aquel entonces, por el descenso de tu Espíritu Santo, y santifica esta agua. Amén.

REAFIRMACIÓN DE FE
Aquí quien oficia usará el agua de manera simbólica (ver la Introducción) teniendo en cuenta que su uso no se debe interpretar como acto bautismal. Entonces dirá:

Recuerden su bautismo y sean agradecidos.
Amén.

La congregación canta «Bautizados, renovados» mientras que pasan a las pilas bautismales para renovar sus votos de bautismo. Se puede repetir cuantas veces sea necesario. Ver la música, pág. 274 de este recurso.

Seguir las instrucciones para el uso del agua que aparecen en la introducción al culto.

Bautizados, renovados

Somos bautizados, somos renovados,
somos revestidos de Cristo Jesús.
Pueblo suyo somos; a Dios confesamos.
Démosle la gloria y honor.

Pueblo redimido, pueblo consagrado
para proclamar el amor de Jesús.
Pueblo suyo somos; a Dios confesamos.
Démosle la gloria y honor.

Después de la renovación del pacto bautismal, quien oficia dirá:

Que el Espíritu Santo obre en ustedes para que, habiendo nacido del agua y del Espíritu, puedan ser fieles discípulos y discípulas de Jesucristo. **Amén.**

ACCIÓN DE GRACIAS CONGREGACIONAL

Damos gracias a Dios por todo lo que nos ha concedido. Como miembros del cuerpo de Cristo, y de esta congregación, participaremos fielmente en los ministerios de la iglesia con nuestras oraciones, nuestra presencia, nuestras contribuciones, y nuestro servicio, para que en todo Dios sea glorificado por Jesucristo.

Quien oficia, dirigiéndose a la congregación:

El Dios de gracia, que nos ha llamado a gloria eterna en Cristo, nos fortalezca por el poder de su Santo Espíritu para que vivamos en gracia y paz.

Se pueden intercambiar expresiones de la paz de Dios.

HIMNO —Sugerencia

MVPC: 329 Todos los que han sido bautizados
UMH: 606 Come, Let Us Use The Grace Divine

BENDICIÓN

Que Cristo, nuestro verdadero Dios, que por nuestra salvación quiso ser bautizado por Juan en el Jordán, tenga piedad de nosotros y nos salve, pues es bueno y ama a la humanidad. **Amén.**

Service of Reaffirmation of the Baptismal Covenant

Introduction

The Service of Reaffirmation of the Baptismal Covenant is celebrated especially on the Baptism of the Lord Sunday (the first Sunday after the Epiphany,) but can also be celebrated on Pentecost Day, or during the Season of Easter.

This service has become more common among protestant churches in recent years. Recognizing the centrality of the sacrament of baptism, United Methodists are using this liturgy more frequently.

It is recommended that this service be celebrated at least annually. It should be a festive occasion, where the congregation remembers its baptism and renews its covenant with the Lord. Baptismal godparents may be invited, along with family members, to join in the joy of the occasion.

Visuals in the sanctuary may include fresh white flowers and white paraments. It is suggested that, in addition to the baptismal font, additional fonts be set up to facilitate the participation of the entire congregation. The various fonts may be decorated with white flowers and white doves. The water should be displayed abundantly. If possible, a fountain of running water might be placed in a central place in the sanctuary.

<u>Clarification:</u> The pastor must make clear that this service does not constitute a second baptism. The water can be used symbolically in ways that cannot be interpreted as baptism.

Some Ways of Using the Water

1) *The pastor may scoop up a handful of water and let it flow back into the font so that it is seen and heard.*

2) *The pastor may touch the water and mark the forehead of each person with the sign of the cross, and say: "Remember your baptism and be grateful."*

3) *Members of the congregation may touch the water, and with their forefinger make the sign of the cross on their own forehead.*

4) *Members of the congregation may come to the font by families, touch*

the water, mark each other's forehead with the sign of the cross and say: "Remember your baptism and be grateful."

ORDER OF WORSHIP

CALL TO WORSHIP

All who thirst, come to the waters. Come, all who are weary, come all who yearn for forgiveness. The Holy Spirit, through Jesus Christ, has washed over us and our gracious and holy God beckons and blesses us.

Let us drink deeply of these living waters!

HYMN OF PRAISE —Suggested:

UMH 62 All Creatures of Our God and King, vs.1-5 / MVPC 22 Oh,
criaturas del Señor
116 The God of Abraham Praise / MVPC 28 Al Dios de Abraham, loor

LITANY OF CONFESSION

Lord and life-giving Spirit, who brooded over the waters when first the world began:
Make us dead to sin but alive to God!
Who led your people out of slavery through the waters of the Red Sea and into freedom through the waters of the Jordan:
Make us dead to sin but alive to God!
Who anointed Jesus as Messiah as he was baptized by John in the Jordan:
Make us dead to sin but alive to God!
Who raised Jesus from the grave and proclaimed him Son of God in all his power:
Make us dead to sin but alive to God!
Who charged the waters of baptism through and through with power to give new life:
Make us dead to sin but alive to God!

OLD TESTAMENT LESSON —*See El Leccionario Común Revisado, p. 108.*

GOSPEL LESSON —*See the lectionary*

SERMON

HYMN —Suggested:
> UMH 252 When Jesus Came to Jordan / MVPC 125 Cuando al
> Jordán fue Cristo
> 608 This Is the Spirit's Entry Now

OFFERING

REAFFIRMATION OF THE BAPTISMAL COVENANT

Brothers and sisters in Christ:
Through the Sacrament of Baptism we are initiated into Christ's
holy Church. We are incorporated into God's mighty acts of salvation and given new birth through water and the Spirit. All this is
God's gift, offered to us without price.

Through the reaffirmation of our faith we renew the covenant
declared at our baptism, acknowledge what God is doing for us, and
affirm our commitment to Christ's holy Church.

RENUNCIATION OF SIN AND PROFESSION OF FAITH

The pastor, addressing the congregation:

On behalf of the whole Church, I ask you:

Do you renounce the spiritual forces of wickedness, reject the evil
powers of this world, and repent of your sin?

I do.

Do you accept the freedom and power God gives you to resist evil,
injustice, and oppression in whatever forms they present themselves?

I do.

Do you confess Jesus Christ as your Savior, put your whole trust in
his grace, and promise to serve him as your Lord, in union with the
Church which Christ has opened to people of all ages, nations and
races?

I do.

According to the grace given to you, will you remain faithful members of Christ's holy Church and serve as Christ's representatives in
the world?

I will.

THE APOSTLES' CREED (unison)

I believe in God, the Father Almighty, maker of heaven and earth;

And in Jesus Christ, his only Son, our Lord: who was conceived by the Holy Spirit, born of the Virgin Mary, suffered under Pontius Pilate, was crucified, died, and was buried; the third day he rose from the dead; he ascended into heaven, and is seated at the right hand of God the Father Almighty, and will come again to judge the living and the dead.

I believe in the Holy Spirit, the holy catholic church, the communion of saints, the forgiveness of sins, the resurrection of the body, and the life everlasting. Amen.

THANKSGIVING OVER THE WATER

Blessed is our God, now and always, and to the ages of ages.
Let us pray to the Lord:
That these waters may be sanctified by the power, effectual operation and descent of the Holy Spirit.
Let us pray to the Lord:
That there may descend upon these waters the cleansing operation of the blessed Trinity.
Let us pray to the Lord:
That this water may be a fountain welling forth unto life eternal.
Let us pray to the Lord:
That it may be for the healing of the souls and bodies of all those who, with faith, shall draw and partake of it.
Let us pray to the Lord:
O Lord, by your will you have, out of nothing, brought all things into being; by your power you sustain all creation, and by your providence, you direct the world.
Therefore, O Lord, you who love humankind, be present now as then, through the descent of your Holy Spirit and sanctify this water. Amen.

REAFFIRMATION OF FAITH

Here water may be used symbolically in ways that cannot be interpreted as baptism, as the pastor says:

Remember your baptism and be thankful. **Amen.**

As the congregation comes to the fonts to reaffirm their baptismal covenant, they may sing "Through Baptismal Waters." See Music, p. 274 of this resource. The song may be repeated as many times as necessary.

See instructions for use of the water in the Introduction to this service.

Through Baptismal Waters

Through baptismal waters, we have found renewal.
We've put on the garment of Jesus the Christ.
There is only one God; we are God's own people.
Let us offer praise with voice and heart.

God is our Redeemer, God has sanctified us
to proclaim the wonders that Jesus imparts.
There is only one God; we are God's own people.
Let us offer praise with voice and heart.

After all have reaffirmed their Baptismal Covenant, the pastor will say:

The Holy Spirit work within you, that having been born through water and the Spirit, you may live as faithful disciples of Jesus Christ. **Amen.**

THANKSGIVING

We give thanks for all that God has already given us. As members of the body of Christ and in this congregation we will faithfully participate in the ministries of the Church by our prayers, our presence, our gifts, and our service, that in everything God may be glorified through Jesus Christ.

The pastor addressing the congregation:

The God of all grace, who has called us to eternal glory in Christ, establish and strengthen you by the power of the Holy Spirit, that you may live in grace and peace.

Signs of peace may be exchanged.

HYMN —Suggested:

UMH: 606 Come, Let Us Use the Grace Divine
MVPC: 329 Todos los que han sido bautizados

BENEDICTION

May Christ, our true God, who for the sake of our salvation, by his own will was baptized by John in the Jordan, have mercy on us and save us, for He is good and loves humankind. **Amen.**

CULTO DE MATRIMONIO CRISTIANO

Este culto se ofrece para parejas que deseen solemnizar su matrimonio en un culto de adoración paralelo en su estructura con el culto dominical, el cual incluye la proclamación de la Palabra con oración y adoración. El matrimonio cristiano se celebra como un acto sagrado que refleja el pacto de Cristo con la Iglesia. El culto ha sido elaborado para dar testimonio de que la pareja está celebrando un matrimonio cristiano. Para una introducción más completa, ver «Culto de Matrimonio Cristiano»—Introducción, MVPC, pág. 32.

ORDEN DE CULTO

ENTRADA Y ALABANZA

Mientras los congregantes ocupan sus lugares, se puede ofrecer música instrumental o vocal. Se debe cuidar que la música usada sea propia para la adoración cristiana.

SE ENCIENDEN LAS VELAS

PROCESIONAL

Durante la entrada del cortejo se puede ofrecer una marcha apropiada para la ocasión o un himno congregacional. Se invita a la congregación a estar de pie durante la procesión.

SALUDO —*Pastor(a)*

> Nos reunimos como Iglesia delante de Dios y en presencia de estos testigos para presenciar la solemne unión de **N...** y **N...** en santo matrimonio. El pacto matrimonial fue establecido por Dios, que nos creó hombre y mujer, y que también simboliza la unión entre Cristo y su Iglesia. Con su presencia y su poder, Cristo honró un matrimonio en Caná de Galilea; y por medio de su amor sacrificial nos dio el ejemplo del amor entre esposo y esposa. **N...** y **N...** están hoy aquí para unirse en santo matrimonio.

HIMNO DE ALABANZA —Sugerencias:

MVPC: 5 Jubilosos te adoramos / UMH: 89 Joyful, Joyful We Adore Thee
11 Oh, santo, eterno Dios
29 Alma, bendice al Señor / UMH: 139 Praise to the Lord, the Almighty
UMH: 644 Jesus, Joy of Our Desiring

DECLARACIÓN DE INTENCIÓN

Pastor(a) a los novios:

> Ahora les pido, en la presencia de Dios y de esta congregación, que declaren sus propósitos de entrar en unión matrimonial por la gracia de Jesucristo, quien les invita a estar en comunión con Él.

A la novia:

> N..., ¿aceptas a N... como tu legítimo esposo, para vivir con él en santo matrimonio? ¿Lo amarás, lo consolarás y lo honrarás, lo cuidarás en tiempo de enfermedad y de salud, y le serás fiel mientras los dos vivan?
>
> *La novia:*   **Sí, lo haré.**

Al novio:

> N..., ¿aceptas a N... como tu legítima esposa, para vivir con ella en santo matrimonio? ¿La amarás, la consolarás y la honrarás, la cuidarás en tiempo de enfermedad y de salud, y le serás fiel mientras los dos vivan?
>
> *El novio:*   **Sí, lo haré.**

> *(Opcional)Quien oficia preguntará:* ¿Quién presenta a esta mujer en matrimonio?
> *Quien(es) presenta(n) dirá(n):* Yo la presento—o Nosotros la presentamos.

RESPUESTA DE LOS FAMILIARES Y DE LA CONGREGACIÓN

Pastor(a) a los padres y otros miembros de las familias:

> El matrimonio de N... y N... une a dos familias y crea una nueva. Ellos piden la bendición de ustedes.

Los padres y otros miembros de las familias:

Nos regocijamos por esta unión matrimonial, y pedimos la bendición de Dios sobre ellos.

Pastor(a) a la congregación:

¿Harán, por la gracia de Dios, todo lo posible para cuidar y sostener a *N... y N...* en la jornada de su vida matrimonial?

Congregación:

Les acompañaremos en su diario caminar y pediremos que Dios, por el poder de su Santo Espíritu, les ayude a construir un sólido matrimonio cristiano.

Oración —*Pastor(a)*

Amoroso y eterno Dios, nos reunimos para celebrar tu don de vida abundante. Te damos gracias por el gozo especial de la unión de dos vidas en jornada matrimonial. Que el intercambio de votos solemnes inspire en cada quien aquí presente el deseo de renovar nuestro pacto de servicio fiel en Cristo. Aumenta nuestra fe y nuestro amor, fortalece nuestra esperanza hasta que tu vida abundante alcance a todas tus criaturas. Por Jesucristo nuestro Señor, lo pedimos. **Amén.**

Proclamación y respuesta

Himno o canto especial —Sugerencias:

MVPC	240	Oh Dios, sé mi visión / UMH	451	Be Thou My Vision
	333	El amor	408	The Gift of Love
	334	Dios es Amor	643	When Love Is Found

PRESENTACIÓN DE LA BIBLIA
(Opción tradicional)

La presentación de una Biblia se puede hacer antes de que se lean las Escrituras. Se acostumbra que el padrino o la madrina la presenta a quien oficia; y quien oficia, después de decir estas u otras palabras apropiadas, la entrega a los novios.

Pastor(a)

N... y **N...**, reciban esta Biblia como un recordatorio de que su fe, su matrimonio y su hogar necesitan el fundamento de la enseñanza cristiana.

Escuchen la voz de Dios a través de las Sagradas Escrituras, y vayan en pos de Cristo, quien es el camino, la verdad y la vida.

Oración por quien oficia:

Bendice a tus siervos, oh Dios, al comenzar juntos su jornada. Inspira en ellos amor por tu palabra para que sus espíritus sean nutridos y su fe sea fortalecida. **Amén.**

PRESENTATION OF A BIBLE
(Traditional Option)

The presentation of a Bible may take place right before the Scriptures are read. Usually the Maid of Honor or Best Man presents the Bible to the pastor, who, in turn, after saying the following or other appropriate words, presents it to the couple.

Pastor:

Name and Name, receive this Bible as a fresh reminder that your faith, your marriage and your home need the firm foundation of Christian teaching.

Listen to the voice of God through the Holy Scriptures and follow the way of Christ, who alone is the way, the truth and the life.

The pastor prays:

Bless your servants, O God, as they begin their journey together. Inspire in them a love for your Word so that their spirits may be nurtured and their faith strengthened. **Amen.**

LECTURA(S) BÍBLICA(S) —Sugerencias:

Isaías 61:10-62:3;	I Juan 3:18-24	1 Corintios 13:1-10, 13
Juan 15:9-17	I Juan 4:7-16	Salmos 46, 67, 150

SERMÓN

ORACIÓN —*Pastor(a)*

Dios eterno, bendice y santifica con tu Santo Espíritu a este hombre y a esta mujer que se unen en matrimonio, para que pronuncien sus votos de mutua fidelidad y para que crezcan en amor y paz contigo, y el uno para con el otro, ocupándose también de servir a los demás, mediante Jesucristo nuestro Señor. **Amén.**

LA CEREMONIA DE MATRIMONIO

LOS VOTOS

Los novios se ponen de pie frente a frente, tomados de las manos, y repiten cada frase según el pastor o pastora les indique.

El novio a la novia:

En el nombre de Dios,
yo, **N...**, te recibo como mi legítima esposa,
para tenerte y conservarte,
desde hoy en adelante,
sea que mejore o empeore tu situación,
en tiempo de enfermedad y de salud,
para amarte y consolarte,
hasta que la muerte nos separe.
Este es mi voto solemne.

La novia al novio:

En el nombre de Dios,
yo, **N...**, te recibo como mi legítimo esposo,
para tenerte y conservarte,
desde hoy en adelante,
sea que mejore o empeore tu situación,
en tiempo de enfermedad y de salud,
para amarte y consolarte,
hasta que la muerte nos separe.
Este es mi voto solemne.

BENDICIÓN E INTERCAMBIO DE ANILLOS

Pastor(a)

Bendice, oh Dios, la entrega de estos anillos, para que quienes los lleven puestos vivan en tu paz y continúen en tu favor el resto de sus días, mediante Jesucristo, nuestro Señor. **Amén.**

En el momento en que el novio pone el anillo en el dedo de la novia, y viceversa, dirán:

N..., en prueba y testimonio de nuestra fe y amor constantes, te doy este anillo como símbolo visible del amor invisible que nos une, en el nombre del Padre, del Hijo y del Espíritu Santo. Amén.

PRESENTACIÓN DE LAS ARRAS
(Opción cultural)

Tradicionalmente, las arras son monedas que se usan para representar las posesiones materiales de los contrayentes. El dar y recibir las arras es un símbolo visible que afirma que todo lo que tienen y todo lo que tendrán será de ambos. Los dos prometen amarse en la prosperidad y en la escasez. Se acostumbra que los padrinos o la madrina de arras las presenten a quien oficia, quien dirá las siguientes palabras u otras apropiadas, y luego dará las arras al novio, éste a la novia y luego ella a él.

Quien oficia dice lo siguiente:

Las arras son símbolo de vuestro deseo de vivir contentos, unidos en amor, sea humildemente o en abundancia. Busquen primero el reino de Dios y su justicia y todas estas cosas os serán añadidas. Tal como lo reciban de Dios, compartan el uno con el otro y con los necesitados.

PRESENTATION OF THE ARRAS (Coins)
(Cultural Option)

Traditionally, the arras (ah-rahs) are coins representing the material possessions of the bride and groom. The giving and receiving of the arras is a visible sign that affirms that all the couple has or will have belongs to both. Both pledge to love one another in prosperity and in scarcity. The Maid of Honor or the Maid of Arras may present the coins to the pastor. After repeating the following words, or other appropriate words, the pastor presents the arras to the groom, the groom to the bride, and the bride back to the groom.

The pastor says the following:

The *arras* symbolize our desire to live happily whether in prosperity or in scarcity, united in love. Seek first the kingdom of God and his justice and all these things will be given unto you. Just as you receive from God, share with one another and with those who are in need.

ANUNCIO OFICIAL DEL MATRIMONIO

El esposo y la esposa unen sus manos. El pastor o pastora coloca su mano sobre las manos de la pareja.

Pastor(a) a los novios:

Ustedes han declarado su consentimiento y han hecho votos mutuamente delante de Dios y de esta congregación. Que Dios confirme estos votos y los llene de su gracia.

Pastor(a) a la congregación:

Ahora que **N...** y **N...** se han unido en matrimonio y lo han declarado por medio de solemnes votos, uniendo sus manos, y entregando y recibiendo un anillo (o anillos), yo los declaro esposo y esposa, en el nombre del Padre, del Hijo y del Espíritu Santo.
A quienes Dios ha unido, nadie los separe. **Amén.**

Los esposos se arrodillan.

PRESENTACIÓN DEL LAZO
(Opción cultural)

El lazo tiene forma de dos círculos unidos que representan la unión de los contrayentes. Esta costumbre cultural simboliza dos cosas: 1) Es un símbolo visible de que la pareja ahora son esposos, y de que ahora en la presencia de Dios los dos son uno espiritualmente. 2) El lazo representa el círculo de amor, un amor sin fin. Mientras que los contrayentes permanecen arrodillados, los padrinos de lazo lo presentan y lo ponen sobre los hombros del esposo y la esposa.

Quien oficia dice estas palabras:

Al poner este lazo sobre **N...** y **N...**, declaramos de forma visible lo que ya ha ocurrido espiritualmente: que en la presencia de Dios y de esta congregación, los dos ahora son uno. Este lazo también representa la afirmación de que el amor no tiene fin.

PRESENTATION OF THE LAZO
(Cultural Option)

The lazo (unity cord or ribbon) is in the shape of two circles representing the union of the couple. This cultural custom symbolizes two things: 1) It is the visible sign of the declaration that the two are joined in holy matrimony, and in the presence of God, they are now one spiritually. 2) The unity cord represents a circle of love, that is, love without end. While the couple remain in a kneeling position, the "padrinos de lazo" present the lazo and place it around the shoulders of the husband and wife.

The pastor says the following:

As we present *Name* and *Name* this unity cord, we declare visibly what has been affirmed spiritually: that in the presence of God and of this congregation, the two have become one. This cord further represents what has been affirmed: that love has no end.

BENDICIÓN DEL MATRIMONIO

Los contrayentes permanecen arrodillados.

EL PADRENUESTRO

Mientras los esposos permanecen arrodillados, un(a) solista puede ofrecer una versión musical del Padrenuestro.

Ver MVPC: 130 Padre nuestro
    Para la versión en inglés, ver: The Lord's Prayer, pág. 288 de
        este recurso.
    MVPC: 131 Padre nuestro que estás en los cielos

LA SANTA COMUNIÓN

Es apropiado celebrar la Santa Comunión en esta ocasión. Ver LA SANTA
COMUNIÓN—CON PREFACIOS, *pág. 56 de este recurso. Úsese el prefacio
para* Matrimonio Cristiano. *Se sugiere que se le sirva primero a la pareja.*

HIMNO DE DESPEDIDA —Sugerencia:

MVPC: 335 Escucha ¡oh Dios! la oración

BENDICIÓN

RECESIONAL

Culto de Renovación del Pacto Matrimonial

La iglesia debe cultivar y ofrecer oportunidades para que las parejas reafirmen sus votos matrimoniales. Estas ocasiones sirven para celebrar el amor de Dios que une a los cónyuges y a la familia. También sirve de testimonio e inspiración para todos los matrimonios de la congregación. Con la renovación de votos de una pareja, quienes están presentes también pueden experimentar la renovación de su compromiso con su esposo o esposa.

Este culto provee oportunidad para que participen los miembros de la familia. Aquí se ofrece una breve letanía, pero cada pareja puede escribir la suya propia. También cada pareja puede escribir su propia renovación de votos.

Póngase un reclinatorio al frente.

Orden del culto

PRELUDIO —Marcha o música apropiada

SE ENCIENDEN LAS VELAS

PROCESIONAL

La pareja puede entrar acompañada por su familia y tomar asiento en la primera banca o en sillas cerca del reclinatorio.

SALUDO —**Pastor(a)**

> Venimos a celebrar el amor de Dios en nuestras vidas y a participar con **N...** y **N...** y su familia en la renovación del pacto matrimonial ordenado por Dios. Elevemos a Dios nuestros corazones en alabanza y gratitud por su fidelidad hacia nosotros. Abramos nuestras vidas al Espíritu renovador que hace nuevas todas las cosas. **Amén.**

HIMNO CONGREGACIONAL —Sugerencias:

> MVPC   4 ¡Santo! ¡Santo! ¡Santo!
>   5 Jubilosos te adoramos / UMH 89 Joyful, Joyful We Adore Thee
>   34 Dad a Dios inmortal alabanza
> UMH 100 God, Whose Love Is Reigning o'er Us

DECLARACIÓN DE PROPÓSITO

Amados amigos y hermanos, hoy venimos para dar gracias por la vida y el amor que ha unido a *Nombre* y *Nombre* en santo matrimonio estos ___ años. Este acto nos recuerda de la unión que existe entre Cristo y su Iglesia, pues con su presencia Él hermoseó las bodas en Caná de Galilea. Con acción de gracias recordamos el acto de sus votos de amor el uno para con el otro. Unámonos, pues, con *Nombre* y *Nombre* en esta hora tan significativa, y con voz de júbilo glorifiquemos a Dios quien les ha bendecido y traído a esta hora.

LECTURA(S) BÍBLICA(S) —Sugerencias:

Isaías 61:10–62:3	Filipenses 4:4-9	Salmo 33:1-5, 18-22
Juan 15:9-17	Colosenses 3:12-17	Salmo 67

MÚSICA ESPECIAL —Sugerencias:

MVPC	333	El Amor
	334	Dios es Amor
UMH	643	When Love Is Found
	644	Jesus, Joy of Our Desiring

SERMÓN

RENOVACIÓN DE VOTOS

Nombre y *Nombre*, hoy vienen ustedes a este lugar así como lo hicieron hace ___ años, pero también como lo han hecho muchas veces desde ese día para declarar sus vidas nuevamente, para presentar a sus hijos en bautismo, confirmación, matrimonio y tantas otras ocasiones. Aquel día venían con todo el amor e ilusión que sobrecoge a dos jóvenes; hoy vienen sabiendo y sintiendo lo que estos años les han traído. Hoy les unen las experiencias del pasado, y les respaldan los años y sus eventos.

El amor de novios ha crecido y con el paso del tiempo se ha templado, haciéndose manifiesto en comprensión y cariño entrañable, profundo y rico. Hoy sus hijos e hijas se gozan y el amor que les une a ustedes fue suficiente para circundar la vida de cada uno de ellos y ellas.

Aquel día se hicieron votos muy sagrados, votos que hoy tienen un significado más amplio y sublime. En parte, éstos se han cumplido, y sin duda, es vuestra oración y deseo que estos votos logren plenitud en sus vidas, anticipando así días venideros de serenidad, paz y un amor pleno y cabal.

Al entrar en esta nueva etapa de sus vidas, lo hacen hasta cierto punto como al principio, dependiendo el uno del otro y buscando la manera en que, por vuestro esmero y amor, se logre la plenitud de vuestras vidas bajo la dirección del Espíritu Santo.

ORACIÓN DE LA PAREJA

Se invita a la pareja a ponerse de rodillas en el reclinatorio y a ofrecer la siguiente oración:

Gracias, oh Dios de toda bondad, por la bendición de nuestro matrimonio. Nos has guiado, nos has protegido y nos has sustentado. Recibe nuestra gratitud por el don de nuestra familia y también por el apoyo de la familia de la fe. Renueva en nosotros tu promesa y sé tú nuestra luz y fortaleza cada día hasta que estemos en el fulgor de tu presencia. Lo imploramos por el Hijo de tu amor, Cristo Jesús. **Amén.**

RESPUESTA CONGREGACIONAL —*La congregación ora lo siguiente:*

Dios eterno, creador y sustentador de la vida, bendice y santifica con tu Santo Espíritu a N... y a N... que han renovado su pacto matrimonial. Ayúdales a crecer en amor y paz para contigo, y el uno para con el otro, y que de esta forma también puedan alcanzar a otros en amor y servicio, por Jesucristo, nuestro Señor Amén.

La pareja se pone de pie.

LETANÍA DE GRATITUD

Pastor(a)—a los cónyuges:

El matrimonio es ordenanza de Dios. Dios bendice la unión de dos corazones y dos vidas y las confirma derramando su Espíritu santo sobre la pareja. N... y N..., al celebrar su ____aniversario de matrimonio, ¿cuál es su testimonio del amor de Dios?

Pareja:

Alabamos a Dios por su bondad. Dios nos ha guiado, nos ha protegido y ha provisto lo necesario para nosotros. Le damos gracias por nuestro matrimonio, nuestra familia, nuestras amistades y muchas otras bendiciones.

Pastor(a)—a los hijos e hijas, nietos y nietas:

Como familia de **N...** y **N...**, ¿qué testimonio ofrecen ustedes?

Hijos e hijas, nietos y nietas:

Nos regocijamos en la bendición del matrimonio de nuestros padres (abuelos). Su amor y su apoyo han sido nuestro ejemplo. Estamos agradecidos por sus vidas y su hogar donde hemos experimentado amor y bondad.

Pastor(a) – a la congregación:

La Iglesia, ¿qué testimonio dan ustedes en esta ocasión sobre la vida de **N...** y **N...**?

Congregación:

Damos gracias por la vida de **N...** y **N...** y celebramos el amor de Dios en sus vidas y en su familia. Nos gozamos con ellos y alabamos a Dios por haberles sostenido con brazo fuerte y protector hasta este día. Que el amor de su familia, el apoyo de sus amistades y el compañerismo de la iglesia sean señales de la bondad y misericordia divina en sus días futuros.

LA SANTA COMUNIÓN

Es apropiado celebrar la Santa Comunión en esta ocasión. Ver LA SANTA COMUNIÓN CON PREFACIOS, pág. 56 de este recurso. Úsese el prefacio para Matrimonio Cristiano. Se sugiere que primero se sirva la Comunión a la pareja y a su familia.

HIMNO   MVPC: 335   Escucha, ¡oh Dios! la oración

ORACIÓN DE CLAUSURA

Ahora, oh Dios, concede que **N...** y **N...** sigan recibiendo tu bendición y continúen creciendo tanto en la fe y la esperanza, como en tu amor que nunca se acaba. Así como hemos dado gracias por la vida y matrimonio de tus siervos **N...** y **N...**, te alabamos por tu bondad en nuestras vidas y en la de nuestras familias. Enséñanos y ayúdanos a crecer en el servicio de Jesucristo donde moran la fe, la esperanza y el amor verdadero. **Amén.**

RECESIONAL
La pareja sale primero, seguida por su familia, luego el pastor o la pastora, y finalmente la congregación.

CULTO DE CONSOLACIÓN Y ACCIÓN DE GRACIAS

INTRODUCCIÓN

Entre el pueblo latino se acostumbra un culto de lecturas, oración y testimonio la noche antes del culto fúnebre. Con frecuencia, el culto se lleva a cabo en la funeraria, pero en ocasiones se tiene en el hogar o en la iglesia.

Esta es ocasión para compartir con la familia de la persona fallecida, para afirmar los lazos de amor y para ofrecer consolación a los dolientes. De acuerdo con los deseos de la familia, el ataúd puede abrirse o permanecer cerrado.

MÚSICA PREPARATORIA —*música instrumental que refleje confianza y fe en el Dios consolador.*

SALUDO

Nos congregamos como pueblo de Dios para recordar y celebrar la vida de N.... Confiamos que el Espíritu consolador llenará cada corazón, y especialmente los de sus familiares.

LECTURAS BÍBLICAS —Sugerencias:

Isaías 26:1-4, 19	Isaías 65:17-25	Eclesiastés 3:1-15
Salmo 16:5-11	Salmo 84	Lucas 12:22-40
Romanos 6:3-9	Romanos 14:7-9	2 Corintios 4:16–5:1
Filipenses 3:7-11	Filipenses 3:20-21	

HIMNO CONGREGACIONAL —*Se puede cantar uno o más de los siguientes himnos:*

MVPC:	1	Mil voces para celebrar
	244	Dulce comunión
	256	Cuán firme cimiento
	261	Mi esperanza firme está
	269	Es Cristo de su Iglesia

ORACIÓN

Se acostumbra una oración espontánea, dando gracias por la vida de la persona fallecida, y suplicando consuelo para la familia y amistades.

TESTIMONIOS

Se puede invitar a una o más personas a ofrecer testimonio sobre la vida de la persona fallecida. Con frecuencia se incluye a una persona de la familia inmediata en este acto.

MEDITACIÓN

Se recomienda que se concentre en la celebración de la vida de la persona fallecida y en la esperanza de la resurrección.

HIMNO CONGREGACIONAL

Se puede cantar uno o más de los siguientes himnos, o se puede ofrecer un canto especial.

MVPC:	248	Dulce oración
	255	¡Oh! Amor que no me dejarás
	257	¡Oh, qué amigo nos es Cristo!
	337	Pues si vivimos

ORACIÓN DE CLAUSURA Y BENDICIÓN

Señor nuestro, tú que eres el gran Pastor de las ovejas, en esta hora de sombra de muerte nos sigues cuidando y nos acompañas. Tu gracia es suficiente y tu promesa es segura: «Sé fiel hasta la muerte y te daré la corona de la vida». En esta fe nos hemos reunido y en esta esperanza nos despedimos.

Que Dios Padre, Hijo y Espíritu Santo vaya con ustedes y les llene de toda paz y seguridad. **Amén.**

El año cristiano

INTRODUCCIÓN

La Iglesia es la continuación del ministerio terrenal de Jesucristo, nacido en Belén, en los días del rey Herodes, cuando Cirenio era gobernador de Siria, y Augusto César era emperador del imperio romano. La fe cristiana confiesa a un Dios activo en la historia, presente en el tiempo, y obrando en medio de los asuntos de la humanidad. En los eventos del éxodo de Egipto, del exilio en Babilonia, de la restauración del templo y del culto bajo Esdras y Nehemías, el Dios creador y liberador actuó para re-orientar y dirigir los destinos de su pueblo. En Jesucristo, Dios actuó decisivamente en la historia de Israel para redimir y orientar la historia hacia el triunfo final de su reinado de justicia y paz.

La Iglesia de los primeros años de la era cristiana se reunía para contar los hechos de Dios en Jesús de Nazaret, y especialmente sobre su resurrección después de la crucifixión en el monte Calvario. Se comenzaron a reunir el domingo, primer día de la semana, porque fue el día en que Jesús resucitó, porque fue cuando Jesús se manifestó vivo a María Magdalena y los demás discípulos.

Así que, desde sus principios, la Iglesia estableció días, tiempos y estaciones del año para recordar y celebrar los hechos de Dios, mediante Cristo Jesús. Durante su jornada, la Iglesia comenzó a desarrollar un «calendario de gracia», es decir, a organizar sus celebraciones alrededor de eventos relacionados con el nacimiento, ministerio, muerte, resurrección y ascensión de Jesucristo. Así pues, a través de los siglos, se establecieron varias estaciones que siguen y señalan los principales aspectos de la vida de Jesucristo.

CICLO DE ADVIENTO-NAVIDAD-EPIFANÍA

En este ciclo se enfoca la celebración de la Navidad. En España, y desde el siglo cuarto, se estableció el Adviento como una estación de preparación para la Navidad.

Anterior a esto, sin embargo, la Iglesia primitiva ya celebraba —probablemente desde el siglo segundo— la Epifanía; es decir, la manifestación de Cristo a las multitudes.

La Epifanía originalmente incluía los eventos del nacimiento de Jesús, de su bautismo y del primer milagro que realizó en Caná. En todas estas ocasiones, Jesús estaba manifestando a Dios a la humanidad. Para el cuarto siglo, ya se había comenzado a celebrar la Navidad como una estación distinta a la Epifanía. Cuando se reconoció al cristianismo como la religión oficial del imperio romano, la Epifanía remplazó la fiesta pagana del dios sol que marcaba el solsticio de invierno. Fue también en España, en el año 380 d. C., que un concilio de la Iglesia oficializó la estación de Adviento como tiempo preparatorio para la Navidad. Con el tiempo el cuarto domingo antes de diciembre 25 se señaló como el inicio de la temporada de Adviento.

Ciclo de Cuaresma-Resurrección-Pentecostés

Esta estación ha sido, histórica y teológicamente, el ciclo más importante en el calendario cristiano. La resurrección fue el acontecimiento que transformó a los seguidores de Jesús en creyentes fervientes de sus promesas. Se confirmó la presencia viva de Cristo el día de Pentecostés cuando se derramó el Espíritu Santo entre los discípulos. Esta «fiesta de los primeros frutos» para los judíos, para los cristianos se convierte en la fiesta del fuego renovador que impulsa a la Iglesia a salir a las calles y plazas a predicar el evangelio (Hechos 2:1-13).

Tiempo después en la historia de la Iglesia, también se estableció la Cuaresma. Esta es la estación de preparación para la celebración de la Resurrección. Comienza con lo que se ha llamado el «Miércoles de Ceniza» y, excluyendo los domingos, se extiende por cuarenta días antes del día de Resurrección.

Tomado en su totalidad, este ciclo representa un tiempo de confesión, arrepentimiento y renovación para la Iglesia. Por eso es que la estación de Resurrección y el día de Pentecostés eran ocasiones apropiadas para la celebración de bautizos.

Todas estas estaciones surgieron del deseo de celebrar eventos específicos en la vida y ministerio de Jesús. Como escribiera San Lucas, «las cosas que entre nosotros han sucedido» (1:1) fue lo que se convirtió en la base y el esquema para organizar el año cristiano. Celebramos y recordamos al Verbo encarnado en su jornada humana y terrenal desde antes de que naciera hasta el momento de su ascensión.

El tiempo que sigue al Pentecostés (ver el leccionario, pág. 108) –todos los domingos desde Pentecostés hasta el primer domingo en Adviento, que generalmente son entre 25 y 28 domingos– entre nuestras iglesias se conoce como la Estación después de Pentecostés.

Calendario denominacional y cívico

Además de estas estaciones, cada denominación incluye un número de días especiales y promociones que se colocan oficialmente dentro del calendario eclesiástico. Estos domingos especiales no deberán desplazar a ningún día del calendario litúrgico cristiano. La Iglesia Metodista Unida, por ejemplo, ha designado seis domingos –donde se levanta una ofrenda especial– que se han colocado dentro del calendario en el contexto del año litúrgico cristiano, y enfatizan el llamado de la Iglesia como el pueblo de Dios.

Además, en cada país hay ciertos días del calendario cívico que son motivo de celebración especial. Algunos ejemplos de esto serían el Día de Acción de Gracias en noviembre, el Día de las Madres en mayo, y el de la Independencia.

CALENDARIO LITÚRGICO

ADVIENTO (color: morado o azul)
>Se extiende por cuatro domingos antes del día de Navidad.

NAVIDAD (color: blanco o dorado)
>El nacimiento de Cristo (víspera de Navidad, Día de Navidad)
>Primer domingo después del Día de Navidad
>Víspera de Año Nuevo o el Día de Año Nuevo
>Epifanía del Señor

ESTACIÓN DESPUÉS DE LA EPIFANÍA (TIEMPO ORDINARIO; color: verde)
>Primer domingo después de Epifanía (Bautismo del Señor; blanco)
>Segundo domingo después de Epifanía al octavo domingo después de Epifanía
>Último domingo después de Epifanía (Domingo de Transfiguración; blanco)

CUARESMA (colores: morado; rojo, como alternativa durante Semana Santa)
>Miércoles de Ceniza
>Primer domingo en Cuaresma al quinto domingo en Cuaresma
>Sexto domingo en Cuaresma (Domingo de Pasión/Ramos)
>Lunes de Semana Santa
>Martes de Semana Santa
>Miércoles de Semana Santa
>>+Jueves Santo
>>+Viernes Santo (sin color)
>>+Sábado Santo (sin color)

RESURRECCIÓN (color: blanco o dorado)
>Resurrección del Señor (víspera de Resurrección, Día de Resurrección)

+*Los Tres Días Principales, desde la puesta del sol el Jueves Santo hasta la puesta del sol el Domingo de Resurrección, constituyen la culminación del año cristiano.*

Segundo domingo de Resurrección al sexto domingo de Resurrección

Ascensión del Señor

Séptimo domingo de Resurrección

Día de Pentecostés (color: rojo)

ESTACIÓN DESPUÉS DE PENTECOSTÉS (TIEMPO ORDINARIO; color: verde)

Primer domingo después de Pentecostés (Domingo de la Trinidad; blanco)

Segundo domingo después de Pentecostés al vigésimo-sexto domingo después de Pentecostés

Día de Todos los Santos (color: blanco)

Día de Acción de Gracias (color: rojo o blanco)

Último domingo después de Pentecostés (Domingo de Cristo el Rey; color: blanco)

COLORES DEL AÑO CRISTIANO

Como ya lo vimos un poco antes, el año cristiano se compone de dos ciclos principales: el de Navidad, que comprende Adviento-Navidad-Epifanía; y el de Resurrección que está integrado por Cuaresma-Resurrección-Pentecostés. Dentro de cada ciclo hay una «estación de preparación» simbolizada por el color morado, y una «estación festiva» simbolizada por el color blanco. Después de cada ciclo hay un «tiempo ordinario» de crecimiento, que es simbolizado por el color verde. Así pues, podemos ver que hay una secuencia para usar los colores morado, blanco y verde, en ese orden, dos veces por año.

Para el tiempo de preparación durante el Adviento y la Cuaresma, se usa el color morado que simboliza tanto la «penitencia» como la «realeza». También se puede usar el color azul, como símbolo de realeza, del cielo o de las aguas de la nueva creación (Génesis 1).

El blanco y el dorado son colores festivos usados durante las estaciones de Navidad y Resurrección (excepto el Día de Pentecostés), y cuando se celebran días como el *Bautismo del Señor,* la *Transfiguración,* la *Trinidad,* el *Día de Todos los Santos,* y el de *Cristo Rey.* El color blanco también se puede usar durante la celebración de bodas y cultos de bautismo. Se recomienda el blanco para cultos de muerte y resurrección porque ese color puede representar a ambos. Aunque durante los cultos de Santa Comunión se acostumbra poner un lino blanco sobre la mesa del Señor, los colores de los paramentos y otros elementos visuales deben reflejar el día o la estación del año en que se encuentren.

El color verde (que simboliza crecimiento) se usa durante la estación después de Epifanía y después de Pentecostés, excepto durante días especiales cuando el blanco o rojo es más apropiado.

El rojo (color del fuego) simboliza al Espíritu Santo. Particularmente se usa el *Día de Pentecostés,* y en otras ocasiones cuando se enfatiza la obra del Espíritu Santo. El rojo también es el color de la sangre, y puede representar la sangre de Jesucristo y la de otros mártires. El color rojo es más efectivo cuando se usa ocasionalmente y no a través de toda una estación. Este color es muy apropiado para los cultos de evangelización, para cultos de ordenación y consagración, para aniversarios de iglesia y para celebraciones civiles, como el Día de Martin Luther King, Jr., o el Memorial Day. Se puede usar, junto con el blanco y el dorado, durante la Estación de Resurrección. También se puede usar durante la Semana Santa, comenzando con el Domingo de Pasión/Ramos, para simbolizar la sangre de Cristo.

Aunque el uso de estos colores está basado en tradiciones ecuménicas, en algunas iglesias cristianas también se han usado otros colores. Se recomienda que se haga uso de la creatividad para colocar los colores y símbolos durante días especiales.

LECCIONARIO COMÚN REVISADO
(Traducción de *The Revised Common Lectionary* 1992)

El Leccionario Común Revisado, 1992 es un calendario y una tabla de lecturas bíblicas sugeridas para un ciclo de tres años. Las lecturas son para cada domingo y para días especiales. Por lo general incluyen una lectura del Antiguo Testamento, una de las Epístolas, y una de los Evangelios, y son para que se usen semanalmente en los cultos de adoración.

El leccionario sigue al año cristiano, con el que la Iglesia celebra el misterio central de nuestra fe: la vida, muerte y resurrección de Cristo Jesús. El fundamento es el Día del Señor –el primer día de la semana– cuando recordamos el triunfo de Jesucristo sobre el pecado y la muerte. Cada año hay dos ciclos que se concentran en Jesucristo: Adviento-Navidad-Epifanía, y Cuaresma-Resurrección-Pentecostés. En cada ciclo, los días de preparación (Adviento y Cuaresma), son seguidos por días de celebración (Navidad-Epifanía y Resurrección-Pentecostés).

El leccionario es un instrumento que se puede usar para la planificación y dirección de la adoración. Su extenso uso en congregaciones metodistas unidas es testimonio del valor que tiene para ayudar a las congregaciones a escuchar íntegro el mensaje de las Sagradas Escrituras.

El calendario de lecturas que sigue está basado en The Revised Common Lectionary 1992. *Provee selecciones basadas en las necesidades y tradiciones de la Iglesia Metodista Unida. Otras denominaciones pueden usar opciones que les sean apropiadas.*

AÑO A	AÑO B	AÑO C
Adviento 2004, 2007, 2010, 2013, 2016, 2019	Adviento 2005, 2008, 2011, 2014, 2017, 2020	Adviento 2003, 2006, 2009, 2012, 2015, 2018

Adviento

AÑO A	AÑO B	AÑO C

Primer domingo de Adviento

Isaías 2:1-5	Isaías 64:1-9	Jeremías 33:14-16
Salmo 122	Salmo 80:1-7, 17-19	Salmo 25:1-10
Romanos 13:11-14	1 Corintios 1:3-9	1 Tesalonicenses 3:9-13
Mateo 24:36-44	Marcos 13:24-37	Lucas 21:25-36

Segundo domingo de Adviento

Isaías 11:1-10	Isaías 40:1-11	Malaquías 3:1-4
Salmo 72:1-7, 18-19	Salmo 85:1-2, 8-13	Lucas 1:68-79
Romanos 15:4-13	2 Pedro 3:8-15a	Filipenses 1:3-11
Mateo 3:1-12	Marcos 1:1-8	Lucas 3:1-6

Tercer domingo de Adviento

Isaías 35:1-10	Isaías 61:1-4, 8-11	Sofonías 3:14-20
Lucas 1:47-55	Salmo 126	Isaías 12:2-6
Santiago 5:7-10	1 Tesalonicenses 5:16-24	Filipenses 4:4-7
Mateo 11:2-11	Juan 1:6-8, 19-28	Lucas 3:7-18

Cuarto domingo de Adviento

Isaías 7:10-16	2 Samuel 7:1-11, 16	Miqueas 5:2-5a
Salmo 80:1-7, 17-19	Lucas 1:47-55	Lucas 1:47-55
Romanos 1:1-7	Romanos 16:25-27	Hebreos 10:5-10
Mateo 1:18-25	Lucas 1:26-38	Lucas 1:39-45

Navidad

La Natividad del Señor
Nochebuena/Víspera de Navidad

Isaías 9:2-7
Salmo 96
Tito 2:11-14
Lucas 2:1-20

Isaías 9:2-7
Salmo 96
Tito 2:11-14
Lucas 2:1-20

Isaías 9:2-7
Salmo 96
Tito 2:11-14
Lucas 2:1-20

Día de Navidad

Isaías 52:7-10
Salmo 98
Hebreos 1:1-4 (5-12)
Juan 1:1-14

Isaías 52:7-10
Salmo 98
Hebreos 1:1-4 (5-12)
Juan 1:1-14

Isaías 52:7-10
Salmo 98
Hebreos 1:1-4 (5-12)
Juan 1:1-14

Primer domingo después de Navidad

Isaías 63:7-9
Salmo 148
Hebreos 2:10-18
Mateo 2:13-23

Isaías 61:10–62:3
Salmo 148
Gálatas 4:4-7
Lucas 2:22-40

1 Samuel 2:18-20, 26
Salmo 148
Colosenses 3:12-17
Lucas 2:41-52

Enero 1—Año Nuevo

Eclesiastés 3:1-13
Salmo 8
Apocalipsis 21:1-6a
Mateo 25:31-46

Eclesiastés 3:1-13
Salmo 8
Apocalipsis 21:1-6a
Mateo 25:31-46

Eclesiastés 3:1-13
Salmo 8
Apocalipsis 21:1-6a
Mateo 25:31-46

Epifanía del Señor (enero 6 o el primer domingo en enero)

Isaías 60:1-6
Salmo 72:1-7, 10-14
Efesios 3:1-12
Mateo 2:1-12

Isaías 60:1-6
Salmo 72:1-7, 10-14
Efesios 3:1-12
Mateo 2:1-12

Isaías 60:1-6
Salmo 72:1-7, 10-14
Efesios 3:1-12
Mateo 2:1-12

Estación después de la Epifanía

El Bautismo del Señor (primer domingo después de la Epifanía; domingo entre enero 7 y 13 inclusive)

Isaías 42:1-9	Génesis 1:1-5	Isaías 43:1-7
Salmo 29	Salmo 29	Salmo 29
Hechos 10:34-43	Hechos 19:1-7	Hechos 8:14-17
Mateo 3:13-17	Marcos 1:4-11	Lucas 3:15-17, 21-22

Segundo domingo después de la Epifanía (domingo entre enero 14 y 20 inclusive)

Isaías 49:1-7	1 Samuel 3:1-10 (11-20)	Isaías 62:1-5
Salmo 40:1-11	Salmo 139:1-6, 13-18	Salmo 36:5-10
1 Corintios 1:1-9	1 Corintios 6:12-20	1 Corintios 12:1-11
Juan 1:29-42	Juan 1:43-51	Juan 2:1-11

Tercer domingo después de la Epifanía (domingo entre enero 21 y 27 inclusive)

Isaías 9:1-4	Jonás 3:1-5, 10	Nehemías 8:1-3, 5-6 8-10
Salmo 27:1, 4-9	Salmo 62:5-12	Salmo 19
1 Corintios 1:10-18	1 Corintios 7:29-31	1 Corintios 12:12-31a
Mateo 4:12-23	Marcos 1:14-20	Lucas 4:14-21

Cuarto domingo después de la Epifanía (domingo entre enero 28 y febrero 3 inclusive; si es el último domingo después de la Epifanía, ver *Transfiguración*).

Miqueas 6:1-8	Deuteronomio 18:15-20	Jeremías 1:4-10
Salmo 15	Salmo 111	Salmo 71:1-6
1 Corintios 1:18-31	1 Corintios 8:1-13	1 Corintios 13:1-13
Mateo 5:1-12	Marcos 1:21-28	Lucas 4:21-30

Quinto domingo después de la Epifanía (domingo entre febrero 4 y 10 inclusive; si es el último domingo después de la Epifanía, ver *Transfiguración*).

Isaías 58:1-9a (9b-12)	Isaías 40:21-31	Isaías 6:1-8 (9-13)
Salmo 112:1-10	Salmo 147:1-11, 20c	Salmo 138
1 Corintios 2:1-12 (13-16)	1 Corintios 9:16-23	1 Corintios 15:1-11
Mateo 5:13-20	Marcos 1:29-39	Lucas 5:1-11

Sexto domingo después de la Epifanía (domingo entre febrero 11 y 17 inclusive; si es el último domingo después de la Epifanía, ver *Transfiguración*).

Deuteronomio 30:15-20	2 Reyes 5:1-14	Jeremías 17:5-10
Salmo 119:1-8	Salmo 30	Salmo 1
1 Corintios 3:1-9	1 Corintios 9:24-27	1 Corintios 15:12-20
Mateo 5:21-37	Marcos 1:40-45	Lucas 6:17-26

Séptimo domingo después de la Epifanía (domingo entre febrero 18 y 24 inclusive; si es el último domingo después de la Epifanía, ver *Transfiguración*).

Levítico 19:1-2, 9-18	Isaías 43:18-25	Génesis 45:3-11, 15
Salmo 119:33-40	Salmo 41	Salmo 37:1-11, 39-40
1 Corintios 3:10-11, 16-23	2 Corintios 1:18-22	1 Corintios 15:35-38, 42-50
Mateo 5:38-48	Marcos 2:1-12	Lucas 6:27-38

Octavo domingo después de la Epifanía (domingo entre febrero 25 y 29 inclusive; si es el último domingo después de la Epifanía, ver *Transfiguración*).

Isaías 49:8-16*a*	Oseas 2:14-20	Isaías 55:10-13
Salmo 131 o 62:5-12	Salmo 103:1-13, 22	Salmo 92:1-4, 12-15
1 Corintios 4:1-5	2 Corintios 3:1-6	1 Corintios 15:51-58
Mateo 6:24-34	Marcos 2:13-22	Lucas 6:39-49

Domingo de la Transfiguración / *Último domingo después de la Epifanía*
Las lecturas para la Transfiguración son para usarse el domingo antes del *Miércoles de Ceniza*.

Éxodo 24:12-18	2 Reyes 2:1-12	Éxodo 34:29-35
Salmo 99	Salmo 50:1-6	Salmo 99
2 Pedro 1:16-21	2 Corintios 4:3-6	2 Corintios 3:12–4:2
Mateo 17:1-9	Marcos 9:2-9	Lucas 9:28-36 (37-43)

Cuaresma

Miércoles de Ceniza

Joel 2:1-2, 12-17	Joel 2:1-2, 12-17	Joel 2:1-2, 12-17
Salmo 51:1-17	Salmo 51:1-17	Salmo 51:1-17
2 Corintios 5:20*b*–6:10	2 Corintios 5:20*b*–6:10	2 Corintios 5:20*b*–6:10
Mateo 6:1-6, 16-21	Mateo 6:1-6, 16-21	Mateo 6:1-6, 16-21

Primer domingo en Cuaresma

Génesis 2:15-17; 3:1-7	Génesis 9:8-17	Deuteronomio 26:1-11
Salmo 32	Salmo 25:1-10	Salmo 91:1-2, 9-16
Romanos 5:12-19	1 Pedro 3:18-22	Romanos 10:8*b*-13
Mateo 4:1-11	Marcos 1:9-15	Lucas 4:1-13

Segundo domingo en Cuaresma

Génesis 12:1-4*a*	Génesis 17:1-7, 15-16	Génesis 15:1-12, 17-18
Salmo 121	Salmo 22:23-31	Salmo 27
Romanos 4:1-5, 13-17	Romanos 4:13-25	Filipenses 3:17–4:1
Juan 3:1-17	Marcos 8:31-38	Lucas 13:31-35

Tercer domingo en Cuaresma

Éxodo 17:1-7	Éxodo 20:1-17	Isaías 55:1-9
Salmo 95	Salmo 19	Salmo 63:1-8
Romanos 5:1-11	1 Corintios 1:18-25	1 Corintios 10:1-13
Juan 4:5-42	Juan 2:13-22	Lucas 13:1-9

Cuarto domingo en Cuaresma

1 Samuel 16:1-13	Números 21:4-9	Josué 5:9-12
Salmo 23	Salmo 107:1-3, 17-22	Salmo 32
Efesios 5:8-14	Efesios 2:1-10	2 Corintios 5:16-21
Juan 9:1-41	Juan 3:14-21	Lucas 15:1-3, 11*b*-32

Quinto domingo en Cuaresma

Ezequiel 37:1-14	Jeremías 31:31-34	Isaías 43:16-21
Salmo 130	Salmo 51:1-12 o119:9-16	Salmo 126
Romanos 8:6-11	Hebreos 5:5-10	Filipenses 3:4*b*-14
Juan 11:1-45	Juan 12:20-33	Juan 12:1-8

Sexto domingo en Cuaresma
Domingo de la Pasión / Domingo de Ramos

Liturgia de las Palmas

Mateo 21:1-11	Marcos 11:1-11	Lucas 19:28-40
Salmo 118:1-2, 19-29	Salmo 118:1-2, 19-29	Salmo 118:1-2, 19-29

Liturgia de la Pasión

Isaías 50:4-9*a*	Isaías 50:4-9*a*	Isaías 50:4-9*a*
Salmo 31:9-16	Salmo 31:9-16	Salmo 31:9-16
Filipenses 2:5-11	Filipenses 2:5-11	Filipenses 2:5-11
Mateo 26:14–27:66	Marcos 14:1–15:47	Lucas 22:14–23:56
o 27:11-54	o 15:1-39(40-47)	o 23:1-49

Semana Santa

Lunes en Semana Santa

Isaías 42:1-9	Isaías 42:1-9	Isaías 42:1-9
Salmo 36:5-11	Salmo 36:5-11	Salmo 36:5-11
Hebreos 9:11-15	Hebreos 9:11-15	Hebreos 9:11-15
Juan 12:1-11	Juan 12:1-11	Juan 12:1-11

Martes en Semana Santa

Isaías 49:1-7	Isaías 49:1-7	Isaías 49:1-7
Salmo 71:1-14	Salmo 71:1-14	Salmo 71:1-14
1 Corintios 1:18-31	1 Corintios 1:18-31	1 Corintios 1:18-31
Juan 12:20-36	Juan 12:20-36	Juan 12:20-36

Miércoles en Semana Santa

Isaías 50:4-9*a*	Isaías 50:4-9*a*	Isaías 50:4-9*a*
Salmo 70	Salmo 70	Salmo 70
Hebreos 12:1-3	Hebreos 12:1-3	Hebreos 12:1-3
Juan 13:21-32	Juan 13:21-32	Juan 13:21-32

Jueves Santo

Éxodo 12:1-4 (5-10)	Éxodo 12:1-4 (5-10)	Éxodo 12:1-4 (5-10)
11-14	11-14	11-14
Salmo 116:1-4, 12-19	Salmo 116:1-4, 12-19	Salmo 116:1-4, 12-19
1 Corintios 11:23-26	1 Corintios 11:23-26	1 Corintios 11:23-26
Juan 13:1-17, 31b-35	Juan 13:1-17, 31b-35	Juan 13:1-17, 31b-35

Viernes Santo

Isaías 52:13–53:12	Isaías 52:13–53:12	Isaías 52:13–53:12
Salmo 22	Salmo 22	Salmo 22
Hebreos 10:16-25	Hebreos 10:16-25	Hebreos 10:16-25
Juan 18:1–19:42	Juan 18:1–19:42	Juan 18:1–19:42

Resurrección

Vigilia Pascual

(El número de lecturas puede variar, pero al menos Éxodo 14 y otras dos lecturas adicionales del Antiguo Testamento se deben usar junto con las lecturas del Nuevo Testamento.)

Lecturas del Antiguo Testamento y Salmos (años A, B y C)

Génesis 1:1–2:4a	Isaías 55:1-11
Salmo 136:1-9, 23-26, o Salmo 33	Isaías 12:2-6
Génesis 7:1-5, 11-18; 8:6-18; 9:8-13	Ezequiel 36:24-28
Salmo 46	Salmo 42
Génesis 22:1-18	Ezequiel 37:1-14
Salmo 16	Salmo 143
Éxodo 14:10-31; 15:20-21	
Éxodo 15:1b-13, 17-18	

Lectura de la Epístola y Salmo (años A, B y C)

Romanos 6:3-11
Salmo 114

Lectura de Evangelio

| Mateo 28:1-10 | Marcos 16:1-8 | Lucas 24:1-12 |

Domingo de *La Resurrección del Señor*

Hechos 10:34-43	Hechos 10:34-43	Hechos 10:34-43
Salmo 118:1-2, 14-24	Salmo 118:1-2, 14-24	Salmo 118:1-2, 14-24
Colosenses 3:1-4	1 Corintios 15:1-11	1 Corintios 15:19-26
Juan 20:1-18	Juan 20:1-18	Juan 20:1-18 o
o Mateo 28:1-10	o Marcos 16:1-8	Lucas 24:1-12

Segundo domingo de Pascua

Hechos 2:14a, 22-32	Hechos 4:32-35	Hechos 5:27-32
Salmo 16	Salmo 133	Salmo 150
1 Pedro 1:3-9	1 Juan 1:1–2:2	Apocalipsis 1:4-8
Juan 20:19-31	Juan 20:19-31	Juan 20:19-31

Tercer domingo de Pascua

Hechos 2:14a, 36-41	Hechos 3:12-19	Hechos 9:1-6 (7-20)
Salmo 116:1-4, 12-19	Salmo 4	Salmo 30
1 Pedro 1:17-23	1 Juan 3:1-7	Apocalipsis 5:11-14
Lucas 24:13-35	Lucas 24:36b-48	Juan 21:1-19

Cuarto domingo de Pascua

Hechos 2:42-47	Hechos 4:5-12	Hechos 9:36-43
Salmo 23	Salmo 23	Salmo 23
1 Pedro 2:19-25	1 Juan 3:16-24	Apocalipsis 7:9-17
Juan 10:1-10	Juan 10:11-18	Juan 10:22-30

Quinto domingo de Pascua

Hechos 7:55-60	Hechos 8:26-40	Hechos 11:1-18
Salmo 31:1-5, 15-16	Salmo 22:25-31	Salmo 148
1 Pedro 2:2-10	1 Juan 4:7-21	Apocalipsis 21:1-6
Juan 14:1-14	Juan 15:1-8	Juan 13:31-35

Sexto domingo de Pascua

Hechos 17:22-31
Salmo 66:8-20
1 Pedro 3:13-22
Juan 14:15-21

Hechos 10:44-48
Salmo 98
1 Juan 5:1-6
Juan 15:9-17

Hechos 16:9-15
Salmo 67
Apocalipsis 21:10, 22–22:5
Juan 14:23-29

La Ascensión del Señor

Estas lecturas también se pueden usar el séptimo domingo de Pascua.

Hechos 1:1-11
Salmo 47
Efesios 1:15-23
Lucas 24:44-53

Hechos 1:1-11
Salmo 47
Efesios 1:15-23
Lucas 24:44-53

Hechos 1:1-11
Salmo 47
Efesios 1:15-23
Lucas 24:44-53

Séptimo domingo de Pascua

Hechos 1:6-14
Salmo 68:1-10, 32-35
1 Pedro 4:12-14; 5:6-11

Juan 17:1-11

Hechos 1:15-17, 21-26
Salmo 1
1 Juan 5:9-13

Juan 17:6-19

Hechos 16:16-34
Salmo 97
Apocalipsis 22:12-14,
          16-17, 20-21
Juan 17:20-26

Día de Pentecostés

Hechos 2:1-21
Salmo 104:24-34, 35b
1 Corintios 12:3b-13
Juan 7:37-39

Hechos 2:1-21
Salmo 104:24-34, 35b
Romanos 8:22-27
Juan 15:26-27;
    16:4b-15

Hechos 2:1-21
Salmo 104:24-34, 35b
Romanos 8:14-17
Juan 14:8-17 (25-27)

Temporada después de Pentecostés *(Tiempo Ordinario)*

Domingo de la Trinidad
Primer domingo después de Pentecostés

Génesis 1:1–2:4*a*
Salmo 8
2 Corintios 13:11-13
Mateo 28:16-20

Isaías 6:1-8
Salmo 29
Romanos 8:12-17
Juan 3:1-17

Proverbios 8:1-4, 22-31
Salmo 8
Romanos 5:1-5
Juan 16:12-15

Domingo entre mayo 29 y junio 4 inclusive (si es después del domingo de la Trinidad)

Génesis 6:11-22; 7:24; 8:14-19	1 Samuel 3:1-20	1 Reyes 18:20-39
Salmo 46	Salmo 139:1-6, 13-18	Salmo 96
Romanos 1:16-17; 3:22b-28 (29-31)	2 Corintios 4:5-12	Gálatas 1:1-12
Mateo 7:21-29	Marcos 2:23–3:6	Lucas 7:1-10

Domingo entre junio 5 y 11 inclusive (si después del domingo de la Trinidad)

Génesis 12:1-9	1 Samuel 8:4-20 (11:14-15)	1 Reyes 17:8-24
Salmo 33:1-12	Salmo 138	Salmo 146
Romanos 4:13-25	2 Corintios 4:13–5:1	Gálatas 1:11-24
Mateo 9:9-13, 18-26	Marcos 3:20-35	Lucas 7:11-17

Domingo entre junio 12 y 18 inclusive (si después del domingo de la Trinidad)

Génesis 18:1-15	1 Samuel 15:34–16:13	1 Reyes 21:1-21a
Salmo 116:1-2, 12-19	Salmo 20 o Salmo 72	Salmo 5:1-8
Romanos 5:1-8	2 Corintios 5:6-10 (11-13), 14-17	Gálatas 2:15-21
Mateo 9:35–10:8 (9-23)	Marcos 4:26-34	Lucas 7:36–8:3

Domingo entre junio 19 y 25 inclusive (si después del domingo de la Trinidad)

Génesis 21:8-21	1 Samuel 17:(1a, 4-11, 19-23) 32-49	1 Reyes 19:1-15a
Salmo 86:1-10, 16-17 o Salmo 17	Salmo 9:9-20	Salmo 42
Romans 6:1b-11	2 Corintios 6:1-13	Gálatas 3:23-29
Mateo 10:24-39	Marcos 4:35-41	Lucas 8:26-39

Domingo entre junio 26 y julio 2 inclusive

Génesis 22:1-14	2 Samuel 1:1, 17-27	1 Reyes 2:1-2, 6-14
Salmo 13	Salmo 130	Salmo 77:1-2, 11-20
Romanos 6:12-23	2 Corintios 8:7-15	Gálatas 5:1,13-25
Mateo 10: 40-42	Marcos 5:21:43	Lucas 9:51-62

Domingo entre julio 3 y 9 inclusive

Génesis 24:34-38, 42-49, 58-67	2 Samuel 5:1-5, 9-10	2 Reyes 5:1-14
Salmo 45:10-17 o Salmo 72	Salmo 48	Salmo 30
Romanos 7:15-25a	2 Corintios 12:2-10	Gálatas 6:(1-6)7-16
Mateo 11:16-19, 25-30	Marcos 6:1-13	Lucas 10:1-11, 16-20

Domingo entre julio 10 y 16 inclusive

Génesis 25:19-34	Samuel 6:1-5, 12b-19	Amos 7:7-17
Salmo 119:105-112 o Salmo 25	Salmo 24	Salmo 82
Romanos 8:1-11	Efesios 1:3-14	Colosenses 1:1-14
Mateo 13:1-9, 18-23	Marcos 6:14-29	Lucas 10:25-37

Domingo entre julio 17 y 23 inclusive

Génesis 28:10-19a	2 Samuel 7:1-14a	Amos 8:1-12
Salmo 139:1-12, 23-24	Salmo 89:20-37	Salmo 52 o Salmo 82
Romanos 8:12-25	Efesios 2:11-22	Colosenses 1:15-28
Mateo 13:24-30, 36-43	Marcos 6:30-34, 53-56	Lucas 10:38-42

Domingo entre julio 24 y 30 inclusive

Génesis 29:15-28	2 Samuel 11:1-15	Oseas 1:2-10
Salmo 105:1-11, 45b	Salmo 14	Salmo 85
Romanos 8:26-39	Efesios 3:14-21	Colosenses 2:6-15 (16-19)
Mateo 13:31-33, 44-52	Juan 6:1-21	Lucas 11:1-13

Domingo entre julio 31 y agosto 6 inclusive

Génesis 32:22-31	2 Samuel 11:26–12:13a	Oseas 11:1-11
Salmo 17:1-7, 15	Salmo 51:1-12	Salmo 107:1-9, 43
Romanos 9:1-5	Efesios 4:1-16	Colosenses 3:1-11
Mateo 14:13-21	Juan 6:24-35	Lucas 12:13-21

Domingo entre agosto 7 y 13 inclusive

Génesis 37:1-4, 12-28	2 Samuel 18:5-9,15,31-33	Isaías 1:1, 10-20
Salmo 105:1-6, 16-22,45b	Salmo 130	Salmo 50:1-8, 22-23
Romanos 10:5-15	Efesios 4:25–5:2	Hebreos 11:1-3, 8-16
Mateo 14:22-33	Juan 6:35, 41-51	Lucas 12:32-40

Domingo entre agosto 14 y 20 inclusive

Génesis 45:1-15	1 Reyes 2:10-12; 3:3-14	Isaías 5:1-7
Salmo 133	Salmo 111	Salmo 80:1-2, 8-19
Romanos 11:1-2a, 29-32	Efesios 5:15-20	Hebreos 11:29–12:2
Mateo 15:(10-20) 21-28	Juan 6:51-58	Lucas 12:49-56

Domingo entre agosto 21 y 27 inclusive

Éxodo 1:8–2:10	1 Reyes 8:(1, 6, 10-11) 22-30, 41-43	Jeremías 1:4-10
Salmo 124	Salmo 84	Salmo 71:1-6
Romanos 12:1-8	Efesios 6:10-20	Hebreos 12:18-29
Mateo 16:13-20	Juan 6:56-69	Lucas 13:10-17

Domingo entre agosto 28 y septiembre 3 inclusive

Éxodo 3:1-15	Cantares 2:8-13	Jeremías 2:4-13
Salmo 105:1-6, 23-26, 45c	Salmo 45:1-2, 6-9 o Salmo 72	Salmo 81:1, 10-16
Romanos 12:9-21	Santiago 1:17-27	Hebreos 13:1-8, 15-16
Mateo 16:21-28	Marcos 7:1-8, 14-15, 21-23	Lucas 14:1, 7-14

Domingo entre septiembre 4 y 10 inclusive

Éxodo 12:1-14	Proverbios 22:1-2,8-9, 22-23	Jeremías 18:1-11
Salmo 149 o 148	Salmo 125 o 124	Salmo 139:1-6, 13-18
Romanos 13:8-14	Santiago 2:1-10 (11-13) 14-17	Filemón 1-21
Mateo 18:15-20	Marcos 7:24-37	Lucas 14:25-33

Domingo entre septiembre 11 y 17 inclusive

Éxodo 14:19-31	Proverbios 1:20-33	Jeremías 4:11-12, 22-28
Éxodo 15:1b-11, 20-21	Salmo 19	Salmo 14
Romanos 14:1-12	Santiago 3:1-12	1 Timoteo 1:12-17
Mateo 18:21-35	Marcos 8:27-38	Lucas 15:1-10

Domingo entre septiembre 18 y 24 inclusive

Éxodo 16:2-15	Proverbios 31:10-31	Jeremías 8:18–9:1
Salmo 105:1-6,37-45 o Salmo 78	Salmo 1	Salmo 79:1-9, o Salmo 4
Filipenses 1:21-30	Santiago 3:13–4:3,7-8a	1 Timoteo 2:1-7
Mateo 20:1-16	Marcos 9:30-37	Lucas 16:1-13

Domingo entre septiembre 25 y octubre 1 inclusive

Éxodo 17:1-7	Ester 7:1-6, 9-10; 9:20-22	Jeremías 32:1-3a, 6-15
Salmo 78:1-4, 12-16	Salmo 124	Salmo 91:1-6, 14-16
Filipenses 2:1-13	Santiago 5:13-20	1 Timoteo 6:6-19
Mateo 21:23-32	Marcos 9:38-50	Lucas 16:19-31

Domingo entre octubre 2 y 8 inclusive

Éxodo 20:1-4, 7-9, 12-20	Job 1:1; 2:1-10	Lamentaciones 1:1-6
Salmo 19	Salmo 26 o 25	Salmo 137
Filipenses 3:4b-14	Hebreos 1:1-4; 2:5-12	2 Timoteo 1:1-14
Mateo 21:33-46	Marcos 10:2-16	Lucas 17:5-10

Domingo entre octubre 9 y 15 inclusive

Éxodo 32:1-14	Job 23:1-9, 16-17	Jeremías 29:1, 4-7
Salmo 106:1-6, 19-23	Salmo 22:1-15	Salmo 66:1-12
Filipenses 4:1-9	Hebreos 4:12-16	2 Timoteo 2:8-15
Mateo 22:1-14	Marcos 10:17-31	Lucas 17:11-19

Domingo entre octubre 16 y 22 inclusive

Éxodo 33:12-23	Job 38:1-7 (34-41)	Jeremías 31:27-34
Salmo 99	Salmo 104:1-9, 24,35c	Salmo 119:97-104, o Salmo 19
1 Tesalonicenses 1:1-10	Hebreos 5:1-10	2 Timoteo 3:14–4:5
Mateo 22:15-22	Marcos 10:35-45	Lucas 18:1-8

Domingo entre octubre 23 y 29 inclusive

Deuteronomio 34:1-12	Job 42:1-6, 10-17	Joel 2:23-32
Salmo 90:1-6, 13-17	Salmo 34:1-8 (19-22)	Salmo 65
1 Tesalonicenses 2:1-8	Hebreos 7:23-28	2 Timoteo 4:6-8, 16-18
Mateo 22:34-46	Marcos 10:46-52	Lucas 18:9-14

Domingo entre octubre 30 y noviembre 5 inclusive

Josué 3:7-17	Rut 1:1-18	Habacuc 1:1-4; 2:1-4
Salmo 107:1-7, 33-37	Salmo 146	Salmo 119:137-144
1 Tesalonicenses 2:9-13	Hebreos 9:11-14	2 Tesalonicenses 1:1-4, 11-12
Mateo 23:1-12	Marcos 12:28-34	Lucas 19:1-10

Día de todos los santos (1 de noviembre o el primer domingo en noviembre)

Apocalipsis 7:9-17	Isaías 25:6-9	Daniel 7:1-3, 15-18
Salmo 34:1-10, 22	Salmo 24	Salmo 149 o 150
1 Juan 3:1-3	Apocalipsis 21:1-6a	Efesios 1:11-23
Mateo 5:1-12	Juan 11:32-44	Lucas 6:20-31

Domingo entre noviembre 6 y 12 inclusive

Josué 24:1-3a, 14-25   Rut 3:1-5; 4:13-17   Hageo 1:15b–2:9
Salmo 78:1-7   Salmo 127 o 42   Salmo 145:1-5, 17-21
1 Tesalonicenses 4:13-18 Hebreos 9:24-28   2 Tesalonicenses 2:1-5,
                                                      13-17
Mateo 25:1-13   Marcos 12:38-44   Lucas 20:27-38

Domingo entre noviembre 13 y 19 inclusive

Jueces 4:1-7   1 Samuel 1:4-20   Isaías 65:17-25
Salmo 123 o 76   1 Samuel 2:1-10   Isaías 12 o Salmo 118
                            o Salmo 113
1 Tesalonicenses 5:1-11 Hebreos 10:11-14   2 Tesalonicenses 3:6-13
                            (15-18) 19-25
Mateo 25:14-30   Marcos 13:1-8   Lucas 21:5-19

El Reinado de Cristo / Cristo Rey (domingo entre noviembre 20 y 26 inclusive)

Ezequiel 34:11-16, 20-24 2 Samuel 23:1-7   Jeremías 23:1-6
Salmo 100   Salmo 132:1-12   Lucas 1:68-79
Efesios 1:15-23   Juan 18:33-37   Colosenses 1:11-20
Mateo 25:31-46   Apocalipsis 1:4b-8   Lucas 23:33-43

Día de Acción de Gracias

Deuteronomio 8:7-18   Joel 2:21-27   Deuteronomio 26:1-11
Salmo 65   Salmo 126   Salmo 100
2 Corintios 9:6-15   1 Timoteo 2:1-7   Filipenses 4:4-9
Lucas 17:11-19   Mateo 6:25-33   Juan 6:25-35

ADVIENTO/ADVENT

El Adviento señala el inicio del año cristiano. Comienza cuatro domingos antes de la Navidad. La palabra *Adviento* viene del latín *Adventus*, que significa «venida». En esta estación celebramos la llegada de Cristo al mundo en su nacimiento, y anticipamos su regreso en victoria final. Esta estación llama a la comunidad a prepararse para recibir a Jesucristo.

Durante esta estación se usan los colores morado o azul para las estolas, paramentos y estandartes. Otros elementos visuales para la estación pueden incluir una corona de adviento con cuatro velas moradas (se encenderá una cada domingo), y una vela blanca al centro (que se encenderá en la víspera o el Día de Navidad). Otros símbolos pueden incluir trompetas y estandartes con escenas del nacimiento de Cristo.

ACTOS DE ADORACIÓN PARA ADVIENTO

HIMNOS Y CANTOS BÍBLICOS DE *MIL VOCES PARA CELEBRAR* Y *THE UNITED METHODIST HYMNAL*

Himnos 76-87. Ver también:
> 38 Ven, oh Todopoderoso
> 52 Fruto del amor divino / UMH 184 Of the Father's Love Begotten
> 78 Toda la tierra / UMH 210 All Earth Is Waiting
> 122 Su nombre es maravilloso

UMH 215 To a Maid Engaged to Joseph
Cánticos bíblicos: MVPC
> Pág. 78 Cántico de Zacarías
> Pág. 79 Cántico de María
> Pág. 85 Letanía de esperanza

LLAMADOS A LA ADORACIÓN/ CALLS TO WORSHIP

Enséñanos tu amor, Oh Señor,
Y concédenos tu salvación.
La verdad brotará de la tierra,
y la justicia nos mirará desde los cielos. Amén.

Una voz que declama por la paz; paz para todos los pueblos y para quienes sirven a Dios.
Paz para quienes se vuelven al Señor.
¡Bendito el que viene en el nombre del Señor!
¡Gloria a Dios en las alturas, y en la tierra paz a todos los pueblos!

Canta y alégrate, hija de Sión;
   porque yo vengo a habitar en medio de ti, ha dicho Jehová.
Muchas naciones se unirán a Jehová en aquel día,
   y me serán por pueblo, y habitaré en medio de ti.
                              (Zacarías 2:10-11a)

Tocad trompeta en Sión, y dad la alarma en mi santo monte.
Tiemblen todos cuantos moran en la tierra, porque viene el día de Jehová,
   porque está cercano.
                              (Joel 2:1)

¡Todos los días nace el Señor!
Su estrella hemos visto.
¡Todos los días nace el Señor!
Jesús, haz de nuestro corazón tu pesebre.

Dios habita en nosotros;
   su nombre es Emanuel.
Adoremos al Señor que en este mismo día hace maravillas.
Te alabamos y damos gracias por tus bondades diarias.

Preparad el espacio para la visita del Señor entre nosotros.
¡Ven, oh Emanuel!
Abrid el corazón y alzad los ojos: el Señor se acerca.
¡Ven, Señor Jesús!

Behold, the Lord is come!
His glory is greater than the heavens, brighter than the stars.
Behold his dwelling is with his people.
His birth brings the heavens down, his love lifts up the whole earth.
Praise him, heaven and earth.

Praise be to God!
Blessed be the Lord God of Israel,
   who has visited and redeemed the people.
Blessed is he who comes in the name of the Lord.
Blessed be the name of the Lord.
                              (The Book of Worship, 1965, alt.)

LETANÍA DE GRATITUD

Líder:

Jesús continúa acercándose a nuestras vidas y alumbrando la oscuridad de la tierra. Los profetas lo esperaban y anunciaban su reinado. María señaló la misericordia del Señor para con nosotros, y su ministerio de justicia y buena voluntad para los débiles y los oprimidos. Proclamemos cómo su reino todavía se sigue manifestando entre nosotros:

Izquierda: Jesús nos ha mostrado el amor de Dios. ¡Aleluya!
Derecha: Jesús ha dotado a toda persona de amor infinito. ¡Amén!
Izquierda: Jesús nos ha enseñado a ser personas íntegras. ¡Aleluya!
Derecha: Jesús nos ha enseñado que el amor vence al odio. ¡Amén!
Izquierda: Jesús nos ha enseñado el gozo de servir. ¡Aleluya!
Derecha: Jesús nos ha dado el ministerio de la reconciliación ¡Amén!
Todos: Jesús es el camino, la verdad y la vida. ¡Amén!

LITANY OF GRATITUDE

Leader:

Jesus still comes into our lives and continues to shine in the darkness of the world. The prophets awaited his coming and announced his Kingdom. Mary testified to Jesus' mercy for his own people and his ministry of justice and good will toward the weak and the oppressed. Let us proclaim how his Kingdom continues to be a reality in our midst:

Left: Jesus has shown us God's love. Alleluia!
Right: Jesus has endowed humanity with infinite worth. Amen!
Left: Jesus has taught us to be whole persons. Alleluia!
Right: Jesus has taught us that love is stronger than hate. Amen!
Left: Jesus has revealed to us the joy of ministry. Alleluia!
Right: Jesus has given us the ministry of reconciliation. Amen!
All: Jesus is the way, the truth and the life. Amen!

ORACIONES / PRAYERS

Oh Dios, tú que disipas la oscuridad con tu luz, alumbra nuestro camino; ayúdanos a seguir en pos de quienes vieron la señal de la estrella.

Permite que al caminar hacia Belén, hacia tu redención, seamos convertidos en luceros de tu amor. Como el cielo y la tierra dieron testimonio en el gran día de tu venida, así nosotros deseamos dar la buena nueva de tu amor al andar en nuestros caminos.

Concede, oh Señor, que la visión y la humildad de María reviva hoy en tu pueblo; sólo así podremos conocer nuestra vocación como pueblo de la luz. **Amén.**

O God, you so loved the world as to give your only begotten Son, that whosoever believes in him should not perish, but have everlasting life.

Grant to us the precious gift of faith, that we may know that the Son of God is come, and may have power to overcome the world and gain a blessed immortality, through Jesus Christ, our Lord. **Amen.**

(The United Methodist Book of Worship, 1965, alt.)

La corona de Adviento

La corona de Adviento es un círculo de ramas verdes, que simbolizan la vida sin fin. Cuatro velas moradas de Adviento forman un círculo alrededor de una vela blanca. Algunas tradiciones usan una vela color de rosa para el tercer domingo de Adviento. Sin embargo, en la Iglesia Metodista Unida se recomienda que se use el color morado durante toda la estación de Adviento, y por esa razón se usan cuatro velas moradas.

Lo que aquí presentamos, incluyendo la lectura de Isaías 9:2, 6-7 se puede hacer antes de encender la primera vela de Adviento. Y también se puede usar en el hogar.

Cristo vino para traernos salvación y ha prometido venir otra vez. Oremos para estar siempre listos para recibirlo.

Ven, Señor Jesús.

Que la celebración del Adviento abra nuestros corazones al amor de Dios

Que la luz de Cristo penetre las tinieblas del pecado.

Que esta corona sea un recordatorio constante que nos ayude a prepararnos para la venida de Cristo.

Que la Estación de Navidad nos llene de paz y gozo al seguir el ejemplo de Jesús. Amén

Líder:

Dios amante, tu Iglesia espera con gozo la venida de su Salvador, quien con su luz alumbra nuestros corazones y disipa las tinieblas de la ignorancia y el pecado. Envía tu bendición sobre nosotros al encender las velas de esta corona. Que su luz refleje el resplandor de Cristo, que es Señor por siempre. **Amén.**

Encendido de las velas de Adviento

Una familia o persona designada con anterioridad puede encender una de las velas de Adviento cada domingo. Esto se puede hacer durante la primera parte del culto—ENTRADA Y ALABANZA. Cada domingo se enciende una vela hasta completar las cuatro. En la víspera o Día de Navidad se enciende la vela blanca. Después del Día de Navidad se puede reemplazar la coro-

na de Adviento por la representación de un pesebre que seguirá anunciando la estación de Navidad. La misma persona que enciende la vela, o alguien más, puede leer las palabras que se sugieren para cada domingo. Las velas pueden ser encendidas durante o después de la lectura de la Escritura o mientras se canta un himno apropiado.

HIMNOS SUGERIDOS DE MIL VOCES PARA CELEBRAR Y
THE UNITED METHODIST HYMNAL

MVPC 80 Oh ven, Emanuel /UMH 211 O Come, O Come,
Emmanuel
UMH 206 I Want to Walk as a Child of the Light
585 This Little Light of Mine

LECTURAS SUGERIDAS

PRIMER DOMINGO—Isaías 60:2-3

Encendemos esta vela como un símbolo de Cristo, nuestra Esperanza.
Que la luz enviada por Dios brille en la oscuridad para mostrarnos el camino de la salvación.
Oh ven, oh ven, Emanuel.

SEGUNDO DOMINGO—Marcos 1:4

Encendemos esta vela como un símbolo de Cristo, el Camino.
Que la Palabra enviada por Dios a través de los profetas nos dirija hacia el camino de la salvación.
Oh ven, oh ven, Emanuel.

TERCER DOMINGO—Isaías 35:10

Encendemos esta vela como un símbolo de Cristo, nuestro Júbilo.
Que la promesa de tu presencia, oh Dios, sea motivo de regocijo en nuestra esperanza de salvación.
Oh ven, oh ven, Emanuel.

CUARTO DOMINGO—Isaías 9:6-7

Encendemos esta vela como un símbolo del Príncipe de Paz.
Que la visita de tu Santo Espíritu, oh Dios, nos prepare para la venida de Jesús, nuestra esperanza y nuestro gozo.
Oh ven, oh ven, Emanuel.

(Traducción de The United Methodist Book of Worship, 1992.)

Navidad/Epifanía
Christmas/Epiphany

La Navidad es una estación de alabanza y acción de gracias por la encarnación de Dios en Cristo Jesús. Comienza en la víspera o día de Navidad y continúa hasta el día de la Epifanía. La palabra *Epifanía* viene del griego *epiphania*, que significa *manifestación*, por lo que significa la manifestación de Dios al mundo en Jesucristo.

Se usan los colores blanco y dorado para las estolas, paramentos y estandartes. Otros elementos visuales pueden incluir escenas del pesebre, de los magos, estrellas, ángeles, flores. Una escena con tres coronas es propia para el Día de la Epifanía.

Actos de adoración para Navidad

Himnos y cánticos bíblicos de
Mil Voces Para Celebrar y *The United Methodist Hymnal*

Himnos: 88-118. Ver también:

52	Fruto del amor divino / UMH 184 Of the Father's Love Begotten
116	Niño santo y humilde / UMH 229 Infant Holy, Infant Lowly
117	Ha nacido el niño Dios / UMH 228 He Is Born
119	Todos los días nace el Señor / Every New Morning Jesus Is Born (Versión en inglés: Ver pág. 282 de este recurso).
123	Canto de Simeón
127	Palabra que fue luz

Cánticos bíblicos:
Pág. 80 Cántico de Simeón
Pág. 82 Letanía de alabanza a la Trinidad

Llamados a la adoración/Calls to Worship

Estamos aquí para celebrar el nacimiento de Jesucristo,
¡Bendito sea el Señor, nuestro amigo eterno!
La venida de Jesús ha llenado nuestras vidas y nuestra historia
de esperanza y poder para vivir.
¡Alabado sea nuestro Dios por su don inefable!

Dios es luz y en El no hay oscuridad.
Alabado sea el Señor.
Jesús dijo: «Vosotros sois la luz del mundo».
En su nombre somos hijas e hijos de la luz. Amén.

He aquí el coro celestial	Behold, the heavenly choir sings
canta el mensaje a los humildes.	the message to the humble.
Danos humildad para escuchar, oh Dios.	**Give us humility to listen, O Lord.**
Los ángeles anuncian el nacimiento	The angels sing about the birth
de Jesús, y el renacimiento	of Jesus, and the rebirth
de nuestra esperanza.	of our hopes.
Nace en nosotros de nuevo, Oh Dios.	**Be born in us again today, O Lord.**
El Poderoso nace entre los humildes,	The All-Powerful is born among
y hace morada con quienes	the lowly, and lives with those who
se humillan para recibirle.	are humble enough to receive him.
¿Le recibiremos hoy?	Will we receive him today?
¡Ven a nuestro corazón,	**Come into our hearts,**
oh Cristo, ven! Amén.	**oh Jesus, come! Amen.**

Christ is born; give him glory!
Christ has come down from heaven; receive him!
Christ is now on earth; exalt him!
O you earth, sing to the Lord!
O you nations, praise him in joy, for he has been glorified!

(*Oración de Navidad bizantina, alt.,* The UM Book of Worship.)

Por la grandiosa revelación del amor divino en la dádiva perfecta de su Hijo:
¡Nuestras lenguas y corazones proclaman su gloria!
Por el llamamiento a ser colaboradores en su reino de amor, paz y justicia:
Con gratitud nos dedicamos de nuevo a un servicio más consagrado
y a una vida más dadivosa. Amén.

Dios nos invita a estar en santa comunión con Él.
Su palabra está llena de gracia y de paz.
Respondamos con gratitud y alabanza al celebrar su nombre
y reconocer su amor.
Su nombre es maravilloso y su gloria llena toda la tierra. Amén.

En Dios está el manantial de la vida;
en su luz veremos la luz.
Extiende tu misericordia a quienes te conocen,
y tu justicia a los rectos de corazón. Amén.

Pastor & Children:	The star over Bethlehem still shines!
Congregation:	May God's love shine in every heart.
Pastor & Children:	Wise people still seek him and serve him!
Congregation:	O come, let us adore him, Christ the Lord. Amen.

Porque un niño nos ha nacido, hijo nos ha sido dado, y el principado sobre su hombro.
Se llamará su nombre «Admirable Consejero», «Dios Fuerte», «Padre Eterno», «Príncipe de Paz». *(Isaías 9:6)*

ORACIONES/PRAYERS

Nos acercamos a ti, oh Dios, porque tú ya te has acercado a nosotros. Ayúdanos a dar un paso más hacia tu reino hoy, y permite que gocemos de la paz y plenitud de tu reinado. Esperamos la instrucción y dirección mediante tu palabra, y la manifestación de tu Espíritu Santo, por Jesucristo nuestro Señor. **Amén.**

Dios de gloria y de gracia, renueva en nosotros el gozo de tu salvación. Permítenos ser parte de la alabanza que toda la creación te eleva constantemente; y concede, buen Dios, que nuestra adoración juntamente con nuestra acción sean agradables a tus ojos. Por Jesucristo, nuestro Señor, lo pedimos. **Amén.**

God of all glory, by the guidance of a star you led the wise men to worship the Christ Child. By the light of faith lead us to your glory in heaven. We ask this through Christ, our Savior. **Amen.**

O God of promise and fulfillment, fulfill in us the dreams and hopes of prophetic Israel. Make us to be a people of peace, a community of caring. Lead us to prepare for your visit by cleansing our community's life through repentance from sin and active seeking after justice. In the midst of the taking, help us to be givers; in the midst of conflict and hate, make us signs of peace; to all who would forget your nearness, help us to point them toward the countless signs of your presence. We pray in the same hope that brought humble shepherds to Bethlehem and in the great Shepherd's name. **Amen.**

Actos de adoración para la Epifanía del Señor/Epiphany of the Lord

La palabra «Epifanía» significa «manifestación». En los primeros siglos, la Iglesia cristiana oriental celebraba el 6 de enero como el día de la manifestación de Jesús al mundo por su nacimiento, encarnación y bautismo. En nuestros días lo hacemos celebrando la visita de los «Reyes Magos» que ofrecieron al niño Jesús sus regalos.Otro pasaje apropiado para esta estación es el de las bodas de Caná, donde Jesús se manifestó a sus discípulos. La Epifanía marca el fin de la estación de Navidad, que dio principio el primer domingo de Adviento.

Las congregaciones que no acostumbran reunirse para adorar el 6 de enero, a menos que sea domingo, pueden celebrar la Epifanía el primer domingo en enero.

Himnos de Mil Voces Para Celebrar y The United Methodist Hymnal

Himnos: 88-118
    108 Del oriente somos / UMH 254 We Three Kings
    114 Niño lindo / UMH 222 Child So Lovely
    119 Todos los días nace el Señor / Every New Morning Jesus Is Born
               (Versión en inglés: Ver pág. 00 de este recurso).
UMH 188 Christ is the World's Light
    679 O Splendor of God's Glory Bright

Llamados a la adoración/Calls to Worship

Lévantate, resplandece; porque ha venido tu luz, y la gloria de Jehová ha nacido sobre ti.
Porque he aquí que tinieblas cubrirán
la tierra, y oscuridad las naciones,
    mas sobre ti amanecerá Jehová y sobre ti será vista su gloria.
    (Isaías 60:1-2)

Arise, shine; for your light has come, and the glory of the Lord has risen upon you.
For darkness shall cover the earth, and thick darkness the peoples;
    but the Lord will arise upon you, and his glory will appear over you.
    (Isaiah 60:1-2)

CULTO PARA EL DÍA DE REYES

El Día de Reyes surgió por la elaboración de leyendas que no están basadas en el texto bíblico, pero que han creado una de las tradiciones más populares del mundo hispanoamericano. Es una celebración en que podemos enfatizar, a través de la dramatización, cantos, lecturas, etc., la visita de los «reyes magos» al niño Jesús para adorarle y traerle sus regalos. Es un tiempo de fiesta y de alegría. Sin embargo es importante que, sin dejar de afirmar la tradición, recordemos el mensaje o significado de este día: Dios quiere manifestarse a un mundo en que, hasta el día de hoy, hay quien todavía no lo conoce.

La iglesia puede estar decorada con motivos en que predominen los colores blanco, dorado y amarillo. Si se celebra en domingo, ésta es una buena ocasión para bautismos.

RECURSOS SUGERIDOS PARA EL CULTO

LECTURAS   Isaías 60:1-6
              Salmo 72:1-7, 10-14
              Efesios 3:1-12
              Mateo 2:1-12

HIMNOS —MVPC y UMH:
    89   La primera Navidad / 245 The First Noel
    91   En la noche los pastores
    93   Venid, pastorcillos
   108   Del oriente somos / 254 We Three Kings
   110   Tras hermoso lucero
   111   Tres magos
   113   Los magos que llegaron a Belén
   119   Todos los días nace el Señor / Every New Morning Jesus Is Born
              (Versión en inglés: Ver pág. 282 de este recurso).
   127   Palabra que fue luz

ORACIÓN DE APERTURA

Dios de amor, que a través de los siglos te has manifestado en medio de todos los pueblos y naciones, permite que hoy tu luz aún siga brillando en los corazones de quienes buscan tu reino y tu verdad. Que así como los magos reconocieron tu estrella y su significado, nosotros también estemos dispuestos a seguirte y a entregarte nuestras vidas.

Que todos los pueblos de la tierra puedan reconocer tu amor y recibir tu gracia. **Amén.**

Oremos por esta congregación, su pastor(a) y sus líderes. Que con sus dones manifiesten al mundo las maravillas de tu gracia.

(silencio)

Oye, oh Dios, nuestra oración.

Oremos por la iglesia alrededor del mundo. Que quienes proclamamos tu nombre seamos instrumentos de justicia y paz en todas las naciones.

(silencio)

Oye, oh Dios, nuestra oración.

Oremos por nuestro mundo, en toda su diversidad. Que aprendamos a vivir en armonía unos con otros, y en disposición de cuidar toda esta tierra que has puesto bajo nuestro cuidado.

(silencio)

Oye, oh Dios, nuestra oración.

Oremos por quienes en este día necesitan tu consuelo, tu protección y tu salud, para que en ti reciban las fuerzas, la paz y el cuidado que conviene a su condición.

(silencio)

Oye, oh Dios, nuestra oración.

LA SANTA COMUNIÓN

> *Ver* LA SANTA COMUNIÓN CON PREFACIOS, *pág. 56 de este recurso. Úsese el prefacio para «Epifanía».*

ORACIÓN DESPUÉS DE LA SANTA COMUNIÓN

Derrama en nuestros corazones el amor que nos permita superar las diferencias y mantenernos unidos en la comunión del banquete celestial, mediante tu hijo Jesucristo. **Amén.**

Estación después de la Epifanía
Season After the Epiphany
(Tiempo ordinario)

La Estación después de la Epifanía es una estación que se conoce como «tiempo ordinario» y se extiende de cuatro a nueve domingos, dependiendo de la fecha de la Resurrección. Esta estación está entre los dos ciclos cristológicos de *Adviento-Navidad-Epifanía* y *Cuaresma-Resurrección-Pentecostés*. En el primer domingo se da énfasis al Bautismo del Señor Jesucristo y el último domingo se enfoca en la Transfiguración. Las lecturas del leccionario para esta estación enfatizan las primeras etapas del ministerio de Jesucristo.

Tanto para el primer domingo (Bautismo del Señor) como para el último (Transfiguración) se usa el color blanco. Para el resto de los domingos se puede usar el color verde. Otros elementos visuales pueden incluir: una fuente bautismal, jarras con agua simbolizando el milagro en las bodas de Caná, y velas para el Domingo de la Transfiguración.

Actos de adoración para el bautismo del Señor

En este domingo, entre enero 7 y 13 inclusive, se celebra el bautismo de nuestro Señor Jesucristo, y a todos los cristianos nos recuerda nuestro propio bautismo. Este es un día muy apropiado para celebrar bautizos y la congregación puede renovar los votos que hicieron durante su bautismo. Ver Culto de Renovación del Pacto Bautismal, pág. 78.

Himnos de *Mil Voces Para Celebrar* y *The United Methodist Hymnal*

125 Cuando al Jordán fue Cristo / UMH 252 When Jesus Came to Jordan
127 Palabra que fue luz
328 Agua, Dios nuestro
329 Todos los que han sido bautizados
332 Bautizados, renovados /Through Baptismal Waters
(Versión en inglés: Ver pág. 274 de este recurso)

Tributad a Jehová, oh hijos de los poderosos,
dad a Jehová la gloria y el poder.
Dad a Jehová la gloria debida a su nombre;
adorad a Jehová en la hermosura de la santidad.
Voz de Jehová sobre las aguas. Truena el Dios de gloria,
Jehová sobre las muchas aguas.
Jehová preside en el diluvio, y se sienta Jehová como
rey para siempre.
Jehová dará poder a su pueblo;
Jehová bendecirá a su pueblo con paz.

(Salmo 29:1-3, 10-11)

El nuevo pacto se origina en el mandamiento y promesa del Cristo
Resucitado. Jesús envió a la Iglesia a su misión, diciendo: «Id y haced discípulos a todas las naciones, bautizándoles en el nombre del Padre, del
Hijo y del Espíritu Santo, y enseñándoles que guarden todas las cosas que
os he mandado...».
Y ese mandamiento Jesús lo acompaña con su promesa: «yo estoy con
vosotros todos los días, hasta el fin del mundo».

(Mateo 28:19-20)

Dios es luz y en Él no hay oscuridad.
¡Alabado sea el Señor!
Jesús dijo: «Vosotros sois la luz del mundo».
En su nombre somos hijas e hijos de la luz. Amén.

Dios nos invita a santa comunión con Él.
Su palabra está llena de gracia y de paz.
Respondamos con gratitud y alabanza al celebrar su nombre y reconocer su
amor.
¡Su nombre es maravilloso, y su gloria llena toda la tierra!

La luz de Cristo ha resplandecido sobre nosotros, y su gloria nos ha rodeado.
Vengamos a la Luz que alumbra todas las naciones. Amén.

The Lord sits enthroned over the flood; the Lord sits enthroned
as king forever.
May the Lord give strength to his people!
  May the Lord bless his people with peace!

(Psalm 29:10-11)

ORACIONES / PRAYERS

Living God, when the Spirit descended on Jesus at his baptism in Jordan's water you revealed him as your own beloved Son. You anointed him with the Holy Spirit. Grant that all who are baptized into his name may keep the covenant they have made, and boldly confess Jesus Christ as Lord and Savior now and forever. **Amen.**

(The Book of Common Prayer, U.S.A. 20th Cent., alt.)

Dios amante, cuando durante su bautismo en las aguas del Jordán tu Espíritu descendió sobre Jesús, tú lo proclamaste tu amado Hijo y lo ungiste con el Espíritu Santo. Concede que quienes hoy son bautizados en su nombre puedan mantener el pacto que han hecho, y con valor lo confiesen como su Señor y Salvador, desde hoy y para siempre. **Amén.**

(Traducción de The Book of Common Prayer, U.S.A. siglo 20, alt.)

ACTOS DE ADORACIÓN PARA LOS DOMINGOS DESPUÉS DE EPIFANÍA

HIMNOS DE *MIL VOCES PARA CELEBRAR*
Y *THE UNITED METHODIST HYMNAL*

Himnos: 114-131. Ver también:

58	Del santo amor de Cristo
128	Dancé en la mañana / UMH 261 Lord of the Dance
343	Señor, llévame a tus atrios
UMH 173	Christ, Whose Glory Fills the Skies

LLAMADOS A LA ADORACIÓN/CALLS TO WORSHIP

Jesús dijo: «Yo soy la luz del mundo, el que me sigue no andará en tinieblas sino que tendrá la luz de la vida».
¡Vengamos a Él y su luz resplandecerá en nosotros!

Porque Dios, que mandó que de las tinieblas resplandeciese la luz, es el que resplandeció en nuestros corazones,
para iluminación del conocimiento de la gloria de Dios en la faz de Jesucristo.

(2 Corintios 4:6)

So he came and proclaimed peace to you who were far off and peace to those who were near;
for through him all of us have access in one Spirit to the Father.
(Ephesians 2:17-18, alt.)

Dios compasivo, en esta ocasión tu Santo Espíritu reveló a Simeón y a Ana la salvación que habías preparado para todos los pueblos.
Ahora permite que nosotros también adoremos a tu Hijo Jesucristo, quien es luz a los gentiles y la gloria de Israel, proclamando así su nombre al mundo entero.
Por Jesucristo nuestro Señor. **Amén.**

(Don E. Saliers en New Handbook for the Christian Year, *Trad. del Comité del Himnario)*

Jehová, hasta los cielos llega tu misericordia y tu fidelidad alcanza hasta las nubes.
¡Cuán preciosa, oh Dios, es tu misericordia!
Por eso quienes se amparan bajo la sombra de tus alas, serán completamente saciados de la grosura de tu casa.
Y tú les darás de beber del torrente de tus delicias.
Porque contigo está el manantial de la vida; en tu luz veremos la luz.
Extiende tu misericordia a quienes te conocen,
 y tu justicia a los rectos de corazón.

(Salmo 36:5, 7-10, alt.)

ORACIONES / PRAYERS

Bondadoso Dios, fuente de amor y perdón, buscamos tu bendición. Toca nuestros espíritus, llena nuestros corazones, abre nuestros labios.
Reconocemos que tu amor espera que amemos a nuestro prójimo; que amemos a nuestros enemigos.
Permite que, al ofrecer nuestra alabanza y al elevar nuestras oraciones, podamos sentir el poder renovador de tu presencia.
Por Jesucristo nuestro Señor. **Amén.**

O God of all nations, you manifested your love by sending your only Son into the world that all might live through him.

Pour your Spirit on your Church, that it may fulfill his command to preach the gospel everywhere; send forth laborers into your harvest;

defend them in all dangers and temptations; give them grace to bear faithful witness to you; endue them with zeal and love, that they may turn many to righteousness.

Through your Son, Jesus Christ our Lord. **Amen.**

(The Book of Worship, 1965, alt.)

ACTOS DE ADORACIÓN PARA EL DOMINGO DE LA TRANSFIGURACIÓN

En este último domingo antes de la Cuaresma se enfatiza la transfiguración de Jesucristo en la montaña, con Elías y Moisés.

HIMNOS DE *MIL VOCES PARA CELEBRAR* Y *THE UNITED METHODIST HYMNAL*

	223	Señor, revélate ante mí
	343	Señor, llévame a tus atrios
	345	Señor, ¿quién entrará?
UMH	173	Christ, Whose Glory Fills the Skies
	258	O Wondrous Sight! O Vision Fair

LLAMADO A LA ADORACIÓN

Grande es Jehová, y digno de ser en gran manera alabado en la ciudad de nuestro Dios, en su monte santo.

¡Hermosa provincia, el gozo de toda la tierra es el monte Sion, a los lados del norte! ¡La ciudad del gran Rey!

Conforme a tu nombre, Dios, así es tu loor hasta los fines de la tierra. De justicia está llena tu diestra.

Se alegrará el monte Sion, se gozarán las hijas de Judá por tus juicios.

Porque este Dios es Dios nuestro eternamente y para siempre;

Él nos guiará aun más allá de la muerte.

(Salmo 48:1-2, 10-11, 14)

El Dios de dioses, Jehová, ha hablado y ha convocado la tierra,
desde el nacimiento del sol hasta donde se pone.
Desde Sion, perfección de hermosura,
Dios ha resplandecido.
Vendrá nuestro Dios, y no callará; fuego consumirá delante de Él,
  y tempestad poderosa lo rodeará.
Convocará a los cielos de arriba y a la tierra, para juzgar a su pueblo.
«Juntadme mis santos, quienes hicieron conmigo pacto con sacrificio».
¡Los cielos declararán su justicia, porque Dios es el juez!

(Salmo 50:1-6, alt.)

Cuaresma/Lent

La Cuaresma es una estación que se extiende por cuarenta días, sin contar los domingos. Da principio el «Miércoles de Ceniza» y termina el Sábado Santo. Es una estación de preparación que anticipa la celebración de la resurrección. En la Iglesia primitiva, la Cuaresma principiaba con un periodo de ayuno y preparación para los nuevos conversos que se habrían de bautizar. Poco después, esta estación se convirtió en un tiempo de penitencia para los cristianos. En el primer domingo se describe la tentación de Jesús en el desierto, y el último domingo (Domingo de Pasión/Ramos) enfatiza la entrada triunfal de Jesucristo a Jerusalén, su pasión y su muerte.

Los *tres días principales* –desde la puesta del sol el Jueves Santo hasta la puesta del sol el Día de Resurrección– constituyen la culminación del año cristiano. Durante estos días se proclama el misterio pascual de la pasión de Jesús, su muerte y resurrección. Y en estos días los cristianos caminamos con Jesús desde el «aposento alto» a la cruz, a la tumba, y al jardín.

Para esta estación se usa el color morado o el gris, y un material áspero para los estandartes, estolas y paramentos. Otros elementos visuales pueden incluir una cruz ruda, o un velo sobre la cruz en el santuario; también pueden incluir estandartes, estolas y paramentos rojos, y otros símbolos como una corona de espinas, una túnica rota, una lanza, una esponja y clavos. El Viernes Santo se pueden sacar todos los objetos del santuario para ser regresados en el Domingo de Resurrección.

Culto de «Miércoles de Ceniza»

Introducción

Con la imposición de las cenizas, se inicia una estación espiritual particularmente relevante para todo cristiano. Esta estación requiere prepararse para vivir el misterio pascual, es decir, la pasión, muerte y resurrección del Señor Jesús. En el Miércoles de Ceniza confrontamos nuestra propia mortalidad y confesamos nuestro pecado delante de Dios y de la comunidad de fe.

Este tiempo litúrgico se caracteriza por el mensaje bíblico que puede resumirse con una sola palabra: «matanoeite», que quiere decir «convertíos». Este imperativo, «convertíos y creed en el Evangelio», junto con la expresión «acuérdate de que eres polvo y al polvo volverás» invita a reflexionar sobre el cambio de mente y corazón que es necesario en la vida de todos los creyentes, además de que nos recuerda la fragilidad de la vida humana que está sujeta a la inevitabilidad de la muerte.

En el Antiguo Testamento vemos que la ceniza era colocada sobre la cabeza como símbolo de tristeza, duelo y arrepentimiento (ver Job 2:8; 42:6; 2 Samuel 13:19; Daniel 9:3). En la Iglesia primitiva la duración de la cuaresma variaba, pero con el tiempo comenzó seis semanas (42 días) antes de la Pascua. Esto daba por resultado 36 días de ayuno (ya que se excluían los domingos). Durante el siglo VII, se agregaron cuatro días antes del primer domingo de Cuaresma, y así se establecieron cuarenta días de ayuno, que es un intento por imitar el ayuno de Cristo en el desierto.

Era práctica común en el occidente que se comenzara la penitencia pública el primer día de Cuaresma. Los penitentes (quienes tenían algo de qué arrepentirse) eran salpicados de cenizas, vestidos en sayal y obligados a mantenerse lejos hasta que se reconciliaran con la Iglesia el Jueves Santo. Durante los siglos VIII al X, esta práctica dejó de usarse y el inicio de la temporada de penitencia en la Cuaresma fue simbolizada colocando ceniza en las cabezas de toda la congregación.

En nuestros tiempos, el «Miércoles de Ceniza» es el día en que los cristianos reciben una cruz en la frente con las cenizas que se obtienen al quemar las palmas usadas el Domingo de Ramos del año anterior.

Los elementos visuales para esta temporada deben ser solemnes. El color morado es el más usado para esta estación, pero es gris en ese miércoles, porque nos recuerda el color de la ceniza. Otros colores oscuros o sombríos también son propios, así como materiales ásperos.

ORDEN DEL CULTO

ENTRADA Y ALABANZA

CANTO DE ENTRADA   MVPC: 17   Padre Dios, te alabo y te bendigo

Mientras se canta, el equipo de liturgia entra en procesión llevando la cruz, la Biblia, velas y otros símbolos.

LLAMADO A LA ADORACIÓN

Hoy comenzamos la Cuaresma. La Cuaresma nos prepara para iniciar una vida nueva. En la cuaresma sentimos el llamado a ser misioneros y misioneras de las buenas nuevas. Pidamos a Dios que nos reúna y nos aliente en este camino a la Pascua.

ACTO PENITENCIAL —*silencio algo extenso*

Se invita al pueblo a hacer una reflexión y confesión sincera y de corazón sobre los pecados cometidos de forma voluntaria, por omisión, y por no haber actuado de acuerdo con la voluntad de Dios.

ORACIÓN COLECTIVA

En tu misericordia, oh Dios, danos la fe para recorrer con intenso fervor el camino de tu Hijo. Enséñanos la oración que nos dé fuerzas para entrar en comunión contigo; ayúdanos a hacer el verdadero ayuno que nos libre del pecado y de la muerte.

Danos tu gracia para servir con sinceridad y amor a nuestros hermanos y hermanas y que, por tu gracia, seamos renovados en la Pascua de la Resurrección de Jesucristo, tu Hijo, que vive en la unidad del Espíritu Santo. Amén.

PROCLAMACIÓN DE LA PALABRA

El Señor sea con ustedes.
Y también contigo.
Elevemos los corazones.
Los elevamos al Señor.

PRIMERA LECTURA Joel 2:12-18

SALMO 51 Versión musical, ver MVPC—133

SEGUNDA LECTURA 2 Corintios 5:20-26

HIMNO 315   Tu palabra es mi cántico

LECTURA DEL EVANGELIO Mateo 6:1-6, 16-18

SERMÓN

IMPOSICIÓN DE LAS CENIZAS

Se informa a la comunidad que la imposición de la ceniza es usada como señal de un llamado más de Dios a una nueva conversión: como una elección por la vida y no a la muerte. La ceniza, en este sentido, es señal para que todos en el pueblo de Dios vean la cuaresma como el tiempo que Dios nos ofrece para nuestra conversión.

ORACIÓN PARA RECIBIR LAS CENIZAS

Dios nuestro, bendice a tu pueblo reunido al comenzar esta época de Cuaresma.

Bendícelo también al recibir estas cenizas. Que para cada uno de nosotros esta acción sea la señal de tu invitación para nuestra conversión.

Renueva profundamente nuestro deseo de buscarte y servirte. Te pedimos, Padre nuestro, todo esto en el nombre de Jesús, tu Hijo. **Amén.**

IMPOSICIÓN DE LAS CENIZAS

Quien oficia, con la ceniza hace una cruz en la frente del creyente mientras que dice:

«Convertíos y creed en el Evangelio».

CANTO 219   Perdón, Señor

LA SANTA COMUNIÓN

Si se celebra la Santa Comunión, durante el canto se presentarán el pan y la copa. Se puede usar EL SACRAMENTO DE LA SANTA COMUNIÓN II, MVPC, *pág. 14.*

SALUDO DE PAZ

ORACIÓN

Padre santo, ayúdanos para que, renovados por esta celebración, comencemos con seguridad el camino que tú nos propones en esta cuaresma.

Que nuestras manos se hagan fuertes para la lucha de cada día.

Que el peso del trabajo diario no nos venza.

Queremos que nuestro servir apresure la llegada de tu reino.

Por Jesucristo lo pedimos, en la unidad del Espíritu Santo. **Amén.**

BENDICIÓN

Actos de adoración para Cuaresma

Himnos y cánticos bíblicos de
Mil Voces Para Celebrar y The United Methodist Hymnal

Himnos: 132-145.
Ver también:

Llamados a la adoración

¡Dios es amor! ¡Celebramos el amor y la grandeza de Dios en este día!
Alabamos y glorificamos el amor redentor de Jesucristo. Amén.

¡Dios es con nosotros! Como lo fue con Abraham y Sara en su peregrinación, también hoy nos acompaña en nuestro camino. El pacto con Abraham es nuestro pacto:
Nosotros somos su pueblo y El es nuestro Dios. Amén.

Caminemos con Jesús hacia Jerusalén.
Son los caminos del compromiso, de la fe, de la confianza en el triunfo final de Dios.
¡No volvamos atrás!
¡Adelante en pos de Jesús!

Dios, el dador de la vida, nos ha dado vida abundante en Cristo su Hijo. Cristo, en su sacrificio y muerte por nosotros nos ha revelado al Padre, y su amor inefable.
Adoremos al Señor en espíritu y en verdad. Amén.

Por tanto, teniendo un gran sumo sacerdote que traspasó los cielos, Jesús el Hijo de Dios,
retengamos nuestra profesión.
Porque no tenemos un sumo sacerdote que no pueda compadecerse de nuestras debilidades,
sino uno que fue tentado en todo según nuestra semejanza, pero sin pecado.
Acerquémonos, pues, confiadamente al trono de la gracia,
para alcanzar misericordia y hallar gracia para el oportuno socorro.
(Hebreos 4:14-16)

He aquí el Dios de los ejércitos,
¡Santo, Santo, Santo!
El Todopoderoso busca un pueblo que le sirva.
Oh Dios, tus siervos y siervas te escuchamos. Amén.

Bendeciré a Jehová en todo tiempo; su alabanza estará de continuo en mi boca.
En Jehová se gloriará mi alma; lo oirán los mansos y se alegrarán.
Engrandeced a Jehová conmigo, y exaltemos a una su nombre.
Busqué a Jehová y Él me oyó, y me libró de todos mis temores.
El ángel de Jehová acampa alrededor de quienes le temen, y les defiende.
Gustad y ved que es bueno Jehová. Dichosos quienes en Él confían.
(Salmo 34:1-4, 7-8, alt.)

Oraciones / Prayers

Oh Dios de todas las edades y todos los pueblos, hazte presente hoy con nosotros.
Guía nuestros pasos por tu senda; permítenos la experiencia del camino a Emaús una vez más. Perdona nuestra frialdad y negligencia a tus ordenanzas.
Aviva en nosotros la misma fe que nuestras madres y padres demostraron sirviéndote en el pasado. Danos corazones más sensibles a la dirección de tu Espíritu.
Oh, gran Pastor de las ovejas, engrandece tu rebaño en esta época.
Danos la vara del compromiso y el cayado de la compasión para vivir como la comunidad del buen Pastor. Apacienta este rebaño que se congrega, en el nombre de tu Hijo, nuestro Salvador. **Amén.**

Oh Dios, establece tu reinado entre tu pueblo hoy. Enséñanos de nuevo el
camino hacia tu reino, la vía de la cruz. Ayúdanos, oh Dios, a medir nuestro vivir con la medida del sacrificio perfecto que hiciste por nosotros.
Permite, buen Dios, que al alzar nuestras voces, tu pueblo se humille para seguirte por el camino del servicio sacrificial. Por Jesucristo, tu Hijo, lo pedimos.
Amén.

Humildemente, oh Dios, venimos buscando la manifestación de tu amor, aunque a veces pasamos nuestros días indiferentes a las señales de tu presencia.
Que este día sea diferente. El dolor de Cristo no lo podemos ignorar más;
porque con nuestro pecado seguimos afligiendo tu corazón, buen Dios.
Apártanos ahora del dominio del mal y de la muerte, y haznos pueblo sir-
viente del Cristo exaltado, tu Hijo, nuestro amante Salvador. **Amén.**

Señor de bondad y compasión, venimos buscando perdón por nuestro pecado.
Hemos ofendido a muchos y desobedecido tu voluntad. Nos hemos ocupa-
do en vanidades y rehusado las tareas humildes de tu reino.
Hoy deseamos dejar a un lado nuestros deseos, y someternos a tu voluntad.
Reconocemos que tu llamado es la vida y nuestro rechazo es la muerte.
Ayúdanos a caminar en pos de ti, con nuestra mirada en tu excelsa cruz.
Lo imploramos por amor de Cristo, tu Hijo amado. **Amén.**

Let us test and examine our ways, and return to the Lord!
God has blessed us; let all the ends of the earth fear him.
Seek the Lord while he may be found, call upon him while he is near;
let the wicked forsake their way, and the unrighteous their thoughts;
let them return to the Lord.
**The sacrifice acceptable to God is a broken spirit; a broken and contrite
heart, O God, you will not despise.**

(The Book of Worship, 1965, alt.)

In this solemn hour, God of glory, we remember how we rejoice at your coming.
You come to save us; you come to claim us as your own.
Why, O God, are we so quick to run from you? We chase after false prom-
ises, we serve other gods, we try to avoid your embrace. Why are we still
like Jerusalem, welcoming you one day and rejecting you the next?
O Lord, bring us closer to you today. Forgive us and keep us from straying
again.
We believe you will, O God; we know you can; we wait on your love.
In Jesus' name and power we pray to you. **Amen.**

O God, you offer us so much, forgive us for sharing so little. You have called us to your ways, forgive us for ignoring your call. You have given us the gift of family, forgive us for not giving thanks. You have given us countless blessings, forgive us for taking your love for granted. And now, gracious God, be merciful to us in our sin and indifference, through Christ, our Savior. Amen.	Oh Dios, nos ofreces tanto, perdónanos por compartir poco. Nos has llamado a tus caminos, perdónanos por ignorar tu llamado. Nos has dado nuestra familia, perdónanos por no agradecerte. Nos has otorgado bendiciones sin fin, perdónanos por no apreciar tu amor. Y ahora, oh Dios, ten misericordia de nosotros en nuestro pecado e indiferencia, por Cristo nuestro Salvador. Amén.

DOMINGO DE PASIÓN / RAMOS

INTRODUCCIÓN

El Domingo de Ramos, que también es conocido como Domingo de Pasión, es el sexto domingo en la Cuaresma y es donde da principio a la Semana Santa. Al usar las palmas se proclama el triunfo de Cristo sobre los poderes del mundo y de la muerte. Aunque la popularidad que Jesús gozó ese día no duró mucho, la entrada triunfal a Jerusalén anuncia la soberanía total y final de Cristo sobre todo poder. Además, la entrada de Jesús a Jerusalén nos habla del carácter distinto de su reinado porque al entrar en un asno proclamaba su espíritu de humildad y de apertura precisamente a los más pobres y marginados. Hay muchos mensajes que se pueden enfatizar en este domingo, pero el principal debe ser el triunfo del reinado de Dios. La Iglesia cristiana antigua acostumbraba decorar con palmas las pinturas y cuadros de los mártires. Con esto proclamaban el triunfo de la fe sobre los sufrimientos humanos y la persecución que los cristianos experimentaban.

Se cree que la celebración del Domingo de Pasión/Ramos comenzó en el siglo cuarto en Jerusalén. En ese día los cristianos iban en peregrinación hasta el Monte de los Olivos y desde allí regresaban a la ciudad llevando ramas de palmas y cantando: «¡Hosanna! ¡Bendito el que viene en el nombre del Señor!». Se cree que esta costumbre se extendió al occidente unos siglos más tarde, y que en los primeros siglos de la Iglesia cristiana, parte de la celebración del Domingo de Pasión/Ramos era ir en peregrinación de iglesia a iglesia con palmas y cánticos de alabanza. Tal vez esta es una tradición que deberíamos recuperar. Una sugerencia sería invitar a otras iglesias de la comunidad a participar en una procesión que fuera de una iglesia a otra, con palmas y cánticos. Si fueran iglesias de otras denominaciones, sería mucho mejor. Sería un testimonio de la unidad de los cristianos y una oportunidad para proclamar a toda la comunidad la victoria del Señor.

También, al celebrar este domingo como el Domingo de Pasión, el énfasis no está tan sólo en la entrada triunfal de Jesús, sino en los acontecimientos de toda aquella semana. El Leccionario Común Revisado ofrece lecturas para este tipo de celebración. Las lecturas de la pasión en las Sagradas Escrituras son dramáticas y forman una unidad. Necesitamos experimentar la historia en su totalidad. Ir directamente del gozo de la entrada a Jerusalén al gozo del Domingo de Resurrección sin hacer referencia a la pasión del Señor Jesús no representa el evangelio en su totalidad. No hay triunfo sin sufrimiento.

Queremos alentar a las congregaciones a que planeen cultos especiales por lo menos para el Jueves Santo y el Viernes Santo, de manera que el Domingo de Resurrección pueda ser toda una experiencia de victoria y resurrección.

Debido al significado del culto de Ramos/Pasión, en este día no es apropiado que se celebren bautizos, confirmaciones o recepción de miembros. Es más adecuado que se lleven a cabo durante el Domingo de Resurrección.

CULTO PARA EL DOMINGO DE PASIÓN/RAMOS

ENTRADA Y ALABANZA

LLAMADO A LA ADORACIÓN

Como el pueblo salió a recibir a Jesús con palmas y mantos, así nos preparamos para adorarle y recibirle con corazones abiertos y con espíritu de agradecimiento.

Señor Jesús, amado nuestro, tu pueblo se regocija en tu presencia. Con corazones abiertos y espíritu de agradecimiento te alabamos y te bendecimos. ¡Bendito seas, Salvador nuestro!

PROCESIONAL

Al ritmo del himno «Mantos y palmas», MVPC 136 , entrarán jóvenes danzando con palmas y mantos. Después de la danza entrarán los niños y jóvenes, también con palmas y mantos, cantando el himno. Si no es posible la danza litúrgica, se puede tener el procesional de los niños y jóvenes agitando mantos y palmas. Pueden entrar de una manera informal por los distintos pasillos del santuario hasta llegar al altar.

HIMNO CONGREGACIONAL MVPC 136   Mantos y palmas

PROCLAMACIÓN DE LA ENTRADA A JERUSALÉN

Se escoge una de las siguientes lecturas:
    Mateo 21:1-11 (Año A)
    Marcos 11:1-11 (Año B)
    Lucas 19:28-40 (Año C)

RESPUESTA DEL PUEBLO Salmo 118 Lectura alternada; versículos selectos

Den gracias al Señor porque Él es bueno, porque su amor es eterno.
Que digan los Israelitas: El amor del Señor es eterno.
Que digan los sacerdotes: El amor del Señor es eterno.
Que digan los que honran al Señor: El amor del Señor es eterno.
En mi angustia llamé al Señor, Él me escuchó y me dio libertad.
El Señor está conmigo; no tengo temor.
En las casas de las personas fieles hay alegres cantos victoriosos. El poder
del Señor alcanzó la victoria.
¡El poder del Señor es extraordinario! ¡El poder del Señor alcanzó la victoria!
¡Abran las puertas del templo que quiero entrar a dar gracias al Señor!
Esta es la puerta del Señor y por ella entrarán quienes le son fieles.
Te doy gracias, Señor, porque me has respondido y porque eres mi Salvador.
La piedra que los constructores despreciaron se ha convertido en la piedra
principal.
Esto lo ha hecho el Señor y estamos maravillados.
Este es el día en que el Señor ha actuado: estemos hoy contentos y felices.
¡Bendito el que viene en el nombre del Señor! Les bendecimos desde el templo del Señor. El Señor es Dios: Él nos alumbra. ¡Comiencen la fiesta y lleven ramas hasta el altar!

HIMNO CONGREGACIONAL Santo / Holy   Música: Ver pág. 286 de este recurso.

Santo, Santo, Santo,	Holy, Holy, Holy,
Mi corazón te adora.	My heart, my heart adores you.
Mi corazón te sabe decir:	My heart knows how to say to you:
¡Santo eres, Dios!	You are holy, Lord!

ORACIÓN *Se puede hacer dividiéndola entre diferentes grupos de la congregación: mujeres, hombres; lado derecho, lado izquierdo, etc.*

Señor, con cánticos y palmas comenzamos esta semana que fue la semana de tu dolor. Danos poder para caminar contigo la senda de la cruz. Te rogamos que en ese caminar nos ayudes:

—A sentarnos contigo a la mesa para compartir tu pan y tu vino. Y que al hacerlo recordemos que nos llamas a una comunión diaria contigo y con el mundo.

—A orar en el huerto contigo y no quedarnos dormidos. Que podamos aprender a orar de tal manera que al levantarnos del momento santo, tengamos el poder que tú tuviste de no hacer mal a quien nos traiciona, de confrontar con serenidad las críticas a nuestra fe, y de perdonar a quienes nos hieren.

—A caminar contigo el sendero polvoriento y triste que te llevó al Gólgota. Que seamos capaces de llevar y compartir la cruz que abruma los hombros de quienes andan en nuestro caminar.

—A ser crucificados contigo en la cruz para dejar ahí la vieja vestidura de nuestro pecado y el pecado de sistemas que oprimen a la humanidad a través de la discriminación, la injusticia económica y racial, la violencia y el egoismo, y el abuso del poder.

—Y después, oh Señor, al despuntar el alba del domingo santo, que podamos resucitar contigo a vida nueva, la que no conoce el temor ni el egoismo; la vida que comparte y ama; la vida que se une a la creación entera para alabarte y adorarte, y hacer realidad tu reinado ahora y siempre. Amén.

PROCLAMACIÓN Y RESPUESTA

LECTURAS DE LA ESCRITURA
     Isaías 50:4-9a
     Salmo 31:1-16
     Filipenses 2:5-11

HIMNO —Sugerencias:

MVPC:	53	Cuánto nos ama Jesús
	57	Jesu tawa pano (Heme aquí, Jesús)
	74	Es Jesús nombre sin par

PROCLAMACIÓN DE LA PASIÓN DE JESUCRISTO

Alguna de las lecturas sugeridas se puede hacer con miembros de la congregación leyendo la parte de los diferentes personajes: Narrador(a), Jesús, Pilato, los apóstoles, la multitud, etc.

Mateo 26:14-27:66, o Mateo 27:11-54 (Año A)
Marcos 14:1-15:47, o Marcos 15:1-39 [40-47] (Año B)
Lucas 22:14-23:56, o Lucas 23:1-49 (Año C)

SERMÓN

HIMNO   175   Ved al Cristo, Rey de gloria

ORACIONES DEL PUEBLO

El pastor o pastora invita a la congregación a orar brevemente por alguna necesidad. Después de cada petición, el pueblo se une diciendo:
«Señor de la vida, oye nuestra oración».

O se invita a la congregación a que indique sus peticiones y el pastor o pastora las une todas en una oración pastoral.

SALUDO DE PAZ —*Se puede acompañar con el himno 350, «La paz esté con nosotros».*

OFRENDA

HIMNO PARA CONSAGRAR LAS OFRENDAS 216   Mi espíritu, alma y cuerpo

También se puede usar otro himno de gratitud y entrega, o algún otro himno acostumbrado para ese momento.

DOXOLOGÍA   21   A Dios el Padre celestial

ACCIÓN DE GRACIAS Y LA SANTA COMUNIÓN

Si se celebra la Santa Comunión se puede usar LA SANTA COMUNIÓN CON PREFACIOS y usar el prefacio para el Domingo de Pasión / Ramos, pág. 56 de este recurso.

HIMNO DE DESPEDIDA 300   ¿Quieres tú seguir a Cristo?

O se puede cantar algún otro himno de despedida. Mientras que se canta el himno, los niños y jóvenes pueden repartir ramas de palmas a la congregación.

BENDICIÓN

La congregación sale en procesión hacia la siguiente iglesia, o a la calle que rodea el edificio de la iglesia, y regala ramas de palmas a los transeúntes.

Actos de adoración para la Semana Santa

Llamados a la adoración / Calls to Worship

Venid, ved a aquel que no buscó ser igual a Dios, sino que se humilló hasta la muerte y muerte de cruz.

Por eso Dios también lo exaltó sobre todas las cosas y le dio un nombre que es sobre todo nombre, para que en el nombre de Jesús se doble toda rodilla de los que están en los cielos, en la tierra y debajo de la tierra; y toda lengua confiese que Jesucristo es el Señor, para gloria de Dios Padre.

(Filipenses 2:9-11)

Por tanto, teniendo en derredor nuestro tan grande nube de testigos, **despojémonos de todo peso y del pecado que nos asedia, y corramos con paciencia la carrera que tenemos por delante.** Puestos los ojos en Jesús, el autor y consumador de la fe, **el cual por el gozo puesto delante de Él sufrió la cruz, menospreciando el oprobio, y se sentó a la diestra del trono de Dios.**	Therefore, since we are surrounded by so great a cloud of witnesses, **let us lay aside every weight and the sin that clings so closely, and let us run with perseverance the race that is set before us.** Looking to Jesus the pioneer and perfecter of our faith, **who for the sake of the joy that was set before him endured the cross, and has sat down at the right hand of the throne of God.**
(Hebreos 12:1-2)	*(Hebrews 12:1-2)*

Oraciones/Prayers

Nos acercamos a ti, oh Dios, sabiendo que tú ya te has acercado a nosotros en tu Hijo amado. Ayúdanos a entender tu gracia maravillosa.

Perdónanos por buscar los mejores lugares cuando tu Hijo se humilla a servir ciñéndose una toalla. Perdónanos por negar a otros el perdón que tú ya nos diste en tu Hijo. Perdónanos por ser tropiezo en lugar de ejemplo a quienes esperan de nosotros aliento. Haznos, oh Dios, un pueblo más pronto a servir que a ser servido; más listos a escuchar tu voz que nuestras preferencias; más dispuestos a ser medidos por la cruz que por el éxito pasajero. Por Cristo nuestro Salvador lo pedimos. **Amén.**

Amado Jesús: Te encontramos en las soledades; te encontramos enfrentando las pruebas de tu vocación—cuarenta días y noches en el desierto.

Y esa soledad de preparación, preludio al ministerio, es soledad necesaria en la cual se lucha con Dios. Es en esa soledad donde se descubre la voluntad de Dios para la vida. Es cuando nos apartamos que estamos más adentro del santuario de tu presencia. En la soledad de un huerto, en el lugar de la oración, en la hora de prueba mortal, allí te preparaste tú, Jesús.

Oh Cristo, ¿quién puede estar en tu presencia sin reconocer que Dios está en ti?

Tú transformas a quienes se acercan a ti: el triste es consolado, el ciego recibe vista, el cautivo experimenta libertad, el pecador encuentra perdón, el humilde es ensalzado.

Y la cruz, antes símbolo de castigo para los criminales, ahora es símbolo de la vida transformada; antes instrumento de destrucción, ahora es símbolo de vida nueva y salvación.

Y ahora, de la cruz de Jesús emana la luz, la esperanza y el amor.

CULTO DE JUEVES SANTO

INTRODUCCIÓN

En este día los cristianos conmemoramos la última cena que Jesús tuvo con sus discípulos antes de su crucifixión, y donde Jesús les lavó los pies e instituyó el sacramento de la Santa Comunión.

En este culto se incluyen cinco actos: 1) Confesión y perdón, 2) Proclamación de la Palabra, 3) Lavado de pies, 4) La Santa Comunión, y 5) Retirar los paramentos, estandartes, candeleros y otros símbolos sagrados de la iglesia.

El lavado de pies es una respuesta simbólica a la Palabra. Nos recuerda de la fidelidad de Jesucristo como siervo obediente, tanto en la noche antes de su muerte, como en nuestros días a través de su constante presencia. Una buena planificación y aviso con anticipación a la congregación son esenciales para que este culto se lleve a cabo debidamente. Se puede sugerir que las personas no usen calcetines o medias; pero que también puedan solamente observar sin participar en el lavado de pies. En iglesias que tienen muchos miembros se puede escoger a algunos representantes de la congregación para participar en la ceremonia. Si la iglesia tiene pocos miembros, un número mayor de ellos puede participar. Lo más importante es que la ceremonia se debe llevar a cabo en un ambiente de cordialidad y sin presión.

Asegúrese tanto de tener sillas debidamente colocadas para los participantes, como vasijas con agua y toallas. Se puede lavar un solo pie, y puede ser un gesto litúrgico realizado por el pastor o pastora, o también puede invitarse a un miembro de la congregación a participar lavando los pies del pastor o pastora. Esto representaría el servicio mutuo. También se puede usar aceite para ungir los pies. Durante el lavado de pies, la congregación puede cantar el himno, «Jesús, Jesús», MVPC 288, o se puede llevar a cabo la ceremonia en silencio.

La práctica de retirar los símbolos sagrados de la iglesia después de la Santa Comunión es una manera de expresar la desolación y abandono de esa larga noche en el Getsemaní. Personas previamente designadas quitarán los paramentos de la mesa de comunión y del púlpito, los estandartes, candeleros y otros objetos y, en silencio, los llevarán fuera del santuario. Así permanecerá el santuario hasta la Vigilia Pascual, cuando se traerán de regreso a sus lugares los símbolos sagrados durante una procesión al iniciar el culto.

NOTA: Si en esta ocasión se celebra el Culto de Tinieblas, se hará después de la Santa Comunión y de haber retirado los símbolos sagrados del santuario, y se eliminará la sección de COMPROMISO Y DESPEDIDA. *También se eliminarán las partes de esa liturgia que aparecen entre corchetes ([]).*

ORDEN DEL CULTO

ENTRADA Y ALABANZA

SALUDO

En esta noche solemne, Jesucristo nos invita al banquete que ha preparado
  para su pueblo.
Demos gracias a Dios por su amor.
Preparemos nuestra mente y nuestro corazón para recibir la plenitud de gracia a la cual hemos sido invitados.
Demos gracias a Dios por su amor.

HIMNO Sugerencias —MVPC:
  128   Dancé en la mañana
  144   Cristo por nosotros

CONFESIÓN Y PERDÓN (al unísono)
Como los discípulos en esa noche final, queremos entender tu mensaje y tener el valor de seguirte hasta las últimas consecuencias. Sin embargo, al igual que Pedro, nuestras mejores intenciones se convierten en cobardía y

dudas, en titubeo y en traición. Sin embargo, también como Pedro lloramos amargamente por nuestro pecado. Sólo tu gracia nos puede dar las fuerzas para superar nuestras debilidades y vivir en fidelidad. Perdónanos, oh Dios, y danos lo necesario para mantenernos fieles a ti hasta el fin.

(momentos de silencio)

HIMNO   219   Perdón, Señor

Escuchen las buenas nuevas: Si confesamos nuestros pecados, Dios es fiel y justo para perdonar nuestros pecados y limpiarnos de toda maldad.
En el nombre de Jesucristo son perdonados.
En el nombre de Jesucristo, eres perdonado(a). ¡Gloria a Dios! ¡Amén!

HIMNO O MÚSICA ESPECIAL —Sugerencias MVPC:

209   Me ha tocado
225   Salvador, a ti me rindo

PROCLAMACIÓN Y RESPUESTA

ORACIÓN DE ILUMINACIÓN

Dios de toda verdad y amor, permite que la luz de tu Espíritu Santo, llenando nuestra mente y corazón, nos permita comprender tu mensaje de salvación.
Y que limpios nuestros corazones de toda maldad mediante tu perdón, nada nos impida escuchar tu voz, y que nada estorbe nuestra respuesta a tu llamado. **Amén.**

LECTURA DEL ANTIGUO TESTAMENTO   Éxodo 12:1-4, 11-14 (o 12:1-14)

SALMO 116:1-4, 12-19

LECTURA DE LA EPÍSTOLA   1 Corintios 11:23-26

HIMNO 184   Abre mis ojos a la luz

LECTURA DEL EVANGELIO   Juan 13:1-17, 31b-35

SERMÓN

RESPUESTA A LA PALABRA —*Silencio o llamado al compromiso cristiano*

LAVADO DE PIES

Se puede hacer referencia a Juan 13:1-17, a modo de explicación de la ceremonia. Este acto puede llevarse a cabo en silencio, o la congregación puede cantar el himno 288, «Jesús, Jesús». Ver las instrucciones para esta ceremonia en la Introducción al culto.

ORACIÓN DE GRATITUD Y PETICIÓN

Te alabamos, oh Dios, porque nos has mostrado el camino de la vida por medio del amor, expresado en la vida y la entrega total de Jesucristo.
Por su ejemplo, nos llamas a la obediencia total mediante el amor y el servicio mutuo. Oye las oraciones de tu pueblo por este mundo y sus necesidades, en particular por nuestros seres amados... *(silencio).*
Que podamos mostrar nuestro compromiso por medio de la oración y de nuestras acciones. Por Jesucristo. **Amén.**

SALUDO DE PAZ

OFRENDA

ACCIÓN DE GRACIAS Y SANTA COMUNIÓN

Ver LA SANTA COMUNIÓN CON PREFACIOS, *pág. 56 de este recurso. Úsese el prefacio para el Jueves Santo.*

SE RETIRAN LOS OBJETOS DE LA IGLESIA

Inmediatamente después de la Santa Comunión, las personas designadas, en silencio, quitarán las cubiertas de la mesa de comunión y del púlpito, los estandartes, candeleros y otros símbolos sagrados y los llevarán fuera del santuario.

EL COMPROMISO Y LA DESPEDIDA

ORACIÓN

Ahora, Señor, despide a tus siervos y siervas en paz, pues hemos visto la salvación que has preparado para tu pueblo. Te damos gracias por este alimento de tu gracia con el cual somos sostenidos para la vida. Que mediante esta gracia recibida, permanezcamos fieles a tu llamado hasta el fin. **Amén.**

HIMNO —Sugerencias:
    MVPC 294   Usa mi vida
             296   Entre el vaivén de la ciudad
             307   Enviado soy de Dios
             337   Pues si vivimos

BENDICIÓN

Que Dios, quien nos ha dado muestras infinitas de su amor, bendiga y guarde sus vidas. Que Aquel que supo entregarse hasta la muerte, tenga de nosotros misericordia. Que el Espíritu eterno que puede transformar todas las cosas, ponga en nuestros corazones su paz.
Amén.

SALIDA
Se pide a la congregación que salga en silencio y que las conversaciones sean limitadas, aun fuera del templo.

CULTO DE TINIEBLAS
(Tenebrae)

INTRODUCCIÓN

El Culto de Tinieblas, que en su origen era un culto que se llevaba a cabo a medianoche o de madrugada, comenzó a celebrarse durante la Edad Media, y se enfoca en la pasión de Cristo. Puede celebrarse después de la Santa Comunión del Jueves Santo, o el Viernes Santo por la noche.

Si esta liturgia se celebra como parte del culto de Jueves Santo, se realizará después de la Santa Comunión y de haber retirado del santuario los símbolos sagrados, y se eliminará la sección de COMPROMISO Y DESPEDIDA. También se eliminarán las partes de esta liturgia que se encuentren entre corchetes [ ].

Si se celebra el Viernes Santo se puede usar tal y como aquí aparece.

Colóquense catorce (14) velas al frente del santuario o salón y una Vela Pascual al centro de las catorce velas.

[EL PUEBLO SE CONGREGA]

Dios es luz y en Él no hay oscuridad jamás.
Jesucristo es la luz del mundo.
La luz ha venido al mundo,
pero nosotros amamos más las tinieblas que la luz.

[HIMNO]   Sugerencias—MVPC:

137   ¿Presenciaste la muerte del Señor? / UMH 288   Were   You
                                                              There
138   La cruz excelsa al contemplar
139   Cabeza ensangrentada / UMH 296 O   Sacred   Head,   Now
                                                            Wounded
142   En el monte Calvario

[ORACIÓN]

LA PASIÓN DE JESUCRISTO

En este momento se encienden las catorce velas y la Vela Pascual; y se apagan o se baja la intensidad de las luces del santuario o salón. Después de cada una de las lecturas, se apaga una vela.

LECTURAS BÍBLICAS

1.   Juan 18:1-11   Arresto de Jesús

       Se extingue la primera vela.

2.   Juan 18:12-14   Jesús ante el sumo sacerdote

       Se extingue la segunda vela.

3.   Juan 18:15-18   Pedro en el patio de Anás

       Se extingue la tercera vela.

4.   Juan 18:19-24   Anás interroga a Jesús

       Se extingue la cuarta vela.

5.   Juan 18:25-27   Pedro niega a Jesús

       Se extingue la quinta vela.

6.   Juan 18:28-32   Jesús ante Pilato

   Se extingue la sexta vela.

7.   Juan 18:33-37

   Se extingue la séptima vela. . . .

8.   Juan 18:38-40

   Se extingue la octava vela. . . .

9.   Juan 19:1-11

   Se extingue la novena vela. . . .

10.   Juan 19:12-16

   Se extingue la décima vela. . . .

11.   Juan 19:17-22   Crucifixión y muerte de Jesús

   Se extingue la undécima vela. . . .

12.   Juan 19:23-24

   Se extingue la duodécima vela. . . .

13.   Juan 19:25-27

   Se extingue la decimotercera vela. . . .

14.   Juan 19:28-30

   Se extingue la decimocuarta vela. . . .

15.   Juan 19:31-37   El costado de Jesús traspasado

La vela Pascual encendida se saca del santuario para que quede en oscuridad.

Se puede producir un sonido fuerte de címbalos, y quien lee la última lectura utiliza una luz pequeña.

16.   Juan 19:38-42   Jesús es sepultado

Se encienden algunas luces y la congregación sale del santuario en silencio.

RECURSOS PARA EL VIERNES SANTO

El Viernes Santo es el día más doloroso de la Semana Santa. En nuestra tradición latina, este día es observado con solemnidad. En la mayor parte de los países latinoamericanos este día no se trabaja e incluso las personas que nunca van a la iglesia se sienten llamadas a asistir. Este es el día en que la encarnación de Cristo se hace más real y dolorosa que nunca. Es el Cristo que se hizo ser humano el que sufre toda clase de humillación y dolor, y es crucificado en la cruz. En este día parece que las fuerzas del mal han vencido para siempre. Cuando Cristo muere en la cruz, la tierra tiembla y el sol se oculta. Es como si las tinieblas hubieran ahogado la luz y la esperanza.

Para quienes sabemos del Domingo de Resurrección, este triunfo pasajero del mal no nos afecta, porque sabemos que Cristo venció a la muerte, y que su reinado sigue siendo una realidad en este mundo aunque no completamente realizado. Una de las mayores tendencias, principalmente en los Estados Unidos, es la de pasar muy rápido por el Viernes Santo para celebrar el triunfo y el gozo del Domingo de Resurrección. Sin embargo, no puede haber domingo de resurrección sin viernes santo, ni viernes santo sin domingo de resurrección. El dolor es parte de nuestra lucha terrenal, y es sólo cuando entendemos y sabemos en carne propia de ese dolor que podemos experimentar en abundancia la resurrección.

El mensaje de la crucifixión debe recordarnos que Cristo conoció nuestras luchas y sufrimientos, y que murió en la cruz precisamente para librarnos del mal y para hacernos vencedores. La cruz de Cristo da poder al pueblo cristiano para luchar contra el mal personal y el estructural; es decir, el mal que se manifiesta en sistemas de opresión. Como cristianos sabemos que Cristo murió precisamente para lograr el triunfo final de su reino de justicia, amor y reconciliación para todos.

Una costumbre generalizada para conmemorar este día es que durante el culto se recuerden las palabras que el Señor Jesús dijo estando ya en la cruz. Las «Siete Palabras» pueden recordarse por una o varias personas. Es bueno que entre palabra y palabra haya tiempo para meditación individual y comunitaria mediante himnos, selecciones musicales, oraciones y lecturas bíblicas. Otra manera de presentarlas es a través de breves dramatizaciones, que se tendrían que planear con anticipación. En algunas iglesias se han usado audiovisuales con escenas del calvario, intercaladas con música, poemas, himnos especiales y oraciones.

Aunque el ir recordando las siete palabras del Señor en la cruz es uno de los cultos más populares, éste no es el único para la ocasión. El Culto de Viernes Santo puede ser de adoración, y teniendo un mensaje sobre la crucifixión. Se puede tener el Culto de Tinieblas (Tenebrae —ver pág. 158). También pudiera ser un culto musical, ya sea con una cantata o con himnos que cante la congregación, y oportunidades para orar. En algunas congregaciones se tiene un drama completo sobre la pasión del Señor. La ventaja de estas actividades es que facilita la inclusión de jóvenes y niños.

Sin importar cuál sea la forma de culto que se use, es importante recordar que el Viernes Santo es un día propio para renovar nuestro compromiso con el Señor; un día donde el llamado a la cruz y a dejar el viejo orden para nacer de nuevo, se hace más real que nunca.

El altar debe tener vestiduras negras ese día. En algunas iglesias –durante todo el tiempo de cuaresma– se acostumbra no cantar himnos que contengan «aleluyas», debido a que esta es una expresión de gozo y victoria. Indudablemente, durante esta época que es de ayuno y preparación para vivir de nuevo la pasión del Señor, las «aleluyas» sonarían fuera de lugar. De manera especial, en el Viernes Santo debe evitarse usar himnos que contengan «aleluyas». Éstas las dejaremos para la victoria del Domingo de Resurrección.

Lecturas bíblicas —Años A, B, y C

> Isaías 52:13–53:12
> Salmo 22
> Hebreos 10:16-25
> Juan 18:1–19:42

Himnos sugeridos —MVPC:

> 133   Salmo 51
> 137   ¿Presenciaste la muerte del Señor?
> 138   La cruz excelsa al contemplar
> 139   Cabeza ensangrentada
> 197   ¡Piedad, oh Santo Dios, piedad!

Resurrección / Easter

La Estación de Resurrección principia con la puesta del sol en la víspera de resurrección y termina el Día de Pentecostés (50 días después). En esta estación se enfatiza la resurrección y ascensión de nuestro Señor Jesucristo, los dones del Espíritu Santo y el Día de Pentecostés. Las lecturas bíblicas provienen del libro de los Hechos de los Apóstoles ya que allí encontramos a la iglesia primitiva habilitada por el Espíritu Santo y, por consecuencia, ésta era la mejor testigo de la Resurrección.

Durante esta estación, especialmente durante el Domingo de Resurrección o en el Día de Pentecostés, es apropiado realizar bautizos, confirmaciones y la renovación del pacto bautismal de la congregación.

Se usan los colores blanco y dorado para estolas, paramentos y estandartes. En el Día de Pentecostés se usa el color rojo. Otros elementos visuales pueden incluir una pila bautismal, una vela grande blanca para encenderse cada domingo de la estación, y flores de varios colores. Para el día de Pentecostés se pueden usar flores rojas, palomas, llamas de fuego o un arco iris.

Vigilia pascual
o
Primer culto de resurrección

Durante los tres días principales, desde la puesta del sol el Jueves Santo hasta la puesta del sol del domingo de Resurrección, celebramos los eventos del sufrimiento, muerte y resurrección de nuestro Señor Jesucristo. Durante los primeros siglos de la iglesia cristiana se celebraba una liturgia extraordinaria que comenzaba el sábado por la noche y continuaba hasta la madrugada del domingo de Resurrección, a la que se conocía como «Vigilia Pascual». Era la noche más gozosa y más especial del año cristiano, ya que se celebraba toda la historia de salvación y la obra redentora de Jesucristo. Para el cuarto siglo, el periodo de preparación para este evento duraba cuarenta días (el origen de la Cuaresma como la conocemos hoy), durante ese periodo las personas que iban a ser bautizadas se preparaban y recibían instrucción para su bautismo, que se llevaba a cabo el domingo de Resurrección.

La liturgia de los primeros siglos consistía en cuatro partes, es decir, cuatro diferentes liturgias: 1) Liturgia de la Luz, 2) Liturgia de la Palabra, 3) Liturgia del Pacto Bautismal, y 4) Liturgia de la Santa Comunión.

El culto que se propone aquí puede celebrarse el sábado por la noche y ser un «Culto de Vigilia». Esto sería lo ideal, y lo más semejante a las celebraciones de los primeros siglos. También puede celebrarse iniciándolo preferiblemente cuando todavía esté oscuro para así experimentar la transición de la oscuridad a la luz. Si se celebra el culto al amanecer, entonces será el «Primer Culto de Resurrección».

Si el culto se celebra al amanecer, se pueden tener las Liturgias de la Luz y de la Palabra, seguido por un desayuno, para luego regresar a continuar con las Liturgias del Pacto Bautismal y la Santa Comunión. Si no se van a celebrar bautizos, entonces se puede hacer la Renovación del Pacto Bautismal congregacional.

Liturgia de la luz

El pueblo se congrega

Si es posible, que la gente se congregue afuera alrededor de una fogata. Si no se puede, reúnanse en un lugar que no sea el santuario y alumbrándose solamente con la luz de una vela grande. El símbolo central es la Vela Pascual que simboliza el triunfo de la vida sobre la muerte. A cada persona se le da una vela que se encenderá antes de entrar al santuario, y se mantendrán en silencio hasta que todos se hayan congregado.

Saludo

Gracia y paz de nuestro Señor Jesucristo

Hermanos y Hermanas en Cristo:
En esta santa noche cuando Jesús pasó de muerte a vida, nos reunimos como su Iglesia, para velar y orar. Ésta es la Pascua de Cristo, en la cual participamos de su victoria sobre la muerte.

Oración de apertura

Oh Dios, por tu Hijo Jesucristo has otorgado a tu pueblo tu luz vivificante. Santifica este nuevo fuego y concede que nuestros corazones y nuestras mentes sean encendidas con un deseo santo, para que podamos gozar del banquete de tu luz eterna, por Jesucristo nuestro Señor. **Amén.**

Se enciende la vela pascual

Quien oficia enciende la Vela Pascual con una llama de la fogata u otro fuego distinto que haya sido encendido, y dice:

La luz de Cristo, que resucita en gloria, vence la oscuridad del pecado y de la muerte.

Se levanta en alto la Vela Pascual para que todos la vean, y quien oficia dice:

¡Cristo es nuestra luz!

PROCESIÓN AL SANTUARIO

Si los símbolos sagrados del santuario se retiraron el Jueves Santo por la noche, ahora personas previamente designadas irán como parte de la procesión llevándolos y los colocarán en sus lugares respectivos.

La congregación enciende sus velas de otras que han sido encendidas de la Vela Pascual. Se forma una procesión para entrar al santuario. La persona que lleva la Vela Pascual va al frente, seguida por las personas que llevan los símbolos sagrados, y luego la congregación. Se pueden encender unas pocas luces en el santuario.

La Vela Pascual se pone en un lugar central donde todos la puedan ver.

Durante la procesión el coro o la congregación puede cantar «Ved la luz que nos alumbra», con la tonada de «Jubilosos, te adoramos», MVPC # 5.

Ved la luz que nos alumbra

1) Ved la luz que nos alumbra, es la luz de nuestro Dios;
   de esa luz ardiente, hermosa, vamos todos hoy en pos.
   Luz brillante, victoriosa, que a la muerte derrotó.
   Elevemos alabanzas, ¡Cristo ya resucitó!

2) Ved la luz que va marchando en nuestra comunidad;
   hemos visto ya su gloria en toda su santidad.
   Hoy te vemos, te adoramos, nuestro hermano y redentor;
   el Cordero nos precede, santo, inmortal Señor.

3) Con nosotros permaneces; no nos abandonarás,
   pues tú eres viva llama que jamás se apagará.
   Ya la muerte conquistaste, destruyendo su poder;
   es tu pueblo quien te alaba, Dios de gloria y de poder.

Libro de Liturgia y Cántico, alt. 1998, Augsburg Fortress

La congregación permanece de pie y se mantienen las velas encendidas durante la lectura de la Proclamación de Resurrección. Se pueden repartir las lecturas entre varios lectores.

Alégrense ya, todos los coros angélicos y celebren jubilosamente los divinos misterios; y por la victoria del Rey tan grande, suene el clarín de la salvación.

Alégrate también, oh tierra, con la claridad de luz que te baña y, alumbrada con el esplendor del Rey eterno, conoce que las antiguas tinieblas han sido desterradas de todo el mundo.

Alégrate también, oh santa Iglesia, revestida con los destellos de tal luz; resuene jubiloso este recinto con las voces jubilosas de las gentes.

En verdad es digno, justo y saludable, que con plena devoción de corazón, mente y voz alabemos al Dios invisible, el Padre todopoderoso y su único Hijo, nuestro Señor Jesucristo; que canceló por nosotros la deuda de Adán con el Padre eterno que, con su preciosa sangre, nos redimió de la esclavitud del antiguo pecado.

Porque ésta ciertamente es la Fiesta Pascual, en la cual se inmola el verdadero Cordero, por cuya sangre los dinteles de los fieles son hechos santos.

Ésta es la noche en la cual liberaste a nuestros antepasados, los hijos de Israel, de la tierra de Egipto; y los condujiste por tierra seca a través del Mar Rojo.

Ésta, ciertamente, es la noche en que las tinieblas del pecado han sido disipadas por la luz que renace.

Ésta es la noche en que quienes creen en Cristo son rescatados del mal, son renovados en gracia, y son restaurados a la santidad.

Ésta es la noche en la cual, rompiendo las cadenas de la muerte, Cristo resucita triunfante del abismo.

¡Oh noche verdaderamente bendita en la cual se unen el cielo y la tierra— lo humano con lo divino!

Te rogamos, oh Dios, que esta Vela Pascual que arde en honor de tu nombre se mezcle con las luces celestiales y que siga disipando las tinieblas de esta noche.

Permite que el Lucero Matutino sin ocaso encuentre esta llama ardiendo.

Cristo, el Lucero Matutino, que resucitó de la muerte e ilumina a toda la humanidad, tu Hijo que vive y reina contigo y el Espíritu Santo ahora y siempre. **Amén.**

Libro de Liturgia y Cántico, alt. 1998, Augsburg Fortress

Los congregantes extinguen sus velas y toman sus asientos. Pueden encenderse más luces en el santuario.

LITURGIA DE LA PALABRA

El número de lecturas varía, pero se debe leer Éxodo 14 (cuarta lectura) y tener cuando menos otras dos lecturas del Antiguo Testamento, además de las lecturas del Nuevo Testamento.
Seguida por unos momentos de silencio, un himno o un salmo, cada lectura se puede introducir con las siguientes palabras:

Escuchemos el relato de las obras de salvación de Dios a través de la historia:

LA CREACIÓN —Génesis 1:1-2:4a

Silencio, luego un salmo o un himno. Sugerencias:
Salmo 33:1-9, 20-22
Himno MVPC 46 Mirad a los cielos de gloria vestidos

EL PACTO ENTRE DIOS Y LA TIERRA —Génesis 7:1-5, 11-18; 8:6-18; 9:8-13

Silencio, luego uno de los siguientes:
Salmo 46—MVPC, pág. 108
Himno 5 Jubilosos, te adoramos/UMH 89 Joyful, Joyful We Adore Thee

PRUEBA DE ABRAHAM Y SU CONFIANZA EN DIOS —Génesis 22:1-18

Silencio, luego uno de los siguientes:
Salmo 1
Himno 28 Al Dios de Abraham, loor/UMH 116 The God of
Abraham Praise

LIBERACIÓN DE ISRAEL —Éxodo 14:10-31 (y 15:20-21 si no se usa el «Cántico de Moisés y María»).

Silencio, luego uno de los siguientes:
Cántico de Moisés y María—MVPC, pág. 84
Himno 30—Grande es tu fidelidad / UMH 140—Great Is Thy Faithfulness

SALVACIÓN OFRECIDA A TODOS —Isaías 55:1-11 (o 1-5 si se usa el «Himno del Pacto con Dios»).

Silencio, luego uno de los siguientes:
Himno del Pacto con Dios—MVPC, pág. 81
Himno 331—Señor, tú me llamas

UN CORAZÓN NUEVO Y UN ESPÍRITU NUEVO —Ezequiel 36:24-28

Silencio, luego uno de los siguientes:
    Salmo 42—MVPC, pág. 106
    Himno 231—Dame un nuevo corazón
        180—Envía, Señor, tu Espíritu

VIDA NUEVA PARA EL PUEBLO DE DIOS —Ezequiel 37:1-14
Silencio, luego uno de los siguientes:
    Salmo 143
    Himno 177—Ven, Espíritu de Dios / UMH 393—Spirit   of   the
                                        Living God

SEPULTADOS Y RESUCITADOS CON CRISTO EN EL BAUTISMO —Romanos 6:3-11

Silencio, luego uno de los siguientes:
    Salmo 114
    Himno 329—Todos los que han sido bautizados
        379—Tuya la gloria

LECTURA DEL EVANGELIO

    Mateo 28:1-10—Año A
    Marcos 16:1-8—Año B
    Lucas 24:1-12—Año C

SERMÓN

LITURGIA DEL PACTO BAUTISMAL

Si se van a efectuar bautizos, confirmaciones, o si hay personas que serán recibidas como miembros de la congregación, se puede usar «El Sacramento del Bautismo», pág. 71 de este recurso.

Si no hay candidatos para ninguno de estos actos, se puede usar el «Culto de Renovación del Pacto Bautismal», comenzando con la RENOVACIÓN DEL PACTO BAUTISMAL, *pág. 78. Se eliminará el último himno y la bendición.*

LITURGIA DE LA SANTA COMUNIÓN

OFRENDA

Se pueden traer al altar los elementos de pan y vino junto con las ofrendas. Al traer las ofrendas al frente, se puede cantar la 5ª estrofa del himno «Nuevos comienzos trae el día», MVPC 208.

LA GRAN ACCIÓN DE GRACIAS Y LA SANTA COMUNIÓN

Se puede usar LA SANTA COMUNIÓN CON PREFACIOS, *pág. 56 de este recurso. Úsese el prefacio para Resurrección. Si se desea cantar las respuestas musicales, ver «Música para la Comunión—A», pág. 63 de este recurso.*

DESPEDIDA Y ENVÍO

HIMNO —Ver sugerencias para «Resurrección».

BENDICIÓN
Por el poder del Cristo resucitado somos enviados. ¡Aleluya!
La gracia de nuestro Señor Jesucristo, el amor de Dios, y la comunión del Espíritu Santo sean con todos ustedes. **Amén.**

ACTOS DE ADORACIÓN PARA EL DOMINGO DE RESURRECCIÓN

HIMNOS DE *MIL VOCES PARA CELEBRAR* Y *THE UNITED METHODIST HYMNAL*

Himnos: 146-158
     147 La tumba le encerró / UMH 322 Up From the Grave He Arose
     149 Al Cristo vivo sirvo / UMH 310 He Lives
     155 Tuya es la gloria / UMH 308 Thine Be the Glory

Cántico bíblico: Pág. 84 Cántico de Moisés y María
Respuesta musical: 173 Él es Rey / UMH 177 He Is Lord

LLAMADOS A LA ADORACIÓN/CALLS TO WORSHIP

En este día celebramos la resurrección de nuestro Señor Jesucristo.
¡Sí!, y la resurrección de la comunidad de creyentes.
Dios lo levantó, y nos levanta a nosotros para que le seamos testigos fieles;
y nos reunimos para dar gracias y alabar el nombre de Dios.
Amén.

Este amanecer brilla con la luz del Cristo resucitado.	The dawn shines with the light of the resurrected Christ.
¡Cristo vive! ¡Aleluya!	**Christ lives! Alelluia!**
Los poderes de la oscuridad han sido vencidos.	The powers of darkness have been vanquished;
Jesús es Señor de todo.	Jesus is Lord of all.
La victoria de Jesús es nuestra esperanza. Somos pueblo de esperanza eterna. ¡Aleluya! ¡Gloria a Dios!	**Jesus' victory is our hope. We are a people of eternal hope. Alleluia! Glory to God!**

Oh Dios, que por nuestra redención diste a tu hijo unigénito a la muerte de cruz, y que por su gloriosa resurrección nos libró del poder de nuestro enemigo, concede que podamos morir diariamente al pecado y así vivir constantemente con Él, en el gozo de su resurrección.
Por Jesucristo nuestro Salvador, quien vive y reina contigo y el Espíritu Santo, hoy y eternamente. **Amén.**

Heavenly Father, we tremble on the threshold of this day's wonder, lost for words.
Like the disciples, we have often felt Jesus' life was coming to nothing; then he startles us with a greeting and disturbs us with his presence.
You have raised him from the dust of death and suddenly all life takes on a new perspective. Fill us now with the joy and excitement of believing.
We pray in Jesus' name. **Amen.**

Gracious and eternal God, like springtime to the soul is the remembrance that your purposes for good prevail. Fickle crowds neither validate with praise nor diminish with death chants the mission of your Son.
As your loving purpose was his true path, and unswerving obedience his response, may we model our discipleship after the same manner.
Today, O God, we celebrate the triumph of your grace in the raising of Jesus and praise you for the gatherings of your disciples throughout the earth.
May their praises, in a thousand tongues, be worthy tribute to your love which is unbounded and undiminished, reaching to all.
God, we recognize how easy it is to separate Good Friday—day of darkness and death—from Easter. Forgive us for believing that because our Lord's Easter lies behind us, no Golgotha lies before us; for supposing that because he risked everything, we need not risk anything; for thinking that because we praise him lovingly, we need not follow him closely.
Lead your church into the shadows where Jesus walked and walks, bringing light, engendering hope, dispelling fear:
—in the midst of broken lives and broken dreams where the light and compassion and hope are fading;
—in the midst of racial and ethnic strife where false superiority threatens community and demonizes the other;
—in the midst of refugee camps and displaced peoples where home and hope seem so far away;
—in the midst of natural and social disasters where people huddle together for warmth, and bread, and understanding;
—in the midst of great wealth and much affluence where it is too easy to live in isolation from the weak and the wounded, in deathly self-righteousness.

Help us follow you closely into all of these places and with all of these your
   people even as we praise you today with joy and hope in each of our
   hearts.
Through Jesus Christ, our Lord who lives and reigns with you and the Holy
   Spirit.
Amen.

SEÑALES DE SU PRESENCIA VIVIENTE —Letanía

Estamos rodeados por temor, incredulidad, injusticia, pecado y muerte.
La humanidad parece que cava sepulturas seguras y terribles cuando cons-
   truye armas de destrucción, se prepara para la guerra y da otras señales
   más de muerte.
El Crucificado es vencedor. ¡Jesucristo ha resucitado!

Oh Señor, los cristianos sabemos que no nos dejarás huérfanos.
Reconocemos que dejas señales, tus huellas todavía se ven entre nosotros.
El Crucificado es vencedor. ¡Jesucristo ha resucitado!

Vemos señales de tu poder en quienes se gozan en servirte; en quienes cami-
   nan una segunda milla; en quienes obsequian su abrigo al pobre.
En ellos y ellas vemos el poder de tu presencia victoriosa.
El Crucificado es vencedor. ¡Jesucristo ha resucitado!

Vemos las huellas de tu presencia en quienes nos ministran desde su lecho
   de enfermedad. Son ellos y ellas quienes curan nuestras heridas porque sus
   espíritus han sido vivificados con tu poder celestial.
El Crucificado es vencedor. ¡Jesucristo ha resucitado!

Escuchamos tu voz en los labios de quienes testifican de su libertad del peca-
   do, de quienes fueron liberados de prisiones impenetrables por el poder del
   Cristo vivo.
El Crucificado es vencedor. ¡Jesucristo ha resucitado!

Vislumbramos tu poder vivificante en quienes entregan sus vidas a tempra-
   na edad para tu servicio; en quienes ofrecen sus talentos, energía y tiempo
   en sacrificio total. ¡Señor, todavía llamas a tu pueblo!
El Crucificado es vencedor. ¡Jesucristo ha resucitado!

Vemos tu poder que se manifiesta en comunidades y naciones que experi-
   mentan renovación de propósito para todos.
Allí, en medio de los pobres y humildes, vemos la renovadora esperanza de
   tu presencia.
El Crucificado es vencedor. ¡Jesucristo ha resucitado!

We are surrounded by fear, unbelief, injustice, sin and death.
Humanity seems to dig terrible graves with weapons of mass destruction, preparations for war and other signs of death.
The Crucified is conqueror. Jesus Christ is risen!

O Lord, as Christians, we know that you will not abandon us.
We know you will leave signs; your footprints will be all around us.
The Crucified is conqueror. Jesus Christ is risen!

We see signs of your power on those who rejoice in serving you; in those who walk the second mile; in those who give their coat to the poor. In them we see the power of your victorious presence.
The Crucified is conqueror. Jesus Christ is risen!

We see the footprints of your presence in those who minister to us from the hospital bed. They are the ones who heal our wounds with your spirit-inspired love.
The Crucified is conqueror. Jesus Christ is risen!

We hear your voice through the lips of those who witness to their freedom from sin; through those set free from impenetrable prisons, by the power of the living Christ.
The Crucified is conqueror. Jesus Christ is risen!

We glimpse your life-giving power in those who dedicate their lives to your service at an early age; in those who offer their talents, energy and time as a worthy sacrifice. Lord, you still call your people!
The Crucified is conqueror. Jesus Christ is risen!

We see your power manifested in communities and nations which experience renewed purpose for all. In the midst of the poor and the humble we see the renewing hope of your presence.
The Crucified is conqueror. Jesus Christ is risen!

ACTOS DE ADORACIÓN PARA LA ESTACIÓN DE RESURRECCIÓN

HIMNOS DE *MIL VOCES PARA CELEBRAR* Y *THE UNITED METHODIST HYMNAL*

Himnos 147-158 Vida, resurrección y exaltación de Jesucristo
176-186 La obra del Espíritu Santo

Cántico bíblico:

Pág. 84 Cántico de Moisés y María

Llamados a la adoración / Calls to Worship

¡Que corra la noticia; que la buena nueva se lleve a todas partes! ¡Que todos conozcan que Cristo vive!

¡Celebremos al recordar cómo su amor nos rescató; cómo su perdón nos libró de nuestra culpa; cómo sus promesas se han cumplido; cómo su poder nos ayuda a vencer!

¡Celebremos porque Él vino y viene a nuestras vidas;

porque obra entre nosotros y hace todas las cosas nuevas! Amén.

La salvación es de nuestro Dios, que está sentado en el trono, y del Cordero.

¡Rompió las cadenas y entre los muertos ya no está! Él triunfa sobre los poderes terrenales, pues su reino no es de este mundo.

La corona de espinas no lo venció; la cruz no lo destruyó; la tumba no lo encerró.

¡Triunfó, y sigue triunfando! Amén.

Cristo vive:

En su Iglesia, y en los corazones que buscan la paz; en las vidas de quienes laboran por la justicia;

en los clamores de quienes esperan el reino; en las manos que alimentan a quien tiene hambre; en las personas que buscan servir sin ser servidas.

¡Celebremos al Cristo vivo! Amén.

Dios el Padre, quien levantó de los muertos a Cristo, siempre nos muestra su amor.

Amén.

Dios el Hijo, victorioso sobre el pecado y la muerte, nos concede participar en el gozo de su resurrección.

Amén.

Pueblo de Dios: Mirad y ved cómo Dios nos rodea esta mañana;

su presencia es con nosotros, su brazo fuerte nos salva.

Escuchad a Dios: su palabra es fiel, su defensa es segura.
No estamos solos, Dios es por nosotros. Nada temamos, Dios está aquí. ¡Amén!

Dios tenga misericordia de nosotros y nos bendiga; haga resplandecer su rostro sobre nosotros,
para que sea conocido en la tierra tu camino, en todas las naciones tu salvación.
¡Alábente, Dios, los pueblos, todos los pueblos te alaben!
Alégrense y gócense las naciones, porque juzgarás los pueblos con equidad, y pastorearás las naciones en la tierra.
¡Alábente, Dios, los pueblos!
¡Todos los pueblos te alaben!

(Salmo 67:1-5)

¡Cantad, cielos, alabanzas, y alégrate, tierra! ¡Montes, prorrumpid en alabanzas,
porque Jehová ha consolado a su pueblo, y de sus pobres tendrá misericordia!

(Isaías 49:13)

ORACIONES

Dios de bondad y piedad, hemos escuchado tu voz y nos hemos congregado en tu nombre. Acepta nuestras alabanzas, confirma nuestra fe y renueva nuestra esperanza. Haz morada en nosotros hoy; ayúdanos a rendirnos completamente a tu voluntad, pues sabemos que tu voluntad es vida y plenitud.
Llénanos hoy de tu Espíritu; por Jesucristo, tu Hijo. **Amén.**

Dios de bondad, recibe la adoración de tu pueblo. Nos unimos a las huestes de quienes conocen y viven en el poder de la resurrección. Permite, oh Dios, que al recibir tu palabra en este día, sean abiertos nuestros ojos de fe para ver tu gloria y recobrar el gozo de nuestra salvación.
Concédenos esto por amor de tu Hijo, nuestro Redentor vivo. **Amén.**

Oh Dios nuestro, ¡grande es tu fidelidad! Nos das en abundancia todo lo que necesitamos, sin merecerlo. Tú haces que el sol, la lluvia y toda bendición se derramen sobre quienes te buscan, así como quienes te ignoran.
¡Gracias, oh Dios de bondad! Enséñanos a no menospreciar tu don inefable:
Cristo, tu Hijo; concédenos vivir de nuevo en Él.

Renueva en nosotros tu imagen y permite, oh Dios, que seamos más fieles en nuestro testimonio y servicio. Por Jesucristo. **Amén.**

ACTOS DE ADORACIÓN PARA EL DÍA/DOMINGO DE LA ASCENSIÓN

El Día o Domingo de la Ascensión se celebra cuarenta días después de la Resurrección, y nos sirve para señalar y recordar el momento en que Jesucristo ascendió al cielo.

HIMNOS DE MIL VOCES PARA CELEBRAR Y THE UNITED METHODIST HYMNAL

MVPC

154   ¡Vive el Señor!

155   Tuya es la gloria / UMH 308 Thine Be the Glory

157   A Cristo coronad

158   Su gloria celebrad

UMH   304 Easter People, Raise Your Voices

305 Walk On, O People of God / Camina, Pueblo de Dios

318 Christ Is Alive

Ver también:

MVPC 156 Letanía de Ascensión

LLAMADO A LA ADORACIÓN

¡Pueblos todos, batid las manos! ¡Aclamad a Dios con voz de júbilo!
Porque Jehová, el Altísimo, es temible, rey grande sobre toda la tierra.
¡Subió Dios con júbilo, Jehová con el sonido de trompeta!
Dios reina sobre las naciones; Dios se sienta sobre su santo trono.
Los príncipes de los pueblos se reunieron como pueblo del Dios de
   Abraham, porque de Dios son los escudos de la tierra.
¡Él es muy enaltecido!

(Salmo 47:1-2, 5, 8-10)

ACTOS DE ADORACIÓN PARA EL DÍA DE PENTECOSTÉS

El Día de Pentecostés, cuando la Iglesia recibió al Espíritu Santo, se celebra cincuenta días después del Día de Resurrección y es el último día de la Estación de Resurrección. Es un día muy propio para bautizos, confirmaciones, y renovación del pacto bautismal de la congregación.

En este día se usa el color rojo para estolas, paramentos y estandartes. Otros elementos visuales para el Día de Pentecostés pueden ser: flores rojas, una pila bautismal, llamas de fuego, palomas blancas, un arco iris. Para las lecturas del día, ver el Leccionario Común Revisado, pág. 108.

HIMNOS DE *MIL VOCES PARA CELEBRAR* Y
THE UNITED METHODIST HYMNAL

Himnos: 159-162.
Ver también:

177	Ven, Espíritu de Dios / UMH 393 Spirit of the Living God
178	Soplo de Dios viviente
180	Envía, Señor, tu Espíritu
183	Ven, Espíritu, cual viento
186	Dulce espíritu / UMH 334 Sweet, Sweet Spirit
185	Wa Emi-mimo
190	Oh, deja que el Señor / UMH 347 Spirit Song
UMH	420 Breathe on Me, Breath of God

Ver también:

Viento que produce vientos / Wind Who Makes All Winds That Blow pág. 290 de este recurso.

LLAMADO A LA ADORACIÓN / CALL TO WORSHIP

¡Bendice, alma mía, a Jehová!
Jehová, Dios mío, mucho te has engrandecido; te has vestido de gloria y de magnificencia:
el que se cubre de luz como de vestidura, que extiende los cielos como una cortina,
establece sus aposentos entre las aguas, el que pone las nubes por su carroza, el que anda sobre las alas del viento,
el que hace a los vientos sus mensajeros y a las llamas de fuego sus ministros.
Él fundó la tierra sobre sus cimientos; no será jamás removida.

(Salmo 104:1-5)

Dios de vida y de poder, gracias por la buena nueva de tu palabra.

Señor, tú que haces nuevas todas las cosas, renueva nuestro corazón.

Quema con tu Espíritu Santo todo pecado en nosotros y purifícanos.

Haznos una comunidad de fe, un pueblo de esperanza, una familia de tu amor. Llévanos a dar testimonio a todo el mundo, en el nombre de tu Hijo, que es vida abundante. **Amén.**

God of life and power, thank you for the good news of your Word.

Lord, you who make all things new, renew our hearts. With your Holy Spirit destroy all sin in us and purify our souls.

Make us a people of faith, a people of hope, a family of your love. Lead us to witness to all the ends of the world in the name of your Son, who is abundant life. **Amen.**

God of grace and power, fill us with your Holy Spirit. Grant that, with full hearts and raised voices, we may worship in the Pentecost experience.

Transport us into your cleansing and purifying presence in this hour.

Make us again into the people of your choosing; speak to us and help us to hear your teaching this day. Through Jesus, our great teacher and Savior. **Amen.**

LETANÍA

Las promesas del Señor son seguras, hasta los cielos es su fidelidad.

Como esperaban los discípulos en el aposento alto, así nosotros ahora, como su pueblo, confiamos en su Santo Espíritu en toda plenitud.

El Señor derramó su don y el temor se disipó, su evangelio con denuedo se proclamó.

Ahora, con el fuego de su amor, aceptamos esa misma comisión.

Con la llama de su gracia, cada quien, en su propia lengua, escuchó y entendió.

Con corazones encendidos, al Señor de las naciones serviremos, y su reino a toda la tierra llevaremos. ¡Aleluya! ¡Amén!

Estación después de Pentecostés
Season After Pentecost
(Tiempo ordinario)

La Estación después de Pentecostés, a la que también se le conoce como «Tiempo ordinario», da principio el día después de Pentecostés y termina el día antes del primer domingo de Adviento. Se puede prolongar por 23 y 28 domingos, y esto depende de la fecha del Día de Resurrección. El primer domingo de esta estación es el Domingo de la Trinidad, y el último domingo es el Domingo de Cristo el Rey. Esta estación también incluye el Día de Todos los Santos, y el Día de Acción de Gracias.

No hay un tema central, pero las lecturas de los evangelios cubren el ministerio de Jesucristo y tienden a enfocarse en el tema del reino y el reinado de Jesucristo (ver el Leccionario Común Revisado, página 108.)

El color básico es el verde, que simboliza crecimiento en Cristo, aunque se pueden usar diversos colores para las estolas, paramentos y estandartes. El color blanco se usa para el Domingo de la Trinidad, el Día de Todos los Santos y el Domingo de Cristo el Rey. El color rojo es muy propio para aniversarios, cultos evangelísticos y consagraciones. Los otros elementos visuales se pueden escoger según las lecturas del día, u ocasión especial que se esté celebrando. Por ejemplo, si la lectura es sobre niños entonces se puede colocar arte preparado por niños.

Actos de adoración para el domingo de la Trinidad

El domingo después de Pentecostés es el Domingo de la Trinidad.

Himnos y cánticos bíblicos de
Mil Voces Para Celebrar y *The United Methodist Hymnal*

Ver «Trinidad», en el índice pág. 426 de MVPC. Ver también:

16	Te loamos, oh Dios
167	A Dios supremo creador
277	En santa hermandad / United by God's Love
UMH 85	We Believe in One True God
119	O God in Heaven

Cántico bíblico:
MVPC pág. 82 Letanía de alabanza a la Trinidad

A Dios, supremo Creador, ¡Alabadle! ¡Aleluya!
A Cristo, nuestro Redentor, ¡Alabadle! ¡Aleluya!
Al Santo Espíritu, Consolador, ¡Alabadle! ¡Aleluya!
Al uno, trino y santo Dios, ¡Alabadle! ¡Aleluya!

Oraciones

Bendito, eterno y bondadoso Dios, nos reunimos en este día para ensalzar tu nombre aquí en la tierra, como eres ensalzado en los cielos. Congregados en la hermosura de tu creación, nuestros labios a una declaran con el salmista: «Cuán grande es tu nombre en toda la tierra». Renueva, oh Dios, la gloria de tu imagen en nosotros, así como la vimos reflejada en Cristo tu Hijo. Confirma nuestra fe en tu Hijo amado, quien nos redime de pecado y nos ofrece vida abundante. Aviva en nosotros la promesa del gran Consolador, a fin de conocerte más íntimamente y servirte más humildemente; por la gracia de nuestro Señor y Salvador Jesucristo. **Amén.**

Dios de infinita sabiduría y compasión, tú que te has revelado como Padre, Hijo y Espíritu Santo, y que vives y reinas en perfecta unidad y amor, escucha nuestras plegarias. Preferimos estar un día en tus atrios que mil fuera de ellos; deseamos ser renovados a la imagen de tu Hijo, por el poder transformador de tu Santo Espíritu.
Nos ofrecemos para tu servicio y oramos que nos concedas el gozo de hacer algo en tu nombre para que seas glorificado eternamente. Por Jesucristo lo pedimos **Amén.**

Actos de adoración para el día de todos los santos

El Día de Todos los Santos (1° de noviembre o el primer domingo en noviembre) es un día de conmemoración, cuando recordamos a los cristianos de todos los tiempos y todo lugar que han sido fieles testigos en el servicio de nuestro Señor Jesucristo. Celebramos la comunión de los santos al recordar a quienes han fallecido, en la Iglesia universal así como en la congregación local. Por esta razón se recomienda que los nombres de todas las personas fallecidas durante el año anterior se lean como parte de la Respuesta a la Palabra, después del sermón.

Himnos de *Mil Voces Para Celebrar* y *The United Methodist Hymnal*

MVPC 269   Es Cristo de su Iglesia / UMH 545 The Church's One Foundation (1,2,4,5)

LLAMADO A LA ADORACIÓN

Cristo, en su amor, nos alcanza y nos reúne con sus santos en el cielo y en
la tierra.
Él nos invita a declarar su bondad a todos los pueblos.
Celebremos su amor hoy con júbilo y expectación.
¡Aleluya! ¡Amén!

Clemente y misericordioso es Jehová, lento para la ira y grande en miseri-
cordia.
Bueno es Jehová para con todos, y sus misericordias sobre todas sus obras.
¡Te alaben, Jehová, todas tus obras, y tus santos te bendigan!
La gloria de tu reino digan y hablen de tu poder.
Tu reino es reino de todos los siglos,
y tu señorío por todas las generaciones.

(Salmo 145:8-11,13)

De Jehová es la tierra y su plenitud, el mundo y los que en él habitan,
Porque Él la fundó sobre los mares y la afirmó sobre los ríos.
¿Quién subirá al monte de Jehová? ¿Y quién estará en su lugar santo?
**El limpio de manos y puro de corazón; quien no ha elevado su alma a cosas
vanas, ni ha jurado con engaño.**
Él recibirá bendición de Jehová y justicia del Dios de salvación.
**Tal es la generación de quienes lo buscan; de quienes buscan tu rostro, Dios
de Jacob.**

(Salmo 24:1-6, alt.)

LETANÍA DE CONMEMORACIÓN

Dios nos invita a recordar:
¡El nombre de Dios sea alabado!

A recordar su amor eterno encarnado en Cristo Jesús,
¡El nombre de Dios sea alabado!
A recordar a la Iglesia universal y a todos sus santos que han sufrido y servido con gozo y con esperanza,
¡El nombre de Dios sea alabado!
A recordar, en una manera especial, a la congregación y su pastor(a) que, bajo la dirección del Espíritu Santo, organizaron esta iglesia en *(fecha)*,
¡El nombre de Dios sea alabado!
A recordar con reverencia a quienes han sido llamados por Dios, pero cuya memoria permanece entre nosotros hoy *(momentos de silencio; se pueden mencionar nombres)*,
¡El nombre de Dios sea alabado!
A recordar que el Dios que fue con Abraham y Sara, con Isaac y Rebeca, con Jacob y Raquel será con nosotros en nuestros días, ahora y por siempre.
¡El nombre de Dios sea alabado!

ACTOS DE ADORACIÓN PARA EL DÍA O DOMINGO DE ACCIÓN DE GRACIAS

El Día de Acción de Gracias se celebra en los Estados Unidos el cuarto jueves de noviembre, o el domingo antes o después del Día de Acción de Gracias. Es un tiempo para dar gracias a Dios por sus abundantes bendiciones.

Este día también es ocasión propia para recordar aquellos nativoamericanos que compartieron los bienes de sus cosechas con los primeros inmigrantes a los Estados Unidos de América. Nuestros hermanos y hermanas nativoamericanos tienen una variedad de ceremonias que están relacionadas con la naturaleza, y las que ellos usan para dar gracias al Creador por sus bondades.

Se sugiere a las congregaciones que celebren este día en consulta con representantes de la comunidad nativoamericana, teniendo en mente que el culto que se prepare debe respetar las tradiciones nativoamericanas.

HIMNOS DE *MIL VOCES PARA CELEBRAR* Y *THE UNITED METHODIST HYMNAL*

8	Por la excelsa majestad / UMH 92 For the Beauty of the Earth
22	Oh, criaturas del Señor
30	Grande es tu fidelidad
64	Hay momentos
217	Gracias, Señor
361	Nos hemos reunido

LLAMADOS A LA ADORACIÓN

Cuando Jehová hizo volver de la cautividad a Sion, fuimos como los que sueñan.
Entonces nuestra boca se llenó de risa y nuestra lengua de alabanza.
Entonces decían entre las naciones: «¡Grandes cosas ha hecho Jehová con éstos!».
¡Grandes cosas ha hecho Jehová con nosotros! ¡Estamos alegres!

(Salmo 126:1-3)

Grande es Dios y favorecido el pueblo que le busca.
Hoy cantamos de sus favores para con nosotros.
El Señor nos salva y nos sacia de bienes.
¡Gloria sea a su nombre! ¡Amén!

Tuya, oh Dios, es la alabanza en Sion, y a ti se pagarán los votos.
Tú haces alegrar las salidas de la mañana y de la tarde.
Visitas la tierra y la riegas; en gran manera la enriqueces.
Con el río de Dios, lleno de aguas, preparas el grano de ellos cuando así la dispones.
Tú coronas el año con tus bienes y tus nubes destilan abundancia.
Se visten de manadas los llanos y los valles se cubren de grano; ¡dan voces de júbilo y aun cantan!

(Salmo 65:1, 8b-9, 11, 13)

Dios es bondadoso y sus dádivas son incontables.
Adoremos al Señor en espíritu y con gratitud por todas sus bondades.
Como la arena son las promesas del Señor para con su pueblo;
y su misericordia como las estrellas numerosas.
Dios amorosamente nos convida al banquete de vida abundante.
Venimos a buscar el pan verdadero: Cristo Jesús.
El Señor dadivoso nos ofrece los dones del perdón y de la paz.
Venimos confiando en su gracia y anhelando su paz.

Todopoderoso y bondadoso Dios, te damos gracias por el fruto de la tierra que, en tu fidelidad y misericordia, constantemente nos das, y por las labores de quienes lo cosechan. Haznos fieles mayordomos de la gran abundancia que recibimos de Ti para suplir nuestras necesidades y socorrer al menesteroso, de manera que tu nombre sea glorificado.
Por Cristo Jesús, quien vive y reina contigo y el Espíritu Santo, un Dios hoy y eternamente. **Amén.**

Dios eterno, fuente de toda abundancia, recibe nuestra gratitud por tus dádivas. Haz de nosotros un pueblo más listo para cantar y exaltar tu nombre. Como pueblo redimido, danos canción de júbilo; como pueblo enviado, danos canción de victoria. No permitas que callen nuestros labios hasta que contemos tus maravillas.
Usa, oh Dios, el testimonio de los sanados y rescatados como anuncio de esperanza a todos los pueblos. Por Jesucristo, nuestro Salvador. **Amén.**

ACTOS DE ADORACIÓN PARA EL REINADO DE JESUCRISTO DOMINGO DE CRISTO EL REY

El último domingo en la Estación después de Pentecostés, que también es el último domingo del año cristiano, es la celebración del reinado de Jesucristo y su segunda venida.

HIMNOS DE *MIL VOCES PARA CELEBRAR* Y *THE UNITED METHODIST HYMNAL*

Ver el índice «Cristo el Rey», pág. 418 en MVPC.
Ver también:

Ver también:

«Yo soy el Alfa y la Omega, principio y fin», dice el Señor, el que es y que era y que ha de venir, el Todopoderoso.
Amén.

(Apocalipsis 1:8)

"I am the Alpha and the Omega," says the Lord God, "who is, and who was, and who is to come, the Almighty."
Amen.

(Revelation 1:8)

Al que está sentado en el trono y al Cordero, sean la alabanza, la honra, la gloria y el poder, por los siglos de los siglos.
Amén.

Los reinos del mundo han venido a ser de nuestro Señor y de su Cristo;
y Él reinará por los siglos de los siglos.
Te damos gracias, Señor Dios todopoderoso, el que eres, que eras, y que has de venir,
porque has tomado tu gran poder y has reinado.

(Apocalipsis 11:15b, 17)

CULTO DE LAS POSADAS

INTRODUCCIÓN

La posada (mesón o lugar de alojamiento), si no netamente mexicana, sí se desarrolló en la Nueva España. Los aztecas celebraban fiestas en honor de su dios Huitzilopochtli en los días cercanos a la Navidad. En la segunda mitad del siglo 16, los monjes agustinos comenzaron a encauzar estos festejos hacia Jesús, usando pasajes bíblicos alusivos durante nueve días (diciembre 16-24). A solemnizar esta celebración ayudó la introducción de nueve Misas de Aguinaldo por Diego de Soria y aprobadas por el Papa Sixto V en 1586.

El toque final fue una idea inspirada por el místico San Juan de la Cruz (1542–1591), rector del Colegio de Baeza, en España. Su idea consistió en llevar una imagen de la virgen María por los pasillos del convento la Noche de Navidad. Detrás de cada puerta del claustro, Juan de la Cruz ponía a algunos religiosos para que contestaran desde dentro, rehusando la entrada cuando se les pidiera posada. La procesión continuaba y sólo hasta llegar a la iglesia se abría la puerta.

La forma tradicional de la celebración de Las Posadas en nuestros días consiste en una procesión ceremonial que se lleva a cabo del 16-24 de diciembre. Representa la peregrinación de María y José hacia Belén, su búsqueda de albergue, y el rechazo de que son objeto. Cada noche durante estos nueve días se reúne un grupo de personas y van en procesión a varios hogares previamente seleccionados y, frente a la puerta, cantan pidiendo posada. Los de adentro de la casa responden, también cantando, que no hay lugar en el mesón. Al fin, en el último hogar seleccionado para ese día, se abren las puertas, entran los peregrinos y se tiene una celebración durante la cual se comparten también los alimentos acostumbrados durante la Navidad.

La última noche la posada termina en la iglesia, o en algún lugar con patio grande donde se pueda tener una piñata para cerrar la celebración. La piñata fue usada por los misioneros como medio para transmitir el evangelio a los indígenas. Según ellos, la piñata adornada con papel de colores brillantes representaba al mal y al pecado como algo atractivo que pretende cautivar al ser humano y hacerlo caer en la tentación. Pegarle a la piñata con los ojos vendados representaba la fe, que permitía creer sin ver; el garrote con que se golpea a la piñata representaba el poder de Dios que ayuda al ser humano a destruir el mal y el engaño del mundo; el lazo movedizo representaba la lucha contra enemigos espirituales invisibles; romper la piñata representaba el triunfo alcanzado sobre la tentación y el mal, y los dulces y fruta que caían representaban las bendiciones y dones de Dios por el triunfo alcanzado.

La celebración de Las Posadas se realiza con más frecuencia que antes entre las congregaciones protestantes y evangélicas. Esto se debe a varios factores. Entre los pueblos latinos ha surgido un creciente aprecio por los valores y dones culturales. En medio de una cultura anglo-europea, las tradiciones religiosas de los países de origen son un medio para afirmar la identidad. Por otro lado, el aumento de inmigrantes que vienen de México ha provisto una oportunidad para que las congregaciones de este país incluyan esta expresión religiosa como parte de una liturgia más diversa.

Finalmente, la disposición que ahora tienen las iglesias protestantes para ministrar entre el pueblo latino ha requerido incluir costumbres y tradiciones religiosas que estos pueblos traen de sus países. Celebrar las Posadas es una señal de la creciente aceptación de actos litúrgicos que reflejan la voz, el sentir, y las tradiciones de los pueblos latinos.

NOTAS SOBRE EL CULTO

El culto aquí descrito se puede llevar a cabo en el santuario o en algún salón de reuniones. Como parte del arreglo, se puede poner un pesebre al frente del santuario. La primera banca, o asientos de enfrente, serán para «José y María» y sus acompañantes, quienes estarán en la parte de atrás del santuario durante la primera parte del culto.

Si se desea, se pueden usar velas pequeñas que se encenderán durante el himno recesional. Éstas se pueden distribuir a las personas al entrar al santuario. Mientras se cantan las estrofas del himno «Noche de paz», personas previamente designadas, y con sus velas prendidas, encenderán la vela de la primera persona en cada banca o hilera de sillas. Esa persona encenderá la vela de la siguiente persona, y así sucesivamente hasta que todas estén encendidas. Se continuará cantando el himno mientras que las luces se van apagando y quien oficia, junto con «José y María» y su grupo de acompañantes salen del santuario o salón, seguidos por la congregación, extinguirán y depositarán sus velas en un lugar designado, y pasarán al salón social para unos momentos de compañerismo, donde se puede romper una piñata y compartir los alimentos.

ORDEN DEL CULTO

CANTOS DE PREPARACIÓN —Sugerencias:
MVPC:
 81 Dad gloria al Ungido, vs. 1-2 / UMH 203 Hail to the Lord's Anointed, vs. 1,3
 82 Ven, Jesús, muy esperado / UMH 196 Come, Thou Long-Expected Jesus
116 Niño santo y humilde / UMH 229 Infant Holy, Infant Lowly

Voz que clama en el desierto: «¡Preparad un camino a Jehová,
enderezad calzada en la soledad a nuestro Dios!
¡Todo valle sea alzado y bájese todo monte y collado!
¡Que lo torcido se enderece y lo áspero se allane!
Entonces se manifestará la gloria de Jehová y toda carne
juntamente la verá, porque la boca de Jehová ha hablado».

Isaías 40:3-5

Oración de preparación

Acércate a nosotros, Oh Dios, como se acercó el coro de ángeles a los pastores en Belén. Ayúdanos, dándonos oídos de fe, para escuchar tu invitación a experimentar de nuevo el gozo del nacimiento de tu Hijo. Abre nuestro entendimiento para llegar a contemplar más claramente su gloria, y así servir más fielmente en su reino; en su nombre te lo imploramos. Amén.

Himno —Sugerencias:
MVPC: 78 Toda la tierra / UMH 210 All Earth Is Waiting

Lecturas bíblicas   Jeremías 23:5; Lucas 1:26-31, 34-35

*Canto de las Posadas versos 1-4—*Ver música, Versión Original, pág. 276.*

«José y María» y un pequeño grupo de acompañantes estarán en la parte de atrás del santuario o salón y constituirán el «grupo de afuera». El resto de la congregación será el «grupo de adentro».

Grupo de afuera:	1. En el nombre del cielo os imploro posada, pues ya no puede continuar con la jornada, mi esposa amada.
Grupo de adentro:	2. Yo no tengo morada, síganle adelante; Yo no les puedo recibir ¿qué tal si eres algún tunante?
Grupo de afuera:	3. Desde lejos venimos, con afán este día. Yo soy José de Nazaret; me acompaña mi fiel María.

Para una versión alterna, ver «Canto de Las Posadas—versión alterna**», pág. 278.*

Grupo de adentro: 4. No importan sus nombres,
yo no tengo posada.
Toda mi gente duerme ya.
Vengan de nuevo por la mañana.

LECTURA BÍBLICA   Isaías 11:1-5; 35:1-4

CANTO DE LAS POSADAS —versos 5-6

Grupo de afuera: 5. Ten piedad de María,
no seáis inhumano.
Su tiempo se acerca ya.
de dar a luz a Dios encarnado.

Grupo de adentro: 6. ¿Sois José de Nazaret,
con la joven María?
¡Entrad vosotros al mesón!
Vuestro señor no les conocía.

LECTURAS BÍBLICAS   Juan 1:9-12; Lucas 1:46-55

CANTO DE ENTRADA —Ver Música, pág. 280.

Aquí la congregación cantará lo siguiente, mientras que el grupo que está en la parte de atrás del santuario o salón camina hacia el frente y toman sus asientos en los lugares designados.

Grupo de adentro: Entrad, santos peregrinos,
recibid este rincón.
Aunque pobre es la morada,
os la doy de corazón.

Todos: Nuestros cantos de gran gozo
llenen hoy este lugar,
pues Jesús, José y María
nos vinieron a honrar.

LECTURAS BÍBLICAS   Miqueas 5:2-4; Lucas 2:8-18

RESPUESTA MUSICAL   Vamos, pastores, vamos—*Ver música, pág. 280*

Vamos, pastores, vamos, vamos a Belén,
a ver en ese niño la gloria del Edén;
a ver en ese niño la gloria del Edén.

SERMÓN

OFRENDA

CREDO DEL PUEBLO IMMIGRANTE   *Ver págs. 266 y 267.*

PETICIONES DEL PUEBLO

Se puede usar una o más de las peticiones aquí sugeridas, dando tiempo para que después la congregación también eleve sus peticiones.

Dios peregrino, tú que buscaste posada en Belén para tu hijo Jesús, buscas comunidades hospitalarias para los desterrados y desheredados de la tierra. **Así como abres los cielos para quienes buscan por fe, abre nuestros corazones para hacer un espacio y dar la bienvenida a todos quienes desean un lugar para descansar de sus cargas y renovar sus vidas.**

Entre los humildes viniste a nacer, Dios de toda la creación. Elevaste con tu divinidad el lugar de tu nacimiento.
Enséñanos que al hacer lugar para quienes caminan en pobreza, seremos elevados a ser siervos y siervas del Altísimo, donde el coro celestial canta: «Gloria a Dios en las alturas y en la tierra paz».

Gran Dios de amor, danos una vez más el don de compartir. ¿Cómo podremos regocijarnos mientras que ignoramos al sufriente y al herido? ¿Cómo podremos celebrar la venida de la Luz cuando tantas personas viven en la oscuridad? ¿Cómo podremos gozar de la abundancia cuando tantas criaturas están afligidas por la pobreza y el hambre?
Te suplicamos que nos ayudes a ser una iglesia con un corazón generoso; una iglesia que comparte sus dones con un espíritu gozoso; y una iglesia que labora por un mundo donde ninguna criatura esté agobiada por la pobreza y la injusticia.

Aquí el pueblo puede elevar otras peticiones, respondiendo después de cada una: «Oh Dios, escucha nuestra oración».

HIMNO Sugerencias:

> MVPC: 76 Emanuel / UMH 204 Emmanuel, Emmanuel
>   119 Todos los días nace el Señor / Every New Morning
>   Jesus Is Born. *Ver texto en inglés, pág. 282 de este recurso.*

BENDICIÓN

Y ahora, que el amor de Jesucristo brille en nuestros corazones como refulgente estrella de Belén y que ese amor nos inspire a recibir y a servir a quienes buscan al Señor. Que la bendición de Dios Padre, Hijo y Espíritu Santo sea con ustedes.
Amén.

HIMNO RECESIONAL

MVPC 103 Noche de paz / UMH 239 Silent Night, Holy Night

Mientras que se cantan las estrofas de este himno, se encienden las velas. Ver NOTAS SOBRE EL CULTO.

A Service of Las Posadas

The "Posada" (literally "lodging") has its roots in Spain, but it was fully developed in Mexico. The Aztecs held ceremonies honoring their god, Huitzilopochtli, on the days nearest Christmas time. Around the second half of the sixteenth century, the Augustine monks began to channel these celebrations toward Jesus, using biblical readings during the nine days before Christmas (December 16-24.) The introduction of nine masses, the "Misas de Aguinaldo," by Diego de Soria and approved by Pope Sixto V in 1586 added to the solemnity of the celebration.

The final touch was inspired by the mystic San Juan de la Cruz (1542-1591), rector of Colegio de Baeza, in Spain. His idea consisted of carrying an image of the Virgin Mary, through the convent halls on Christmas Eve and knocking on some of the convent doors, asking for lodging. De la Cruz would place some monks behind the doors, where they would refuse entrance when asked for lodging. The procession continued as such, from door to door, and it was only as they reached the church, that the doors would open.

The traditional celebration of Las Posadas in our present day consists of a ceremonial procession that takes place December 16-24. It represents Mary and Joseph's pilgrimage toward Bethlehem, their search for shelter, and the refusal for such. Each night, during these nine nights, a group of people go in procession to several homes previously arranged for each particular night and, as they come to each door they request entrance through song. Those inside respond, also through song, that there is no room. Finally, as they come to the last home chosen for that day, the doors are opened, the "pilgrims" enter and there is singing and laughter, worship and the sharing of foods typical of the season.

On the last night the Posada concludes in the church or in an appropriate place where a "piñata" may be part of the closing celebration. The piñata was used by the missionaries as a means of communication between them and the indigenous people. According to the missionaries, the piñata represented sin; the stick used to strike the piñata represented God's power joined to human strength; the shifting rope holding the piñata represented the temptations and constant struggle with invisible spiritual enemies. The candies that fell from the piñata represented victory over evil and the many blessings from God. As the piñata was broken, sin was destroyed. This opened the way for salvation and the sharing in God's mercy.

Las Posadas are celebrated more and more among protestant and evangelical congregations. Several factors have contributed to this. Within Latino culture there is an increasing appreciation for cultural gifts and values. In the midst of an Anglo-European culture, the religious traditions of indigenous peoples are a means of affirming their identity. In the case of Las Posadas, the wave of new immigrants, especially from Mexico, has provided the opportunity for congregations to incorporate this religious tradition in their worship as part of a more diverse liturgy.

Finally, the willingness of protestant churches to minister among the Latino community has called for the inclusion of religious customs and traditions that Latino people bring. Las Posadas is a sign of a growing acceptance of liturgy which reflects the voice, the feelings and traditions of the Latino people.

SERVICE NOTES

This service may be held in the sanctuary or in some other room in the church. A manger may be placed at the front. The first pew or row of chairs will be designated for "Mary and Joseph" and the persons who will accompany them. These persons will be standing at the back of the sanctuary during the first part of the service.

Small individual candles may be lit during the final hymn "Silent Night." The candles may be distributed to the congregation as they enter the sanctuary. After the benediction, while "Silent Night" is sung, the persons previously designated, with their candles lit, will light the candle of the first person in each pew or row of chairs. That person will light the candle of the next person, and so on successively until all candles are lit. The congregation will continue singing while the lights are dimmed. The pastor, "Mary and Joseph" and the persons accompanying them will exit the sanctuary, followed by the congregation. They will extinguish and deposit their candles in a designated place, and proceed to the social hall for a time of fellowship, a piñata if desired and the sharing of refreshments or a meal.

ORDER OF WORSHIP

GATHERING MUSIC —Suggested hymns:
    UMH:

    196 Come, Thou Long-Expected Jesus / MVPC 82   Ven, Jesús,
                                                       muy esperado
    203 Hail to the Lord's Anointed, vs. 1,381 / MVPC 81   Dad gloria al Ungido, vs.1-2
    229 Infant Holy, Infant Lowly / MVPC 116 Niño santo y humilde

A voice cries out: "In the wilderness prepare the way of the Lord,
make straight in the desert a highway for our God.
Every valley shall be lifted up, and every mountain and hill be made low;
the uneven ground shall become level, and the rough places a plain.
**Then the glory of the Lord shall be revealed, and all people shall
see it together, for the mouth of the Lord has spoken."**

Isaiah 40:3-5

PRAYER OF PREPARATION

**Draw near to us, O God, as the choir of angels drew near to the shepherds
in Bethlehem. Help us to listen to your invitation to experience anew the joy
of your Son's birth. Open our minds that we may see his glory more fully,
and thus serve more faithfully in his kingdom. In his name we pray. Amen.**

HYMN

UMH 210 All Earth Is Waiting / MVPC 78 Toda la tierra

SCRIPTURE READINGS   Jeremiah 23:5; Luke 1:26-31, 34-35

*POSADA SONG —verses 1-4   *See Music, Original Version, p. 276.*

*"Joseph and Mary" and a few persons accompanying them will stand at the
back of the sanctuary or place of worship. These persons will be the "persons outside." The congregation will be the "persons inside."*

Persons Outside: 1. In the blessed name of heav'n,
I beg you, sir, let us in for the night,
for my beloved Mary is with child
and is unable to go any further tonight.

Persons Inside: 2. I don't have a room for you;
please do not stop here, just move on your way.
The doors are closed, I'm settled for the night.
I will not open for fear that you might be some
knave.

Persons Outside: 3. We have traveled many days,
risky the journey and lonely the way.
My name is Joseph, I'm from Nazareth.
We need a place where my Mary can rest for a
day.

For an alternate version, see "Posada Song—Alternate Version", page 278.

Persons Inside: 4. For your names I do not care;
do let me sleep, it is late in the night.
Did you not hear? I cannot let you in.
I will not open my door until morning is
nigh.

SCRIPTURE READING   Isaiah 11:1-5; 35:1-4

POSADA SONG —verses 5-6

Persons Outside: 5. Please have pity, my good friend,
She is so weary, so worn and so cold.
Her time is near and soon she will give birth
to a dear Child who will be the true Light
of the world.

Persons Inside: 6. You are Joseph of Nazareth?
With your beloved about to give birth?
Enter, my friends, I failed to recognize
One who will bring love and peace and good
will to the earth.

SCRIPTURE READINGS   John 1:9-12; Luke 1:46-55

ENTRANCE SONG —*See Music, p. 281.*

*Here the congregation will sing the following, while the persons
standing at the back of the sanctuary or place of worship walk
toward the front and take their seats. The congregation may face the
"pilgrims" as they pass by, in a welcoming fashion.*

Persons Inside: Welcome, pilgrims, to this shelter;
let it peace to you impart.
Though a poor and lowly dwelling,
it is offered from the heart.

All: Let us sing with great rejoicing.
Let our songs our joy convey,
for the blessed, Holy Fam'ly
chose to honor us this day.

SCRIPTURE READINGS   Micah 5:2-4; Luke 2:8-18

MUSICAL RESPONSE   Hurry to Bethlehem—*See Music, p. 281.*

> Hurry to Bethlehem, shepherds now arise.
> See in the Holy Jesus a glorious paradise.
> See in the Holy Jesus a glorious paradise.

SERMON

OFFERING

CREED OF THE IMMIGRANT PEOPLE —See pages 266 and 267.

PRAYERS OF THE PEOPLE

> *One or more of the following prayers may be used, but also time should be allowed for the congregation to offer their prayers.*

Pilgrim God, you who sought lodging in Bethlehem for your Son Jesus, continue to seek welcoming communities for the exiled and disinherited of the world. **Just as you open your heavens for those that seek by faith, open our hearts to make room and welcome those who need a place to rest from their burdens and to renew their lives.**

God of all creation, you were born among the humble. Your divinity exalted the place of your birth.
Make us mindful that when we make room for those who walk in poverty we will be privileged to be servants of the Almighty, where the angels sing: "Glory to God in the highest and on earth peace to all."

Great God of love, teach us again the gift of sharing. How can we rejoice while ignoring the grieving and the wounded? How can we celebrate the coming of the Light when many live in darkness? How can we feast in abundance when many are afflicted by poverty and hunger?
Help us to be a church that prays for a generous heart, that shares its gifts with a joyful spirit and that works for a world where no child is burdened by poverty or injustice.

Here the congregation may offer other prayers and petitions repeating at the end of each petition: "O God, hear our prayer."

HYMN —Suggested:

UMH: 204 Emmanuel, Emmanuel / MVPC: 76 Emanuel
          Every New Morning Jesus Is Born
          (See Music, p. 282.) / MVPC 119 Todos los días nace el Señor

BENEDICTION

And now, may the love of Jesus Christ shine in our hearts with the brightness of the star of Bethlehem. May that love inspire us to receive and to serve all those who come seeking God. May the blessing of God the Father, Son and Holy Spirit be with you always. **Amen.**

RECESSIONAL HYMN

UMH: 239 Silent Night, Holy Night / MVPC: 103 Noche de paz

During the singing of "Silent Night, Holy Night / Noche de paz" the candles will be lit. See SERVICE NOTES for direction.

CELEBRACIÓN DE QUINCE AÑOS
para una/un joven

INTRODUCCIÓN

No se sabe exactamente cuándo se originó la celebración de los quince años (llegar a la mayoría de edad), pero es probable que tenga sus raíces en los ritos de iniciación pre-colombinos de los mayas, los aztecas y los toltecas. Esta iniciación era para jóvenes de ambos sexos que alcanzaban la edad cuando eran presentados a la comunidad.

Al cumplir los quince años, el joven adolescente era considerado como miembro íntegro de la sociedad; se le confiaba escudo y espada, y se convertía en guerrero, y por consecuencia, pertenecía totalmente a la comunidad. Asimismo, la joven muchacha también era presentada como parte vital de la comunidad. En su capacidad de tener hijos, ella podía suplir guerreros para la comunidad. Durante el rito para la joven, se daba gracias a Dios por la futura esposa y madre, y ella prometía cumplir con sus responsabilidades en la comunidad.

Eventualmente los misioneros le dieron al rito de la joven señorita un contexto cristiano, en el que podía reafirmar su fe y reconsagrar su vida al servicio de la iglesia y de la comunidad. Esta forma de iniciación para las jóvenes ha permanecido, y cada día se va incrementando su realización en nuestras congregaciones de habla hispana.

Además, en estos últimos años ha surgido la necesidad de proveer un rito de celebración de quince años para los jóvenes varones adolescentes y así también darles oportunidad de reafirmar públicamente su fe en presencia de Dios, sus familiares y la congregación. Allí se comprometen a participar en la vida de la Iglesia y de la comunidad. Este orden de culto puede usarse para jóvenes de ambos sexos, y es una buena oportunidad para que recuerden su pacto bautismal si éste se celebró cuando ellos estaban pequeños.

SÍMBOLOS

Tradicionalmente se han usado diversos símbolos en la celebración de los quince años. Éstos incluyen la vela, la sal y la Biblia.

La vela—*La vela encendida es un símbolo de la presencia de Cristo, la Luz del mundo, y quien nos invita a ser luz para los demás.*

La sal—La sal es un símbolo de las virtudes cristianas, que dan sabor a la vida, y ayudan en la edificación de una vida cristiana. Decir: «Vosotros sois la sal de la tierra . . .» implica que la iglesia siempre debe estar lista para ayudar y servir.

La Biblia—La Biblia representa la norma primaria para la conducta cristiana del creyente. A su vez nos recuerda de la centralidad de la palabra de Dios para nuestras vidas.

El culto en su totalidad tiene como fin dar alabanza a Dios, con un sentimiento genuino de gratitud por el don especial de la vida.

NOTAS SOBRE EL CULTO

• Se puede adornar el santuario o lugar de reunión con flores blancas.
• La primera banca o asientos delanteros serán para las personas del cortejo.
• Póngase un reclinatorio y una silla al frente del santuario.
• Póngase una mesita a un lado del reclinatorio para poner la vela, la sal y la Biblia.
• La sal se puede poner en un vasito de cristal.
• El número de madrinas varía de lugar a lugar. Además de los padrinos de bautismo habrá una madrina o padrino para la vela, una para la sal, y una para la Biblia.

ORDEN DEL CULTO

PRELUDIO

ENTRADA —Se acompaña con música propia para la ocasión

> Quien oficia estará al frente, mientras que entra la/el joven, seguido por los padres, las madrinas y padrinos. La congregación estará de pie mientras quien dirige ofrece el saludo. Luego las personas del cortejo tomarán sus lugares designados.

SALUDO —Pastor(a)

Dios nos llama a celebrar la vida. Hoy nos reunimos en su nombre y como creyentes en Cristo Jesús para festejar los quince años en la vida de N.... Al ofrecer nuestra gratitud a Dios por N..., nos unimos con ella/él en este acto de consagración para seguir a Jesucristo y servirle en su reino ¡Sean todos bienvenidos. Celebremos con gozo y en alabanza!

La gracia del Señor Jesucristo sea con nosotros.
¡Alabado sea su nombre!
El que hace nuevas todas las cosas nos invita a servirle en novedad de vida.
¡Alabado sea su nombre!
Ofrezcamos el don de nuestra adoración al Dador y Redentor de la vida.
¡Alabado sea su nombre!

CANTO DE ALABANZA   Sugerencias

MVPC: 5 Jubilosos, te adoramos / UMH 89 Joyful, Joyful We
Adore Thee
20 Cantad al Señor
30 Grande es tu fidelidad / UMH 140 Great Is Thy Faithfulness
48 Con cánticos, Señor
340 Para la gloria de Dios

ORACIÓN

Creador nuestro, Dios del universo, alabamos tu santo nombre por la vida de **N....** Nos regocijamos porque le has permitido llegar a ese tiempo de su vida en que asume nuevas y grandes responsabilidades. Lo/la afirmamos ante ti en esta ocasión de gozo y celebración. Te damos gracias por las experiencias de su pasado y por la visión y desafíos de su futuro. Reconocemos que este es un tiempo de compromiso personal, no sólo a los ideales más altos de su vida, sino también a la gracia y soberanía de Cristo tu hijo en la vida de **N....** Acepta su vida en dedicación verdadera; llena su corazón de alegría y permite que tu paz more siempre en su corazón, por Jesucristo nuestro Salvador. **Amén.**

(Roberto Escamilla, *The United Methodist Book of Worship*)

LETANÍA DE EXHORTACIÓN   Proverbios 2—versos selectos

Si recibieres mis palabras y mis mandamientos guardares dentro de ti, haciendo estar atento tu oído a la sabiduría; si clamares a la inteligencia y a la prudencia dieres tu voz,
Entonces entenderás el temor de Jehová, y hallarás el conocimiento de Dios.
Porque Jehová da la sabiduría, y de su boca viene el conocimiento y la inteligencia.

Cuando la sabiduría entrare en tu corazón, y la ciencia fuere grata a tu alma, la discreción te guardará; te preservará la inteligencia. **Así andarás por el camino de los buenos, y seguirás las veredas de los justos.**

SOLO DE CANTO (o congregacional) Quince años—*Ver página 286 de este recurso.*

LECTURAS BÍBLICAS
> Sugerencias: Jeremías 1:4-9; Salmo 23; Mateo 5:13-16;
> Romanos 12:1-9; 1 Corintios 12:4-13

SERMÓN

> *El sermón puede incluir un recordatorio y un nuevo llamamiento a mantener los votos de su bautismo por medio de una vida obediente al discipulado cristiano.*

RENOVACIÓN DE LEALTAD

> *Quien oficia se colocará frente a la/el joven, quien ya estará ahí. Las madrinas y/o padrinos de vela, de sal y de Biblia estarán a un lado, y los padres del otro.*

Pastor(a):—*dirigiéndose a la/el joven:*

> N..., este es un día de legítimo gozo para ti, tu familia y tu iglesia, por cuanto Dios te ha concedido cumplir tus quince años. En el día de tu bautismo, tus padres y tus padrinos proclamaron la fe por ti, y prometieron nutrirte y guiarte en la fe cristiana. Ahora tienes oportunidad de profesar ante Dios y esta comunidad esa fe que está en tu corazón. Por eso ahora te pregunto:
>
> ¿Crees en Dios Padre, Hijo y Espíritu Santo?

Joven: Sí, creo.

Pastor(a):   ¿Procurarás amar a Jehová tu Dios, con todo tu corazón, tu alma, tu entendimiento y a tu prójimo como a ti misma/mismo?

Joven: Sí lo haré, con la ayuda de Dios.

Pastor(a):	Por medio de este acto, ¿das testimonio público de tu gratitud a Dios, porque en su misericordia disfrutas del don precioso de la vida?
Joven:	Sí lo hago, con gratitud a Dios.
Pastor(a):	Asimismo, ¿das testimonio público por medio de este acto, del amor, gratitud y respeto que debes a tus padres porque ellos, desde tu más tierna infancia han velado por tu vida, tu salud, tu educación y tu bienestar?
Joven:	Sí lo doy, y agradezco a Dios por ellos.
Pastor(a):	¿Prometes vivir tu juventud en santidad, pureza y rectitud, atesorando en tu corazón la santa palabra de Dios, y encomendándote a su cuidado?
Joven:	Sí lo prometo, y me encomiendo a Dios.
Pastor(a):	Recordando que Dios te ha unido a Jesucristo por medio del bautismo, ¿consagrarás tu vida a Cristo Jesús a fin de que Él la guarde, la dirija con la luz de su Espíritu, la enriquezca con los tesoros de su gracia, y para que emplee tu vida en su servicio en la iglesia y en la comunidad conforme a su voluntad?
Joven:	Sí lo haré, con la ayuda de Dios.
Pastor(a):	Entonces, que «Ninguno tenga en poco tu juventud; sino sé ejemplo de los creyentes en palabra, conducta, amor, espíritu, fe y pureza» (1Timoteo 4:12). Que Dios todopoderoso confirme tus promesas y te ayude a cumplirlas fielmente todos los días de tu vida. Amén.

El/la joven se vuelve hacia la congregación.

RESPUESTA DE LOS FAMILIARES Y CONGREGACIÓN

N..., Nos gozamos contigo en este día cuando reafirmas tu fe en Jesucristo. Nosotros también renovamos nuestro compromiso de amar y servir al Señor de nuestras vidas. Que Dios te llene de su amor, te ilumine con su Espíritu Santo y te dirija en todos tus caminos. Como tu familia y tu iglesia, ofrecemos nuestro apoyo y consejo para que crezcas en tu fe, en tu discipulado, y en tu servicio a los demás. Amén.

Pastor(a): *—dirigiéndose a los padres:*

Damos gracias a Dios porque ustedes han dirigido y cuidado a **N...**, y en este día la presentan una vez más a Dios con un nuevo significado.

¿Prometen seguir dando todo su cariño y cuidado tantas veces sea necesario?

Padres: Así lo prometemos, con la ayuda de Dios.

Pastor(a): *—dirigiéndose a los padrinos:*

¿Reconocen que **N...** les ha buscado como un apoyo adicional en su vida y que en el futuro podrá buscar su ayuda para consultar y confiarles sus problemas, anhelos o decisiones?

Padrinos: Sí, estamos conscientes de ello, y prometemos darle todo nuestro apoyo, según lo requiera, con la ayuda de Dios.

La Vela—*Quien oficia toma la vela de las manos de la madrina o padrino de vela, la enciende, y la entrega a la/el joven, y dice:*

N... Recibe la luz de Cristo, ya que Él dijo: «Yo soy la luz del mundo; el que me sigue no andará en tinieblas, sino que tendrá la luz de la vida» (Juan 8:12).

La Sal—*Quien oficia toma la sal de las manos de la madrina o padrino de sal, la entrega a la/el joven, y dice:*

N... Recibe el encargo de vivir una vida que dé sabor al mundo con las virtudes cristianas ya que Jesús dijo: «Vosotros sois la sal de la tierra, pero si la sal se desvaneciere, ¿con qué será salada?» (Mateo 5:13).

La Biblia—*Quien oficia toma la Biblia de las manos de la madrina o padrino de Biblia, la abre y la pone en las manos de la/el joven, y dice:*

N... Recibe la Palabra de Dios que será la norma eficaz por excelencia en tu vida. Tal como el salmista exclamó: «Lámpara es a mis pies tu palabra, y lumbrera a mi camino» (Salmo 119:105).

Después de cada uno de estos actos, la madrina o padrino debe recoger de las manos de la/el joven el símbolo correspondiente.

PLEGARIA DE GRATITUD —*Joven*

La/el joven se arrodillará en el reclinatorio y dirá la siguiente oración:

Te doy gracias, oh Dios, por este día especial. Te ofrezco mi juventud para que tú la uses. Guía mis pensamientos, mi corazón, mis labios y mis pasos a fin de que en el futuro haga siempre tu voluntad y no la mía. En el poderoso nombre de Jesucristo, lo imploro. **Amén.**

ORACIÓN DE CONSAGRACIÓN —*Pastor(a): (La/el joven permanece de rodillas)*

Se puede usar la siguiente oración, o alguna otra:

Bondadoso Dios, concede tu dirección, sostén y protección a **N**.... Confirma, por tu Espíritu Santo, su deseo de crecer en la fe, la esperanza y el amor. Permite que su vida sea un instrumento útil para servir al prójimo y así bendecir tu nombre. Juntamente con **N**..., ayúdanos a servirte con mayor fidelidad y amor todos los días hasta que venga tu reino y se haga tu voluntad en la tierra, como se hace en el cielo. Por Cristo, tu Hijo y nuestro Salvador. Amén.

LA SANTA COMUNIÓN

Es apropiado celebrar la Santa Comunión en esta ocasión. Se puede usar el «Sacramento de la Santa Comunión II», MVPC, pág. 14. (A Service of Word and Table II, UMH, p. 12).

HIMNO   MVPC 307   Enviado soy de Dios / Sent Out In Jesus' Name

BENDICIÓN

RECESIONAL

Quien oficia permanece al frente mientras que la persona agasajada sale primero, luego las madrinas, los padrinos y los padres, seguidos por quien oficia. Durante la salida se ofrece el postludio, o alguna otra música apropiada.

A FIFTEENTH BIRTHDAY CELEBRATION
for a young woman or man

The exact origin of the 15th birthday celebration is unknown but it probably goes back more than 400 years and has its roots in the pre-columbian rites of passage of some native tribes in Mexico, specifically the Maya, Aztec and Toltec tribes.

When a young man reached his 15th birthday, he was given a shield and sword and he became a warrior. Consequently, he was considered a full member of the society. A young woman, as well, upon reaching her 15th birthday, was ready for adulthood and was presented to the community as a vital part of the society. In her capacity for motherhood, she could provide the community with warriors. The ceremony for the young lady included thanksgiving for the future wife and mother, and her commitment to carry out her responsibilities in the community.

The missionaries eventually put the rite for the young woman into a Christian context, at which time she could reaffirm and consecrate her life to the service of the church and the community. This rite for the young woman has remained in our Christian worship and increasingly continues to be celebrated in Hispanic congregations.

Within the last few years there has been a growing trend to provide this type of rite for the young man as well, to give him the opportunity to reaffirm his faith before God, his family and the community and to make a commitment to serve in the mission of the church and in his community. This service can serve for both a young woman or a young man. For youth who have been baptized, this may be an occasion of gratitude and remembrance of the covenant of water and the word declared at an earlier time.

SYMBOLS

Traditionally, several symbols are used in this celebration. Some of these include the candle, the salt, and the Bible.

The Candle—*The lighted candle is a symbol of Christ's presence, the Light of the world, and who invites us so to shine as to be light for others.*

The Salt—*The salt is a symbol of Christian virtues that give life flavor, and help strengthen the Christian life. "You are the salt of the earth.." implies that the church must set the example and always be ready to serve.*

The Bible—*The Bible represents the primary norm of Christian conduct for the believer. At the same time, it reminds us of the centrality of the Word of God for our lives.*

The service as a whole seeks to praise God with a genuine spirit of thanksgiving for the special gift of life for the young woman or man.

SERVICE NOTES

- *The sanctuary or place of worship may be decorated with white flowers.*
- *The first pew may be designated for the parents, godparents and "madrinas."*
- *Place a kneeling stool and a chair in front of the chancel for the honoree.*
- *Put a small table on one side of the kneeling stool for the candle, the salt and the Bible.*
- *The salt may be carried in a small crystal glass or bowl.*
- *The number of "madrinas" (attendants) varies from place to place. Besides the baptismal godparents, there will be one madrina for the candle, one for the salt, and one for the Bible.*

ORDER OF WORSHIP

PRELUDE

ENTRANCE —Appropriate Music

> *The Pastor will be at the front of the sanctuary while the honoree enters, followed by parents, godparents amd madrinas. The congregation will stand while the greeting is offered.*

GREETING —Pastor

> God calls us to celebrate life. We gather today as followers of Jesus Christ to celebrate fifteen years in the life of *Name*. As we offer thanks to God for *Name*, we join with her/him in this act of dedication to discipleship in Jesus Christ and service in his kingdom. Welcome! Let us celebrate and praise joyfully.

CALL TO WORSHIP

> The grace of our Lord Jesus Christ be with us.
> **Blessed be God's name!**
> He who makes all things new invites us to serve him
> in newness of life.

Blessed be God's name!
Let us offer the gift of worship to the Giver and Reedemer of life.
Blessed be God's name!

SONG OF PRAISE —Suggested:

UMH: 89 Joyful, Joyful We Adore Thee / MVPC: 5 Jubilosos, te adoramos
       140 Great Is Thy Faithfulness / MVPC: 30 Grande es tu fidelidad

MVPC: 20 Cantad al Señor
       48 Con cánticos, Señor
       340 Para la gloria de Dios

PRAYER

> O Creator, God of the universe, we praise your holy name for the life
> of *Name*. We rejoice that she/he has come to that time in her/his life
> when she/he assumes new and greater responsibilities. We affirm **N...** at
> this time of joy and celebration. This is a time of thanksgiving for the
> past and visions and challenges for the future. We acknowledge that this
> is a time of commitment, not only to the highest ideals of life but also
> to the saving grace and sovereignty of Christ in her/his life. Accept
> her/his life in true commitment and fill her/his heart with joy, and grant
> that your peace may come to abide in her/his heart for ever, through
> Jesus Christ, our Sovereign and Savior. **Amen.**
>
> Roberto Escamilla, The United Methodist Book of Worship, alt.

LITANY OF EXHORTATION   Proverbs 2 (selected verses)

> If you accept my words and store up my commands within you,
> turning your ear to wisdom; and if you call out for insight and cry
> aloud for understanding,
> **Then you will understand the fear of the Lord and find the knowl-
> edge of God.**
> **For the Lord gives wisdom, and from his mouth come knowledge
> and understanding.**
> For wisdom will enter your heart, and knowledge will be pleasant to
> your soul.
> Discretion will protect you, and understanding will guard you.
> **Thus you will walk in the ways of the wise, and keep to the paths
> of the righteous.**

SPECIAL MUSIC

SCRIPTURE READING(S)

Suggestions: Jeremiah 1:4-9; Psalm 23; Matthew 5:13-16;
Romans 12:1-9; 1 Corinthians 12:4-13

SERMON

The sermon may include the remembrance of baptism and the renewed call to live out the vows of baptism in a life of Christian discipleship.

RENEWAL OF LOYALTY

The Pastor will stand in front of the honoree who by now will have stepped up to the front. The godparents and the madrinas will be on one side of the honoree; the parents will be on the other side.

Pastor: *(addressing the honoree):* Name, this is a joyful day for you, your family and your church, for God has granted you these fifteen years. On the day of your baptism, your parents and godparents proclaimed the faith in your name, and promised to nurture and guide you in the Christian faith. Now you have the opportunity to profess before God and the community that faith which lives in your heart. Therefore, I now ask you:

Do you believe in God the Father, Son and Holy Spirit?

Honoree: Yes, I believe.

Pastor: Will you strive to love God with all your heart, your soul, your understanding, and your neighbor as yourself?

Honoree: Yes, I will, with God's help.

Pastor: Will you, through this act, give public witness of your gratitude to God because through his mercy you enjoy the precious gift of life?

Honoree: Yes, I will, with a thankful heart.

Pastor: Will you also, through this act, give public witness of the love, gratitude and respect you owe your parents, for they, since your early infancy, have kept watch over your life, your health, your education and your wellbeing?

Honoree:	Yes, I will, with God's help.
Pastor:	Will you promise to live a life of holiness, purity and honesty, keeping God's holy word in your heart, and placing yourself in his care?
Honoree:	Yes, I will, with God's help.
Pastor:	Remembering that God has joined you with Jesus Christ through your baptism, will you consecrate your life to Jesus Christ, that he might keep and guide it with his Holy Spirit, enrich it with the treasures of his grace, and use you in the mission of his church and in the community, according to his will?
Honoree:	Yes, I will, with God's help.
Pastor:	Then, "Don't let anyone look down on you because you are young, but set an example for the believers in speech, in life, in love, in faith and in purity" (1 Timothy 4:12 NIV.) May God almighty confirm your pledge and help you keep it faithfully all the days of your life. **Amen.**

Honoree faces congregation.

RESPONSE BY FAMILY AND CONGREGATION

> *Name,* **We rejoice with you today as you reaffirm your faith in Jesus Christ. We also renew our commitment to love and serve the Lord of Life. May God fill you with his love, illumine you with the Holy Spirit and lead you in your path. We, your family and community of faith, offer you our support and our counsel, that you may grow in faith, in discipleship and in service to others. Amen.**

ACT OF CELEBRATION

Pastor	*(addressing the parents):* We give thanks to God that you have nurtured and guided *Name,* and on this day you present her/him to God again with a new meaning.
	Do you promise to continue providing nurture and care as long as it may be necessary?
Parents:	We so promise, with God's help.

Pastor   *(addressing the godparents):* Are you aware that *Name* has looked up to you for support, and that, in the future, she/he may come to you with her/his problems, desires, or decisions?

Godparents: Yes, we are, and we promise to give her/him all our support, as needed, with God's help.

The Candle—*The pastor takes the candle from the person holding it, lights it, gives it to the honoree, and says:*

> Receive the light of Christ, since he said: "I am the light of the world. Whoever follows me will never walk in darkness, but will have the light of life" (Jn: 8-12).

The Salt—*The pastor takes the salt from the person holding it, gives it to the honoree, and says:*

> Receive the charge of living a life that will enrich the world through Christian virtues. Jesus said: "You are the salt of the earth. But if the salt loses its saltiness, how can it be made salty again?" (Matthew 5:13 NIV.)

The Bible—*The pastor takes the Bible from the person holding it, opens it and offers it to the honoree, and says:*

> Receive the Word of God, the primary norm of Christian conduct for the believer. The psalmist exclaimed: "Your word is a lamp to my feet and a light to my path" (Psalm 119:105.)

> *(After each of these acts, the madrina will collect from the honoree the corresponding symbol.)*

PRAYER OF GRATITUDE —*The honoree will kneel at this time and offer this prayer:*

> I give you thanks, O God, for this special celebration. I offer you my youth so that you might use it. Guide my thoughts, my heart, my lips and my feet that, in the future, I may always do your will, and not mine. In the powerful name of Jesus Christ I pray. **Amen.**

PRAYER OF CONSECRATION —Pastor *(honoree remains in kneeling position)*

> *The following prayer may be said, or some other may be used:*

Gracious God, grant your guidance, strength and protection to *Name*. Confirm, by your Holy Spirit, her/his desire to grow in faith, in hope and in love. Let her/his life be an able instrument to serve her/his neighbor, that your name may be praised. Along with *Name*, help us to love and serve you more faithfully each day until your kingdom comes and your will be done on earth, as it is in heaven. Through Jesus, your Son and our Savior, we pray. **Amen.**

HOLY COMMUNION

It is appropriate to celebrate Holy Communion on this occasion. "A Service of Word and Table II" may be used, UMH, p. 12 (El Sacramento de la Santa Comunión II, MVPC, p. 14.)

HYMN MVPC: 307 Enviado soy de Dios / Sent Out In Jesus' Name

BENEDICTION

RECESSIONAL

The pastor remains at the chancel area while the honoree exits first, then the godparents, madrinas/padrinos and parents, followed by the pastor. The postlude may be offered or some other appropriate music.

Culto en el vecindario y en las comunidades de fe

Este culto no tiene un orden fijo ya que las necesidades del grupo reunido son las que definirán su desarrollo. En este culto se enfatiza el crecimiento espiritual de los congregantes. Siguiendo el ejemplo de los primeros cristianos, se tienen cantos de alabanza y sobre la fe cristiana, la lectura y reflexión de la Escritura, y se comparten las experiencias de la vida diaria de los congregantes por medio de testimonios que reflejan la misericordia y gracia de Dios en sus vidas. También se hacen oraciones de confesión e intercesión, y se exhortan mutuamente el uno al otro a mantenerse fieles.

Los cantos aquí sugeridos son de Mil Voces Para Celebrar (MVPC), The Faith We Sing (FWS) *y de este recurso,* Fiesta Cristiana (FC). *El uso de instrumentos musicales como la guitarra, pandero, claves, maracas, etc. es muy propio. Se sugiere que una persona laica dirija este culto.*

Orden del culto

SALUDO Y BIENVENIDA —Salmo 100

Cantad alegres a Dios, habitantes de toda la tierra.
Servid a Jehová con alegría; venid ante su presencia con regocijo.
Reconoced que Jehová es Dios; Él nos hizo y no nosotros a nosotros mismos. Pueblo suyo somos y ovejas de su prado.
Entrad por sus puertas con acción de gracias, por sus atrios con alabanza.
¡Alabadlo, bendecid su nombre!
Porque Jehová es bueno; para siempre es su misericordia,
y su fidelidad por todas las generaciones.

CANTOS DE ALABANZA —Sugerencias:

MVPC:	44 Te alabarán
	64 Hay momentos
FC:	286 Santo, Santo, Santo / Holy, Holy, Holy

ORACIÓN

Se hace la siguiente, u otra oración.

Dios eterno, tú nos dices que donde dos o tres estén congregados en tu nombre, allí estás tú. Te damos gracias por estos momentos de comunión contigo y pedimos tu bendición para tu pueblo aquí congregado. Acepta nuestros cantos y oraciones de alabanza y gratitud y abre nuestras mentes y corazones para escuchar, retener y poner en práctica tu palabra en el mundo. En el nombre de Jesucristo lo pedimos. **Amén.**

LECTURA(S) BÍBLICAS(S)

> *Se tienen una o varias de las lecturas aquí sugeridas u otras a elección de la persona que dirige:*

Salmo 46; Mateo 5:1-12; Efesios 4:1-7, 11-16

REFLEXIÓN SOBRE LA ESCRITURA

CANTOS DE LA FE CRISTIANA —Sugerencias:

MVPC: 53 Cuánto nos ama / FWS: 2108 O How He Loves You and Me

273 Somos uno en Cristo / FWS: 2229 We Are One In Christ Jesus

263 Débil soy / FWS: 2158 Just a Closer Walk With Thee

TESTIMONIOS

> *El pueblo expresa gratitud y testifica de la misericordia de Dios en su vida, en su hogar y en su comunidad.*

ORACIONES DEL PUEBLO

> *Puede haber expresiones de gratitud o peticiones del pueblo y quien dirige las une todas en una oración, o se pueden tener oraciones breves y espontáneas de gratitud, petición o intercesión por parte de los congregantes.*

CANTO DE DESPEDIDA —

MVPC: 350 La paz esté con nosotros

> *Mientras que se canta este himno se pueden dar el saludo de paz unos a otros.*

BENDICIÓN

Domingos Especiales
de La Iglesia Metodista Unida

Introducción

Los domingos especiales que se celebran anualmente aclaran la naturaleza y el llamamiento de la Iglesia. Estos domingos especiales, aprobados por la Conferencia General, son los únicos domingos que reciben atención especial en toda la la Iglesia Metodista Unida. Estos domingos no deben tener prioridad sobre alguno de los días particulares del año cristiano. Se han puesto en el calendario dentro del contexto del año cristiano, que es el que deja claro nuestro llamamiento como pueblo de Dios. En algunos casos se han autorizado ofrendas especiales para el apoyo de causas misioneras. Anualmente se proveen recursos litúrgicos para estos domingos por medio de nuestras agencias generales. Aquí se ofrecen recursos adicionales para estos domingos especiales.

Día de las relaciones humanas

Se celebra el domingo anterior a la conmemoración del cumpleaños de Martin Luther King, Jr. En este día se enfatiza el derecho que toda criatura de Dios tiene para realizar su potencial, como ser humano, en sus relaciones con los otros.

Himnos sugeridos —MVPC:

286   Amar
307   Enviado soy de Dios
348   Unidos
378   De los cuatro rincones del mundo

Oraciones sugeridas —MVPC:

276   Por el mundo y sus habitantes
280   Oración por la unidad
302   Oración por las naciones
304   Por la paz

Letanía

Misericordioso y amoroso Dios, dador y sustentador de la vida, te damos gracias por tu fidelidad hacia tu pueblo.
Como pueblo de fe, recordamos el éxodo de la época bíblica y reconocemos nuestra propia experiencia de éxodo y nuestra necesidad por la justicia y paz.
Venimos delante de ti para pedir por quienes viven y mueren por la violencia de la pobreza y marginalización en nuestros días.
Como pueblo de fe recordamos tu palabra profética y reconocemos nuestro propio racismo, resultado de una experiencia profundamente arraigada de avaricia y abuso de poder sobre los demás y sobre mucho de tu creación.

Venimos ante ti con la esperanza de que tu Espíritu nos fortalezca al llamarnos a vida nueva y darnos poder para luchar en contra de la injusticia. **Como pueblo de fe de comunidades marginadas, nos unimos a las muchas voces que claman por Shalom y luchan en contra de los poderes y principados que amenazan la vida y la realización de tu comunidad.** Concédenos valor y sabiduría para ser tu pueblo en una nueva realidad. Amén.

UNA GRAN HORA DE COMPARTIR

Se celebra el cuarto domingo en Cuaresma. En este día se invita a la iglesia a compartir generosamente con los que sufren.

LECTURAS DEL DÍA —*Ver el Leccionario Común Revisado, pág. 108.*

HIMNOS SUGERIDOS —MVPC:

22	Oh, criaturas del Señor	294	Usa mi vida
230	Hazme un instrumento de tu paz	301	Cuando el pobre
277	En santa hermandad	362	Aramos nuestros campos

SALUDO

Jesus, al iniciar su ministerio en Nazaret, dijo: «El Espíritu de Dios está sobre mí, por cuanto me ha ungido para dar buenas nuevas a los pobres; me ha enviado a sanar a los quebrantados de corazón; a pregonar libertad a los cautivos, y dar vista a los ciegos; a poner en libertad a los oprimidos; a predicar el año agradable del Señor» (Lucas 4:18-19).
Como pueblo de Jesucristo, hoy día abrazemos este mismo ministerio para con todas las criaturas de Dios que necesitan alimento y anhelan justicia. El que se dio a sí mismo por nosotros nos invita a darnos en servicio a los demás, y así servir al Señor.

LETANÍA

Los horizontes de la necesidad humana son las fronteras del llamado a servir. **Dios nos ayude a recibir como hermanas y hermanos a quienes sufren y se duelen.**

La vida de Jesús se derramó, sin interrupción, por el pecado y el sufrimiento del mundo.
El Señor nos conceda el privilegio de unirnos a Él en ministerios de consolación y sanidad.

Los niños tienen hambre, la juventud es explotada, las mujeres maltratadas, y un gran número de la familia humana clama por pan, justicia y paz.
El Señor nos ayude a escuchar el dolor de su pueblo, a fin de que podamos sufrir con quienes sufren y llorar con quienes lloran.

Sin los panes y los peces de un pequeño, el gran milagro del Señor no hubiera alimentado a las multitudes.
El Señor nos llama a responder con nuestras dádivas para que sus milagros continúen.

Con toda la Iglesia, unamos nuestras voces, nuestros corazones y nuestras manos para que su reino venga.
El Señor cumpla su promesa de un reinado de paz y justicia para todos los pueblos. Amén.

DOMINGO DE CONCIENCIA SOBRE ASUNTOS NATIVOAMERICANOS

Se celebra el tercer domingo en Resurrección. Este domingo nos recuerda de los dones y contribuciones a la Iglesia de parte del pueblo nativoamericano. Se celebró por primera vez en 1989. Se sugiere que este culto se lleve a cabo en consulta con representantes de la comunidad nativoamericana en la región, respetando las tradiciones de dicha comunidad. Puede ser un culto de arrepentimiento y reconciliación entre el pueblo indígena y el pueblo inmigrante.

LECTURAS DEL DÍA —*Ver el Leccionario Común Revisado, pág. 108.*

HIMNOS SUGERIDOS
MVPC:

	39	Heleluyan
	50	Muchas y grandes tu obras, Dios
UMH:	330	Daw-Kee

SALUDO

Todo espacio de esta tierra es sagrado:
Todo brillante pino, toda costa arenosa, toda niebla en el oscuro bosque.

La cumbre rocosa, la pradera, las bestias y toda la humanidad pertenecemos a la misma familia. Enseñemos a nuestros hijos e hijas que la tierra es nuestra madre. **Todo lo que le sucede a la tierra le sucede a las criaturas de la tierra. Somos parte de la tierra, y la tierra es parte de nosotros.**

Los ríos son nuestros hermanos; calman nuestra sed.
Las flores son nuestras hermanas; el aire es precioso, y todos respiramos y compartimos el mismo.

El viento que dio aliento a nuestros abuelos y abuelas también recibió sus últimos suspiros.
El viento dio a nuestros hijos e hijas el espíritu de vida.

Esto lo sabemos: La tierra no es nuestra.
Nosotros somos de la tierra.

Esto lo sabemos: Todas las cosas están conectadas.
Como la sangre que une a una familia, todas las cosas están conectadas.

Nuestro Dios es el mismo Dios, cuya compasión es la misma para todos.
Nosotros no tejimos la tela de la vida. Únicamente somos una hebra en ella.

Cualquier cosa que le hagamos al tejido, nos lo hacemos a nosotros mismos.
Demos gracias a Dios por el tejido y por el círculo que nos conecta. Al Dios de todo cuanto existe sean dadas las gracias.

Inspirado por un discurso de Chief Seattle, nativoamericano,
U.S.A., The *United Methodist Book of Worship*, 1992.

DOMINGO DE PAZ CON JUSTICIA

Se celebra el primer domingo después de Pentecostés. Este domingo es un testimonio de lo que Dios requiere de nosotros para que exista un mundo donde abunde la justicia, la paz y la seguridad.

LECTURAS DEL DÍA —*Ver el Leccionario Común Revisado, pág. 108.*
Ver también: Mateo 5:9

HIMNOS SUGERIDOS:
MVPC:
8	Por la excelsa majestad
230	Hazme un instrumento de tu paz
387	Jesucristo, esperanza del mundo (Jesus Christ, Hope of the World)

UMH:
92	For the Beauty of the Earth
107	Righteous and Just Is the Word of Our Lord
273	Jesus' Hands Were Kind Hands
592	When the Church of Jesus

Dios llama a la Iglesia a ser una comunidad de pacificadores.
Celebramos el llamado de Dios y aceptamos nuestra identidad como pueblo de paz.

Jesús dijo: «Bienaventurados los pacificadores, porque ellos serán llamados hijos de Dios».
Recibimos la bendición de Jesús y renovamos nuestro compromiso a ser pacificadores.

La paz es un don de Dios y somos llamados a compartirla.
Oramos hoy por este don de Dios y renovamos nuestros esfuerzos de trabajar por la paz en el reino de Dios.

ORACIÓN DE CONFESIÓN

Creador de todo lo que existe, te damos gracias por tu presencia entre nosotros en este día. Aunque nos olvidamos de honrarte a través de un fiel discipulado, tu amor para con nosotros no tiene límite. Confesamos que no siempre hemos escuchado tu llamado a ayudar al pobre y necesitado, al hambriento, a quien sufre enfermedad y a quien sufre violencia. Perdónanos y ayúdanos a convertirnos en una comunidad que esté en solidaridad con toda tu creación; donde la justicia y la libertad puedan ser una realidad; donde podamos estar listos para suplir toda necesidad y donde tu gloria y tu poder se puedan ver por toda tu creación.

Haznos instrumentos de tu paz, mientras que trabajamos en anticipación de ese nuevo día de amor y justicia que estás preparando para tu pueblo. Por Jesucristo, quien vino a traer paz en abundancia. **Amén.**

LETANÍA DE CONSAGRACIÓN

Todos: Dios de gracia, en Jesucristo nos llamas a caminar por caminos que conducen a la paz. Aceptamos esta vocación especialmente en este tiempo cuando parece que la paz no tiene oportunidad de ser una realidad. Fortalécenos al enfrentarnos a un mundo de violencia y mortandad y enséñanos cómo ser instrumentos de paz.

*Children: All children want love. Will you love us? We want to learn to pray. Will you pray with us? We want to be strong and smart and to play and work with all people. Will you help us? Will you help children who don't have food? Will you help take away the guns that hurt children and hear us when we call your name?

Respuesta congregacional: Dios de justicia, haznos instrumentos de tu paz.

**Youth: O God of all youth, we want to celebrate life! We cry out against all that kills life: hunger, poverty, unemployment, sickness, repression, individualism, injustice. We want to announce fullness of life: work, education, health, housing, bread for all. We want communion, a world renewed. With the God of history, we want to make all things new.

Adultos: Nos invitas, oh Dios, a visitarte entre los hambrientos, los enfermos y quienes están en la prisión, y a glorificar tu nombre dándoles de comer, dándoles abrigo y confortándoles. Oramos por las víctimas de conflicto social, económico y cultural: inmigrantes y refugiados, personas maltratadas, familias sin hogar.

Respuesta congregacional: Dios de justicia, haznos instrumentos de tu paz.

Todos: Ayúdanos a buscar la paz practicando justicia con nuestro prójimo. Abre nuestros ojos para reconocerte en cada ser humano con quien nos encontramos. Guíanos en los caminos de paz para que nuestro llamado a serte fieles hijos e hijas pueda ser realizado.

Respuesta congregacional: Dios de justicia, haznos instrumentos de tu paz.

* Adaptado de una liturgia escrita por niños relacionada al *United Methodist Bishops' Initiative on Children and Poverty.*

** Por un grupo de jóvenes brasileños © 1998 *United Methodist Communications*

DOMINGO DE COMUNIÓN MUNDIAL

Se celebra el primer domingo en octubre. Se tiene la celebración de la Santa Comunión y se afirma a la Iglesia como comunidad universal e inclusiva. Este día se celebró por primera vez en la Iglesia Presbiteriana en 1936; fue adoptado por el Concilio Federal de Iglesias en 1940 y poco después de eso la Iglesia Metodista y la Iglesia Evangelical United Brethren comenzaron a celebrarlo.

LECTURAS DEL DÍA —*Ver el Leccionario Común Revisado, pág. 108.*

HIMNOS SUGERIDOS —MVPC:

4	Santo, Santo, Santo
267	Somos uno en espíritu
273	Somos uno en Cristo
316	De rodillas partamos
319	Una espiga
327	Hoy venimos cual hermanos

348   Unidos
387   Jesucristo, esperanza del mundo

Saludo del día

Cristo nos invita a la mesa donde el pan de su sacrificio y el vino de su compromiso nos hace la familia de Dios. Vengamos, entonces como el pueblo de su amor para alabar su nombre, celebrar nuestra fe y renovar nuestra esperanza.

Oración del día

Santo Dios, sabemos que el sol de tu misericordia alumbra a todas las naciones y la lluvia de tu gracia cae sobre todos los pueblos. Tu santa Iglesia, en obediencia a tu Hijo, sigue proclamando las maravillas de tu amor a través de la tierra. En este día nos acercamos al banquete del único pan que satisface y el único vino que sacia nuestra sed.

En la mesa de nuestro Señor nos encontramos como una familia, pues bebemos de un mismo espíritu, uno es nuestro bautismo y una es nuestra fe. Para ésta, la gran familia de tu amor, no hay frontera, ni nacionalidad, ni raza, lengua o cultura que nos separe al uno del otro. A todas tus criaturas, mujeres y hombres, niños, jóvenes y ancianos, nos invitas a celebrar nuestra unidad y anunciar tu sacrificio. Ayúdanos, oh Señor, a extender la invitación a tu cena para que toda persona que tiene hambre y sed de justicia sea satisfecha.

Recibe ahora nuestra gratitud por el don de tu Hijo que nos redime, de tu Santo Espíritu que nos sostiene, y tu promesa del reino de plenitud que nos espera. Amén.

Día del estudiante metodista unido

Se celebra el último domingo en noviembre. En este día se pide el apoyo de la iglesia para nuestros jóvenes estudiantes, ayudándoles en su tarea de unir su fe con el conocimiento. Este recurso se puede usar en el culto de adoración o en celebraciones con estudiantes.

Lecturas del día —*Ver el Leccionario Común Revisado, pág. 108.*

Sugerencias de himnos —MVPC:
289   Heme aquí

ORACIÓN —MVPC:

LETANÍA

Nuestro Dios, Creador y Redentor, te damos gracias por el don de la vida y por el privilegio de la oportunidad y el espacio para aprender. En medio de esta comunidad de fe, te alabamos.
Te damos gracias por la vida y por la habilidad de aprender como pueblo de fe.

Dios nuestro, al igual que caminaste con nuestros antepasados, así continúa acompañándonos y dirigiéndonos cuando nos unimos a la búsqueda de la sabiduría.
Te damos gracias por esos hombres y mujeres que nos precedieron y contribuyeron a nuestra educación y aprendizaje.

Dios de paz y justicia, nos llamas a cada cual, en manera especial, para aprender a dirigir a tu pueblo. Concédenos la fortaleza para seguir en los pasos de los profetas de antaño, para seguir por el camino de nuestro Señor Jesucristo, y para seguir el ejemplo de nuestros líderes actuales que hoy transforman al mundo.
Te damos gracias por los profetas que preparan el camino y proveen entendimiento y verdad con los que se fortalece tu pueblo. Permite que al continuar nuestra jornada en busca de conocimiento y sabiduría, seamos retados por ti, inspirados por tu mensaje y fortalecidos por tu Espíritu. Amén.

ORACIÓN

Dios de nuestros fieles antepasados, siempre presente en las comunidades sufrientes donde escuchas el llanto de los pobres y marginados, te damos gracias por la nueva esperanza de quienes buscan tu conocimiento y sabiduría, a través de experiencias en instituciones educacionales. Concédeles fortaleza y valor para que puedan servirte a ti y a tu pueblo. Amén.

DOMINGO DEL LAICADO

Se celebra el tercer domingo en octubre. Este día llama a la Iglesia a celebrar el ministerio de todos los cristianos—mujeres y hombres, jóvenes y niños—en el hogar, en el trabajo, en la congregación, en la comunidad y en el mundo.

    1   Mil voces para celebrar
151   Camina, pueblo de Dios
227   Que mi vida entera esté
273   Somos uno en Cristo
375   En medio de la vida

ORACIÓN DEL DÍA

Bondadoso Dios, has tenido a bien invitarnos a ser tu pueblo escogido para cantar las alabanzas de tu luz admirable que es Cristo Jesús. Como pueblo bautizado con el fuego de tu Espíritu Santo rendimos todos nuestros dones al servicio de tu reino.

Bendice ahora, buen Dios, a todo el laicado que se dispone a servir en la misión de tu Iglesia en nuestra comunidad, nuestra nación, y en el mundo entero. Confiando que con tu llamado vendrá también la fortaleza para cumplir tu misión, recibe nuestra alabanza, mediante Jesucristo, nuestro Señor. **Amén.**

LETANÍA

Líder: No estamos solos; vivimos en el mundo de Dios.

Lado derecho: Hemos venido a adorar al Dios que creó todas las cosas, al Dios que sigue creando y que vino en Jesucristo para reconciliar y hacer nuevas todas las cosas.

Lado izquierdo: Confiamos en el Dios que nos llamó para ser su pueblo; para buscar la justicia y resistir el mal;

Lado derecho: para proclamar a Jesús, crucificado y resucitado, nuestro juez y nuestra esperanza.

Lado izquierdo: En adoración y alabanza, oración y servicio, somos compañeras y compañeros de Dios en sus actos de amor y misericordia.

Todos: En la vida, en la muerte, en la vida más allá de la muerte, Dios está con nosotros. No estamos solos. ¡Gracias sean dadas a Dios!

OTROS DÍAS ESPECIALES

En el calendario denominacional, en el calendario cívico, o por costumbre de muchos años, en nuestras congregaciones se celebran otros días especiales con actos litúrgicos durante el culto dominical. El pueblo latino, por ejemplo, le da atención especial al *Día de las Madres* y al *Día de los Padres* donde se afirman los valores cristianos en la vida de nuestras familias.

Aquí se ofrecen recursos para los días que se celebran con más frecuencia entre nuestras congregaciones. Se espera que estos recursos se usen dentro del orden del culto dominical.

DOMINGO DE ALDERSGATE

Se celebra el domingo más cercano al 24 de mayo. El 24 de mayo de 1738 Juan Wesley experimentó su corazón «arder extrañamente» durante un estudio bíblico. Este momento de gracia renovadora marcó la transformación personal y dio tal impulso a Juan que cambió la historia de la Iglesia.

HIMNOS SUGERIDOS —MVPC:

203	Sublime gracia	210	Cuán glorioso es el cambio
209	Me ha tocado	213	Haz lo que quieras

SALUDO

Vengamos, escuchemos y esperemos para que el Espíritu Santo nos llene. Sólo Cristo puede disipar las dudas, avivar nuestra fe y asegurarnos de su perdón. Como pueblo perdonado, celebremos el amor del Señor.

ORACIÓN

Buen Dios, desde que derramaste a tu Espíritu sobre tu Iglesia en el día de Pentecostés, tu poder renovador se sigue manifestando en las vidas de tus fieles. A tu siervo, Juan Wesley, le diste «la experiencia del corazón ardiente» y, con ello, la confianza en tu amor perdonador. Desde aquel día su servicio, dedicación y ejemplo han inspirado a muchas personas a llevar la buena nueva de tu gracia hasta los lugares más tristes y alejados de la tierra.
Oh Dios renueva y transforma a tu Iglesia en estos días. Permite que la llama ardiente de tu gracia capacite a todo tu pueblo para el ministerio de la evangelización. En la confianza que los reinos de este mundo llegarán a ser el reino de nuestro Señor Jesucristo, ofrecemos esta plegaria. **Amén.**

La Familia cristiana

El Domingo de la Familia Cristiana *se celebra el segundo domingo en mayo. Estos recursos se pueden usar durante la Semana de la Familia y también los domingos cuando se celebra el Día de las Madres y el Día de los Padres. Se deberá tener cuidado de no usar terminología que excluya a hogares compuestos por la madre o el padre solos, y hogares donde no hay niños. Si la familia de Dios abarca a todos sus hijos e hijas, la iglesia debe incluir todas las formas de familia en su ministerio.*

Himnos sugeridos

MVPC	UMH
374 Cuando las bases	445 Happy the Home
375 En medio de la vida	447 Our Parent, by Whose Name
376 Danos un bello hogar	695 O Lord, May Church and Home

LLAMADO A LA ADORACIÓN

El Creador y Dador de la vida está con nosotros.
¡Alzamos nuestros ojos y nuestros corazones al Señor de la vida!
El Cristo que nos ofrece nueva vida nos invita a seguirle y a servirle.
Adorando a Dios, siguiendo a Jesucristo, y bajo la dirección de su Santo Espíritu nos gozamos al celebrar nuestra fe.

ORACIÓN DEL DÍA

Amoroso Dios, en ti todas las familias de la tierra tienen su origen y su fin. Todos quienes responden a tu llamado son nuestros hermanos y hermanas. Ayúdanos a seguir el ejemplo de Cristo tu Hijo, cuyo amor incluyó a todas tus criaturas y quien con su vida y muerte nos enseño a vivir como una familia en tu amor. Haz de tu Iglesia una familia de personas que sirven al caído, que buscan al perdido y que aman a su prójimo como a un hermano o una hermana en Cristo. En su amor que nos hace uno contigo y uno con los demás te lo imploramos. **Amén.**

LETANÍA

En la gran familia de Dios hay lugar para toda persona.
¡Alabado sea su nombre!

En la unidad del mismo bautismo, en la inspiración del mismo Espíritu, y en el servicio al mismo Señor abrazamos la misma fe.
Somos uno en Cristo. ¡Alabado sea su nombre!

Somos familia de Dios. ¡Somos hermanos! ¡Somos hermanas!
Vivamos y proclamemos el amor de Dios hasta que todos vivamos como hermanos y hermanas en su amor.

Celebremos hoy como familia bendecida por Dios y ofrezcamos gratitud al Señor que derrama sus dones sobre nosotros más abundantemente que lo que esperamos o nos imaginamos.
Así como el Señor nos bendice, bendeciremos; así como nos perdona, perdonaremos; y así como sirve, serviremos hasta que todas sus criaturas le conozcan y le sirvan. Amén.

DÍA DE LAS MADRES / MOTHER'S DAY

Se celebra el segundo domingo en mayo. Este día en que se honran las madres dio principio con un culto especial en mayo de 1907, en la Iglesia Metodista Episcopal de Grafton, West Virginia. Anna Jarvis, mujer laica, organizó el culto para honrar a su madre que había fallecido el día 9 de mayo de 1905. Anna pidió que todas las madres fueran honradas el segundo domingo de mayo y en 1912 la Iglesia Metodista Episcopal reconoció oficialmente ese día como el Día de las Madres.

HIMNOS SUGERIDOS —MVPC:
>   58   Del santo amor de Cristo
>   366   Por la amistad entre la gente
>   374   Cuando las bases de este mundo
>   375   En medio de la vida
>   376   Danos un bello hogar

LLAMADO A LA ADORACIÓN

El Dios de nuestras familias, de todo parentezco en la tierra y en el cielo nos invita a ensalzar su nombre.
Vengamos como familia de Dios, rescatados por su gracia y guiados por su Santo Espíritu, a ofrecer sacrificios de júbilo y alabanza. Amén.

ORACIÓN DEL DÍA

Oh Dios, en la gran familia de tu Iglesia ninguna criatura es huérfana. De la fuente inagotable de tu bondad nos has repartido tus dones de amor. Gracias por tu amor reflejado en el cuidado, la dirección y protección que nuestras madres nos han dado. Permite que tu bendición abunde entre todas las familias de esta congregación y con toda la familia cristiana. Con gratitud en nuestros corazones como hijas e hijos agradecidos, ofrecemos nuestra alabanza, por Jesucristo nuestro Señor. **Amén.**

Líder / Leader: On this day when the church lifts up the lives and contributions of our mothers in a special way, we invite you to pray. Let us join in prayers of thanksgiving and intercession:

Niños / Children: We thank you, God, for our mothers. When we are sick, they comfort us; when we are sad, they cheer us up; when we do well, they praise us; when we fail, they encourage us. Bless our mothers, O God, and help us to show how much we love them.

Todos / All: Hear our prayer, O God.

Juventud / Youth: We thank you, God, for our mothers. They have been patient as we search for understanding. They have been there for us in our sad days. They have listened to our complaints and have never missed the opportunity to show us their love. Give them strength, O God, and help us to be there for them when they need us.

Todos / All: Hear our prayer, O God

Adultos / Adults: Nos detenemos, oh Dios, para recordar a nuestras madres y darte gracias por ellas: por su paciencia y su sacrificio por nosotros. Su apoyo y sus oraciones nos han sostenido; su confianza en nosotros nos ayudó a seguir nuestras aspiraciones y lograr nuestras metas. Ahora, más que nunca, entendemos sus consejos y advertencias. En nuestra madurez, oh Señor, venimos apreciando la grandeza y fortaleza de nuestras madres. Gracias por sus vidas y ejemplo. La memoria de aquellas que has llamado a tu presencia brilla como luz suave en nuestro camino; los rostros de las que aún están entre nosotros son bendición diaria a nuestras vidas. Bendice a todas las madres, oh Dios. Concédeles gracia abundante en este día y ayúdanos a demostrarles el amor y respeto que merecen todos los días que estén en nuestro medio.

Todos / All: Escucha nuestra oración, oh Dios.

Madres / Mothers: Gracias, buen Dios, por este día. Concédenos fuerza física y espiritual para guiar nuestros hogares. Suplicamos nuevamente tu bendición sobre cada hija e hijo. Sé tú su protección y sostén.

Todos / All: Escucha nuestra oración, oh Dios.

Día de los padres / Father's Day

Se celebra el tercer domingo en junio. Este domingo también es muy importante entre el pueblo latino, pues es el día en que se honran a los padres.

Himnos sugeridos —MVPC:

58   Del santo amor de Cristo
366   Por la amistad entre la gente
374   Cuando las bases de este mundo
375   En medio de la vida
376   Danos un bello hogar

Llamado a la adoración

El Dios de nuestras familias, de todo parentezco en la tierra y en el cielo, nos invita a ensalzar su nombre.
Vengamos como familia de Dios, rescatados por su gracia y guiados por su Santo Espíritu, a ofrecer sacrificios de júbilo y alabanza. Amén.

Oración del día

Oh Dios, en la gran familia de tu Iglesia ninguna criatura es huérfana. De la fuente inagotable de tu bondad nos has repartido tus dones de amor. Gracias por tu amor reflejado en el cuidado, la dirección y protección que nuestros padres nos han dado. Permite que tu bendición abunde entre todas las familias de esta congregación y con toda la familia cristiana. Con gratitud en nuestros corazones como hijas e hijos agradecidos, ofrecemos nuestra alabanza, por Jesucristo nuestro Señor. **Amén.**

Letanía para el Día de los padres

Dios, el Padre de las luces, alumbra nuestro camino con el
    testimonio de nuestros antepasados.
¡El Señor es fiel!
Dios, el Padre amoroso, corre a recibir a quienes se vuelven
    después de alejarse del Señor.
¡El Señor es fiel!
Dios llama, en Cristo Jesús, a todos los padres a reflejar su amor
    y cuidado al dar dirección y apoyo a sus familias.
¡El Señor es fiel!
Dios conceda la bendición de su Espíritu Santo a todas nuestras
    familias hasta que abunde la paz, el gozo y la armonía con todos.
El Señor nos ayude a ser fieles, como Él es fiel. Amén.

DÍA DEL TRABAJO

Se celebra el primer lunes en septiembre. La Iglesia Metodista Unida, desde la publicación del Credo Social en 1908, ha expresado su preocupación por el bienestar del obrero (Libro de Disciplina, 2000, párrafo 166). Se recomienda celebrarlo como un día para reconocer las contribuciones de quienes laboran y para retar a la Iglesia a respaldar la legislación y protección para todo trabajador y trabajadora.

Se puede celebrar el Día del Trabajo en el domingo antes de la fecha en el calendario cívico.

LECTURAS BÍBLICAS SUGERIDAS:

> Salmo 2
> Salmo 71:1-12
> Amos 5:11-15
> 2 Tesalonicenses 3:6-13
> Juan 6:5-14, 26-27

HIMNOS SUGERIDOS: MVPC:
375 En medio de la vida
322 Te ofrecemos, Padre nuestro
356 Alegre la mañana

UMH:
433 All Who Love and Serve
         Your City
438 Forth in Thy Name, O Lord

ORACIÓN DEL DÍA

Dios creador, así como tu hijo trabajaba con sus manos, te ofrecemos nuestra obra cotidiana en gratitud por tus bondades. Ahora queremos laborar contigo para realizar un reino de justicia y paz. Concede que todo obrero y obrera gocen de tu bendición con sueldos justos, condiciones de trabajo seguras y con las protecciones de sus derechos bajo las leyes del país. Ayúdanos a reconocer que toda persona obrera es digna de su salario y que tu justicia alcanza hasta el más humilde entre nosotros. Recibe la alabanza de tu pueblo agradecido por la abundancia de tu mano y por el llamado a laborar en tu viña, por Jesucristo nuestro Señor. **Amén.**

LETANÍA

Los dones de Dios son para compartirse.
Laboremos por un mundo donde toda la familia humana goce de la abundancia del Creador.

El Dios creador nos invita a cuidar de su creación. **Laboremos para que la naturaleza –la tierra, el agua, el aire– sean protegidos para otras generaciones.**

Somos llamados a reconocer el derecho al empleo bajo condiciones justas. **Laboremos para que haya empleos en una economía libre de explotación.**

Dios nos encomienda a servir al prójimo mediante nuestro servicio a Él. **Realicemos todo trabajo como alabanza al Creador y como bendición a todas sus criaturas. Amén.**

DÍA DE LA INDEPENDENCIA

Cada pueblo o nación acostumbra celebrar actos litúrgicos para conmemorar el Día de la Independencia. Los recursos litúrgicos aquí ofrecidos se pueden adaptar para la ocasión propia a cada nacionalidad o grupo cultural.

LECTURAS DEL DÍA

> Deuteronomio 10:12-13, 17-21
> Salmo 72
> Gálatas 5:13-26
> Juan 8:31-36

HIMNOS SUGERIDOS —MVPC:
129	Tenemos esperanza
377	Señor Jehová, omnipotente Dios
378	De los cuatro rincones del mundo / From All Four of Earth's Faraway Corners

ORACIÓN DEL DÍA

Eterno Dios, tú eres el autor de la verdadera paz. En este día recordamos a nuestros antepasados que dieron sus vidas para que nosotros gozáramos una paz arraigada en la justicia. Reconocemos que todas las naciones y reinos de la tierra serán juzgados por la medida de tu justicia perfecta. Por lo tanto, perdona la imperfección de nuestro pueblo. Ayúdanos a buscar el bien para nuestra patria mediante relaciones de respeto mutuo con todos los pueblos de la tierra. Líbranos de la opresión y líbranos de oprimir a otros, pues sabemos, oh Señor, que sólo en tu santa voluntad está la paz. Por tu Hijo, que es nuestra esperanza y nuestra paz. **Amén.**

RENOVACIÓN DE NUESTRO COMPROMISO

El Dios de los pactos, desde Abraham hasta este día, nos invita a caminar con Él.
Encamina nuestros pasos, oh Dios de amor.

El Dios de Moisés y de Miriam nos invita a salir de las esclavitudes hacia su libertad.
Guía nuestros pasos, oh Dios de compasión.

El Dios de los profetas nos invita a la vida de justicia y verdadera adoración.
Ayúdanos, oh Dios, a hacer justicia, amar misericordia, y caminar humildemente contigo.

El Dios y Padre de nuestro Señor Jesucristo nos invita a vivir y servir en su reino donde abunda la justicia y la misericordia.
Señor, haznos más aptos para tu reino.

El Dios de todos los pueblos sigue manifestando su amor y propósito por medio de quienes sirven y dan sus vidas por los demás.
Oh Dios, despierta en nosotros el deseo de escoger la vida del servicio comprometido para el bien de quienes todavía carecen de pan y de justicia.

El Dios que inspiró a . . . *(Aquí se pueden mencionar líderes, héroes y heroínas de la patria o pueblo que celebra su independencia)*. . . también inspira hoy a quienes luchan por la justicia el día de hoy.
Oh Dios, bendice la memoria de quienes ofrecieron sus vidas en la causa justa de la libertad de la opresión. Renueva en nosotros ese mismo amor por la libertad, y concédenos valor para luchar por ella.

El Dios que no olvida a nadie nos invita a recordar a quienes han dado sus vidas para que nosotros gocemos de un futuro mejor.
Oh Dios, permite que nunca olvidemos a quienes dieron sus vidas por los ideales de la justicia y la libertad. Amén.

Culto para el Domingo de la reforma

Introducción

Hoy recordamos que el día 31 de octubre de 1517 el monje agustino, Martín Lutero, colocó 95 tesis en la puerta principal de la Universidad Wittenberg en Alemania.

Estas tesis eran 95 argumentos escritos que denunciaban la costumbre de la Iglesia Católica Romana de vender indulgencias a los fieles que popularmente se interpretó como el perdón de sus pecados. En este documento Lutero invitó a los alumnos de la universidad y a la gente del pueblo a reunirse para discutir sus argumentos. Sus declaraciones fueron condenadas por el Papa León X, quien le exigió se retractase de haberlas escrito. Lutero se negó y para expresar su rechazo, en un acto público en la plaza del pueblo, quemó esta declaración papal, por lo cual el Papa lo condenó y lo excomulgó.

Este hecho histórico marcó el principio del movimiento de la Reforma Protestante y de cuyos principios bíblicos y doctrinales somos herederos las iglesias evangélicas históricas y todo creyente cristiano. Un producto del movimiento de la Reforma fue el rescate del uso del canto congregacional. Martín Lutero reconocía la importancia del canto público en la alabanza, y expresó así su sentimiento:

> «La música es don y gracia de Dios; no es una invención humana. Alienta el espíritu, aleja al maligno, y alegra el corazón de la persona. Yo quiero escribir himnos sacros para que la palabra de Dios venga a ser experiencia de la vivencia diaria del pueblo. No acepto que se predique la palabra de Dios sin el debido conocimiento del uso y poder del canto sagrado».

El himno de batalla del movimiento de la Reforma vino a ser «Castillo fuerte es nuestro Dios» (Ein' Feste Burg), inspirado por las palabras del Salmo 46, y se considera ser ejemplo clásico del canto cristiano.

Notas fundamentales que provienen de Lutero para la interpretación del mensaje de este día:

La interpretación evangélica de la fe se resume en cuatro puntos:
1. Sólo Dios es digno de ser glorificado. Por tanto, los siervos de Dios no deben ser venerados como personas santas.
2. Sólo la Biblia nos ofrece la revelación de Dios, y es la regla de fe y práctica de los cristianos.

3. *Sólo la fe en Jesucristo nos ofrece el perdón del pecado.*
4. *Sólo la gracia divina imparte el conocimiento del perdón de Dios por el cual acepta al pecador que se arrepiente. Su perdón no depende de las obras o sacrificios que la persona haga para lograr el perdón.*

ORDEN DEL CULTO

SALUDO Y BIENVENIDA

HIMNO
  MVPC: 269 Es Cristo de su iglesia / UMH: 545 The Church's One
                                                    Foundation

ORACIÓN POR LA IGLESIA

Espíritu de promesa, Espíritu de unidad, te damos gracias porque también eres Espíritu de renovación. Renueva en toda tu Iglesia ese deseo apasionado de que tu reino venga a unir a los cristianos en una misión en el mundo. Permite que podamos crecer juntos en aquel que es nuestra cabeza, el Salvador del mundo. **Amén.**

LECTURA ALTERNADA

Hermanos y hermanas, junto con este siervo de Dios, Martín Lutero, afirmemos con las Sagradas Escrituras, que no somos justificados por las obras de la ley, sino por la gracia a través de la fe en Jesucristo, y que por cuanto por las obras de la ley nadie será justificado solamente confiamos en Jesucristo para nuestra salvación.
Por la ley ninguno se justifica para con Dios, porque: «El justo por la fe vivirá».

Pues por gracia somos salvos por medio de la fe; y esto no de nosotros mismos, pues es don de Dios.
No por obras nuestras para que nadie se gloríe. Porque somos obra suya, creados en Cristo Jesús para buenas obras.

Dios envió a su Hijo para redimir a quienes estaban bajo la ley del pecado.
Justificados pues por la fe tenemos paz para con Dios por medio de nuestro Señor Jesucristo.

HIMNO 207   Inmensa gracia

LECTURA BÍBLICA   Romanos 1:17 y 3:24-26

Ofrenda

Himno
MVPC: 25 Castillo fuerte es nuestro Dios / UMH: 110 A Mighty
Fortress Is Our God

Bendición apostólica

Liturgia con unción de aceite para personas enfermas

Introducción

Por los relatos bíblicos sabemos que la práctica de ungir con aceite a los enfermos era común (Santiago 5:14). El aceite de oliva se consideraba una medicina que, combinada con la oración de fe, tenía poder sanador. A través del tiempo, poco a poco se fue perdiendo la expectativa de sanidad. La unción con aceite comenzó a verse como parte de la preparación para la muerte en vez de como parte de la sanidad. Sólo recientemente se ha comenzado a recuperar el significado de esta práctica. El uso del aceite es un símbolo y por lo tanto tenemos que ser conscientes y hacer consciente a nuestra congregación que el poder no está en el aceite, sino en un Dios que quiere sanar toda nuestra vida.

Líder:

Bendito sea el Dios y Padre de nuestro Señor Jesucristo que, según su misericordia, nos hizo renacer para una esperanza viva, por la resurrección de Jesucristo de entre los muertos, para una herencia incorruptible, incontaminada e inmarchitable, reservada en los cielos para todos quienes somos protegidos por el poder de Dios mediante la fe.

— Escuchemos estas palabras de aliento y buena nueva:

Cristo murió por nosotros siendo nosotros aun pecadores; esto es prueba del gran amor que Dios tiene por nosotros.

Quienes mediante la fe hemos sido puestos en camino de salvación, estamos en paz con Dios por medio de nuestro Señor Jesucristo. Por nuestra fe en Él hemos llegado a obtener esta condición de gracia en la que vivimos y de la que nos complacemos, sabiendo que la tribulación produce paciencia, la paciencia produce virtud sólida y la virtud sólida, esperanza. Y esta esperanza no engaña, porque al concedernos su Espíritu, Dios ha derramado su amor en nuestros corazones.

El Señor sea con ustedes.
Y también contigo.
Elevemos nuestros corazones.
Los elevamos al Señor.

PLEGARIA DE CONSAGRACIÓN DEL ÓLEO

Oh Dios, creador de la vida, proveedor de nuestra salud y nuestra salvación, te damos gracias por el don de este óleo. Así como tus apóstoles ungieron en tu nombre a muchos enfermos para que recibieran sanidad y plenitud de vida, te suplicamos derrames ahora tu Santo Espíritu sobre este don tuyo y sobre nosotros para que N..., al recibirlo con fe, sea bendecido(a) plenamente por medio de la gracia redentora de Jesucristo. **Amén.**

SE UNGE A LA PERSONA ENFERMA

Se procede a ungir la frente de la persona enferma, con la señal de la cruz, y se dice:

N..., recibe con fe la unción de este santo óleo, en el nombre del Padre, del Hijo y del Espíritu Santo.

ORACIÓN DE LOS FAMILIARES CON LA IMPOSICIÓN DE MANOS

Los familiares ponen sus manos sobre la persona enferma o sobre la persona más cerca al enfermo o enferma.

Dios omnipotente y eterno, imploramos tu bendición y tu gracia sobre N... Concédele en estos momentos plena conciencia de tu presencia y tu amor. En medio de la duda y el temor, concede que tu poder le sostenga; en medio del agobio y debilidad, que pueda recibir tu fortaleza. En su aflicción, bendícele con el don precioso de tu consuelo para que pueda seguir confiando en ti a pesar de todo. Lo pedimos, confiando en tu gracia y méritos de Jesucristo, nuestro Señor. Amén.

PALABRAS DE CONSUELO Y BENDICIÓN

N..., el Dios nuestro, que en su amor y compasión sana nuestras dolencias e iniquidad, sea contigo; que te proteja, te bendiga y te guarde. Que haga su rostro resplandecer sobre ti, redima tu vida, y te llene de su paz.
Amén.

Acción de Gracias para Graduandos

Pastor(a):

Hoy celebramos con nuestros jóvenes graduandos y sus familias. Ofrecemos nuestra gratitud a Dios por sus vidas, sus estudios, y su fe cristiana.

Graduandos:

Dios ha sido nuestro guía y nuestra ayuda durante la jornada. La palabra de Dios es el verdadero conocimiento; la fortaleza de Dios es nuestro apoyo; el Espíritu de Dios es nuestra fuente de júbilo. En nuestros estudios hemos tratado de honrar a Dios, y prepararnos para servir mejor al pueblo de Dios. Nos unimos con nuestra familia de la fe para dar gracias a Dios por su bondad eterna.

Congregación:

Al Dios de toda sabiduría damos gracias.

Padres de los graduandos:

Dios ha escuchado nuestras oraciones. Nuestros hijos e hijas han alcanzado nuevas metas y han visto sus sueños realizados. Nos regocijamos en la bondad de Dios para con nosotros, nuestras hijas e hijos.

Congregación:

Al Dios de toda bendición damos gracias.

Thanksgiving for Graduates

Pastor:

Today we celebrate with our graduates and their families. We offer our thanks to God for their lives, their studies and their Christian faith.

Graduates:

God has been our guide and our ever-present help in the journey. The Word of God is the true knowledge. God's stronghold is our support; God's Spirit is our source of joy. In our studies, we have tried to honor God and to prepare ourselves for greater service and to better serve the people of God. We join with our church family in giving thanks for God's eternal goodness.

Congregation:

We give thanks to the God of all wisdom.

Parents of Graduates:

God has indeed heard our prayers. Our sons and daughters have achieved new goals and have seen their dreams fulfilled. We rejoice in God's generosity toward us, toward our daughters and our sons.

Congregation:

We give thanks to the God of all blessings.

Gracias, oh Dios, por estas personas que se gradúan en este año. Sus jornadas son nuestras jornadas; su gozo es nuestro gozo; su esperanza nos da esperanza; sus triunfos elevan nuestros espíritus. Ayúdanos a buscar la verdad que nos hace libres en Cristo Jesús. Amén.

We thank you, O God, for these persons who graduate from school this year. Their journey is our journey; their joy is our joy; their hope gives us hope; their triumphs lift our spirits. Help us to be seekers after the truth that makes us free in Jesus Christ. Amen.

Bendición de un Hogar

El pueblo se reúne ya sea afuera o adentro de la casa.

Saludo —Líder

Jesús nos recuerda que Él está a la puerta llamando, y que donde le abran la puerta, Él entrará y cenará y morará allí. (Apocalipsis 3:20)

Hermanos y hermanas:

Nos hemos reunido hoy para pedir la bendición de Dios sobre este hogar que, por la bondad de Dios y el esfuerzo humano, ha sido preparado. Este hogar no es sólo una morada, sino también es un símbolo del amor y cuidado de Dios para con su pueblo, para quienes forman la familia de Cristo. Ofrezcamos, entonces, alabanza y acción de gracias por la bondad y misericordia de Dios, y por nuestra comunión como siervos y siervas, y como hermanas y hermanos los unos de los otros.

Oración

Dios omnipotente, permite que tu presencia se haga sentir en este hogar y que tu protección sea siempre sobre quienes aquí moren. Por Jesucristo nuestro Señor, quien contigo y el Espíritu Santo vive y reina; un Dios, por siempre jamás. **Amén.**

Lecturas de las Escrituras —Sugerencias:

Salmo 84:1-4	2 Corintios 5:1
Salmo 91	Efesios 3:14-21
Juan 14:1-3	1 Juan 4:11-21

Consagración del Hogar

Si se consagra una casa pastoral ver Consagración de una casa pastoral *al final de esta liturgia.* *

En el nombre del Padre, y del Hijo, y del Espíritu Santo, consagramos hoy este hogar, encomendando a quien(es) aquí more(n) al amor y cuidado de Dios. **Amén.**

Oremos: Dios eterno, permite que tu amor sea sobre esta morada y que tu presencia sea manifiesta. Permite que (la familia) **N...** que aquí morará(n) crezca(n) en gracia y en el conocimiento de nuestro Señor Jesucristo. Enséñale(s) a amar como tú nos has amado; y ayúdanos a vivir unidos en la paz de Cristo Jesús, nuestro Señor. **Amén.**

El Padrenuestro

Actos simbólicos —Opcional

> *Si se desea, se pueden hacer presentaciones de regalos, o se puede plantar un árbol pequeño.*

Santa Comunión —Opcional

> *Se puede ofrecer la Santa Comunión, oficiando el pastor o pastora, y usando la mesa del comedor como la Mesa del Señor. Ver «El Sacramento de la Santa Comunión II», MVPC, pág. 14.*

Bendición

==================

Consagración de una casa pastoral

> *Esta porción se puede usar en lugar de la* Consagración del hogar. *

En el nombre del Padre, y del Hijo, y del Espíritu Santo, consagramos este hogar para pastores y pastoras de la Iglesia Metodista Unida *(Nombre de la iglesia)*, y sus familias. **Amén.**

Oremos:
> Para que este hogar provea albergue y comodidad a aquellas personas que han sido llamadas por Dios y nombradas por el obispo a servir a esta congregación. Para que quienes aquí residan puedan experimentar el amor y apoyo de esta congregación.

Oh Dios, ayúdanos a amarnos unos a otros como tú nos has amado, y a vivir unidos en la paz de Cristo Jesús, nuestro Señor. Amén.

Se continúa con el Padrenuestro y el resto de la liturgia.

Traducción de The United Methodist Book of Worship

Consagración de Nuevos Oficiales

Pastor(a) a la congregación:

Estas personas han sido llamadas por Dios, han mostrado su fidelidad a la obra y han sido elegidas por la conferencia de cargo, o por sus organizaciones. Ahora nos representarán en la administración de los ministerios de la iglesia en este nuevo año. Manténganles en sus oraciones; apóyenles y anímenles a ser mejores líderes.

Pastor(a) a los oficiales:

Dios les ha llamado a su servicio. Ustedes han sido debidamente electos a sus puestos, y la iglesia les ha encomendado una responsabilidad especial. En este día me uno a la congregación para ofrecer una felicitación y nuestro aprecio por haber aceptado esta tarea.

¿Tratarán de servir con gozo, confiando en la dirección del Espíritu Santo, al ofrecerse ustedes para este servicio?

Oficiales:

Así lo haré, con la ayuda de Dios.

Pastor(a):

¿Laborarán como miembros de un solo equipo; y buscarán y aceptarán el consejo de la congregación para cumplir sus tareas?

Consecration of New Officers

Pastor to congregation:

These persons have been called by God, validated by faithful service, and have been elected by the charge conference or by their organizations. They will represent us in administering the ministries of the church this coming year. Keep them in your prayers; support and encourage them; help them to become better leaders.

Pastor to officers:

God has called you into servanthood. You have been duly elected to your offices and your church has entrusted you with special responsibilities. I join with the congregation in offering congratulations and appreciation for accepting to serve in this capacity.

Will you serve with joy, trusting the leading of the Holy Spirit, as you offer yourselves for service?

Officers:

I will, the Lord being my helper.

Pastor:

Will you work as members of a team and seek, as well as receive, counsel from the conregation in fulfilling your duty?

Oficiales:

Así lo haré, con la ayuda de Dios.

Pastor(a):

¿Continuarán siendo fieles con su tiempo, sus oraciones, su asistencia y sus ofrendas?

Oficiales:

Así lo haré, con la ayuda de Dios.

ORACIÓN

Unimos nuestras voces y corazones en alabanza a ti, oh Señor de nuestras vidas y Señor de la Iglesia. Nos comprometemos de nuevo a tu servicio. Suplicamos que nos llenes de tu Espíritu para que cumplamos nuestras tareas para el bien de tu reino. Guía, dirige y fortalece a tu Iglesia hasta que todo el mundo te conozca y toda lengua te confiese. En el nombre de Cristo nuestro Salvador. Amén.

Officers:

I will, the Lord being my helper.

Pastor:

Will you continue to be a faithful leader with your time, your prayers, your attendance and your offerings?

Officers:

I will, the Lord being my helper.

PRAYER

We unite our voices and hearts in praise to you, O Lord of our lives and of the Church. We commit ourselves anew to your service. We pray that you will fill us with your Spirit so that all our tasks may be fulfilled for the good of your Kingdom. Guide, direct, and strengthen your Church until all the world comes to know you and every tongue confesses you; in the name of Christ our Savior. Amen.

CONSAGRACIÓN DE UN EDIFICIO

Este rito es para usarse al terminar la construcción de un edificio. También se puede usar después de la renovación del edificio. Si todo el costo de construcción se ha pagado, se puede sustituir la palabra «dedicación» por la palabra «consagración». Este rito puede ser integrado en el orden del culto dominical, o se puede tener inmediatamente después del culto. Si se tiene después del culto, es apropiado que la congregación se reúna afuera y que entre en procesión al nuevo edificio.

HIMNOS SUGERIDOS

MVPC: 269   Es Cristo de su Iglesia / UMH: 545 The Church's One
       270   Iglesia de Cristo
       287   Dios de gracia, Dios de gloria
       370   Iglesia de Dios
       373   ¡Señor! ¿Qué es nuestro templo?

LECTURAS SUGERIDAS

1 Reyes 8:22-30	Mateo 7: 24-27	1 Corintios 3:9-13; 16-17
Esdras 6: 13-22	Mateo 16: 13-18	1 Pedro 2:4-10
	Mateo 21: 12-17	

DECLARACIÓN DE PROPÓSITO

Hermanos y hermanas en Cristo:

¡Este es un día para gozarnos! Nos hemos reunido para consagrar este edificio de la Iglesia Metodista Unida. Abramos nuestros corazones y mentes para recibir la palabra de Dios con fe. Como cuerpo de Cristo, unidos en santa comunión, nacidos de un mismo bautismo y nutridos en la mesa del Señor, vengamos a ser un templo del Espíritu Santo al congregarnos en amor.

PRESENTACIÓN DEL EDIFICIO

> *Quien(es) presenta(n) dirá(n:)*

Presento / Presentamos este edificio para ser consagrado para la adoración a Dios y el servicio a todo su pueblo.

SE DECLARA EL NOMBRE DEL EDIFICIO

> *El obispo, superintendente de distrito, o su representante dirá:*

¿Qué nombre se le dará a este edificio?

El pastor o pastora u otro oficial local dirá:

Este edificio será conocido como _____ de la Iglesia Metodista Unida.

CONSAGRACIÓN DEL EDIFICIO

El obispo, superintendente de distrito, o su representante continuará:

Amado pueblo de Dios:
Gocémonos en que de tal manera Dios inspiró los corazones de muchas personas para levantar este edificio para la alabanza y la oración. Ahora consagrémoslo para su servicio y celebremos su santo propósito.

ORACIÓN DE CONSAGRACIÓN

Oh Dios eterno, que eres grande en poder y de tal majestad que los cielos no te pueden contener, mucho menos los muros de templos hechos por manos humanas:
Sin embargo, has prometido que donde dos o tres se reúnen para ofrecer alabanza y oración ahí estarás tú en medio de ellos.
Por el poder de tu Espíritu Santo recibe este edificio para tu adoración. Bendice y santifica lo que aquí se haga, para que este lugar sea santo para nosotros, y una casa de oración para todo tu pueblo.
Por el mismo Espíritu guía y haz poderosa en este lugar:
- la proclamación de tu Palabra y la celebración de los sacramentos,
- la oración y los cánticos de alabanza que a ti dedicamos,
- la profesiones de fe y los testimonios de tu gracia,
- la unión de hombres y mujeres en santo matrimonio,
- y la celebración de la muerte y resurrección de tu hijo Jesucristo.
Sálvanos de esa falta de visión que nos limitaría a adorarte sólo dentro de estas paredes. Envíanos para salir de aquí y ser tus siervos y siervas en el mundo, compartiendo las bendiciones que Cristo quiere dar al mundo que vino a redimir.
Y ahora, oh Dios, santifica este lugar, pues toda cosa en el cielo y en la tierra es tuya. Tuyo, oh Señor, es el dominio y tú eres exaltado como cabeza sobre todo. **Amén.**

Traducción de The United Methodist Book of Worship, 1992.

Se recomienda que se celebre la Santa Comunión en esta primera ocasión en el edificio consagrado. Se puede usar EL SACRAMENTO DE LA SANTA COMUNIÓN II, MVPC, pág. 14.

LETANÍA DE GRATITUD
PARA EL ANIVERSARIO DE UNA IGLESIA

Oh Dios, recordamos los primeros años de nuestra historia, y nos sentimos llenos de gratitud. Tú has estado con nosotros desde el primer día y estás con nosotros hoy.

Nos regocijamos en la historia de nuestra congregación, en el ministerio de cada una de las personas que han tomado parte en este ministerio. Muchas personas vinieron y dieron de sí mismas. Sabemos que todavía muchos otros vendrán.

Al reunirnos para celebrar este _____(#) aniversario, recordamos a nuestras madres y padres en la fe; a quienes están aquí y a quienes están lejos y que con su fe en ti nos ayudaron en nuestra propia jornada.

También recordamos a nuestras hermanas y hermanos en la Iglesia Metodista Unida, y en particular a los miembros de la Conferencia _____, quienes nos han sostenido y dado esperanza y amor.

Hoy damos gracias a Dios por la Iglesia Universal, pero en especial por la Iglesia Metodista Unida, que a través de la Conferencia_____ está ministrando a nuestro pueblo latino.

A Dios damos gracias por todas las personas presentes y ausentes que de alguna manera nos han apoyado y animado a seguir adelante en esta obra de servicio y amor.

Permite, oh Dios, que este día sea el inicio de una etapa que haga más profunda nuestra entrega y dedicación.

Concédenos el poder para encarnar el amor de Jesucristo, quien buscó al afligido, al pobre, al enfermo y a quienes clamaban por justicia.

A ti, Señor, te buscamos y clamamos. Danos fe y valor, danos perseverancia para continuar tu obra, para ser tus discípulos y discípulas.

Llénanos, oh Dios, con tu Espíritu, a fin de que permanezcamos fieles a ti, a nuestro prójimo, y a todo tu pueblo. Amén.

ORACIÓN AL PRINCIPIAR UNA TAREA

En este día de nuevos principios y nuevas oportunidades,
Te damos gracias, oh Dios.

Por la unidad de tu pueblo, el cuerpo de Cristo, del cual tú eres la cabeza,
Te damos gracias, oh Dios.

Por los talentos, recursos, conocimiento, ideas y visiones aquí representados y que nos unen en un espíritu,
Te damos gracias, oh Dios.

Por la tarea que has encomendado en nuestras manos,
Te damos gracias, oh Dios.

Por quienes, de una manera u otra, han de contribuir a esta tarea,
Te damos gracias, oh Dios.

Por la seguridad de que la fortaleza y dirección de tu Santo Espíritu serán con nosotros al iniciar esta labor que nos has encomendado,
Te damos gracias, oh Dios, y pedimos tu bendición al principiar este trabajo. Por Jesucristo nuestro Redentor. Amén.

PRAYER AT THE BEGINNING OF A TASK

For this day of new beginnings and new opportunities,
We thank you, O God.

For the unity of your people, the body of Christ, of which you are the head,
We thank you, O God.

For the talents, resources, knowledge, ideas and visions here represented, and which unite us in one spirit,
We thank you, O God.

For the task you have entrusted in our hands,
We thank you, O God.

For all those who will, in some way, contribute to this endeavor,
We thank you, O God.

For the assurance that your strength and the guidance of the Holy Spirit will be with us as we initiate this task you have placed in our hands,
We thank you, O God, and ask for your blessing as we begin our work. In the name of Jesus Christ the Savior. Amen.

Oración de Seguridad Durante Tiempos Difíciles

«Alzaré mis ojos a los montes, ¿de dónde vendrá mi socorro? Mi socorro viene de Jehová, que hizo los cielos y la tierra».

Tú, oh Creador, eres nuestro socorro; en tiempos de oscuridad, eres el sol que alumbra nuestro camino; en esos momentos de sed espiritual que debilitan nuestro espíritu, tú vienes a nosotros cual lluvia refrescante y vivificadora, y renuevas nuestro espíritu marchito.

Si Dios es con nosotros, ¿quién contra nosotros? ¿De quien temeremos si tú estás entre nosotros? Tu mirada está siempre sobre nosotros y conoces nuestras luchas y agonías antes que nosotros las experimentemos. ¡Y te compadeces de tu pueblo! Enséñanos cómo ser discípulos y discípulas fieles y a confiar plenamente en ti. Ayúdanos a crecer en la fe, en esa fe que quizás todavía está débil y necesita madurar en ti, hasta que tu voluntad y la nuestra sean una. En el nombre de Jesucristo quien creció en gracia y sabiduría delante de ti. **Amén.**

Prayer of Assurance During Difficult Times

"I lift up my eyes to the hills—from where will my help come? My help comes from the Lord, who made heaven and earth."

You, O Creator, are our help; you, in times of darkness, are the sun who brightens our path. During our times of debilitating spiritual thirst, you pour out your Spirit upon us, as a cool and invigorating rain, thus renewing our wilted spirits.

If God is for us, who can be against us? Whom shall we fear if you are for us and are in our midst? Your gaze is constantly upon us and you know our struggles and agonies even before we experience them. And you have pity on your people! Teach us how to fully trust in you. Teach us how to be your faithful disciples. Help us to grow in faith, that faith that perhaps is still feeble and needs to mature in you, until your will and our will are one. We pray in the name of Jesus Christ who grew in grace and in wisdom before you. **Amen.**

ORACIÓN PARA FAMILIAS EN CRISIS

Dios, creador del universo y de la vida, te alabamos y te bendecimos. Te damos gracias por la Santa Familia: Jesús, María y José, y por el ideal de una familia sana y vital que ellos representan.

Oramos por familias que diariamente luchan contra la violencia, la injusticia y el racismo; por quienes sufren por falta de trabajo, por la ignorancia, por la enfermedad y por un espíritu quebrantado. Oramos por las criaturas que son víctimas de la negligencia, el abuso y la violencia. Oramos por los padres y madres que necesitan nutrir y apoyar a sus familias, pero que pierden la visión, la esperanza y la energía para mejorar su situación. Oramos por las familias en las que padre o madre está ausente y una persona tiene que proveer sostén y dirección.

Oramos por quienes ayudan a familias en crisis; que les dan esperanza cuando están en peligro y que les muestran estilos de vida edificantes. Bendice a estas personas dedicadas para que, tanto ellas como las familias con quienes trabajan, experimenten tu amor, tu paz, tu fiel sostén y tu esperanza eterna. En el nombre de Cristo lo suplicamos. **Amén.**

PRAYER FOR FAMILIES IN CRISIS

God, creator of the universe and of life, we praise and bless your name. We give you thanks for the Holy Family: Jesus, Mary and Joseph, and for their example of a wholesome family.

We pray for those families who constantly struggle against violence, injustice, racism; for those who lack daily work, or who are victims of ignorance, sickness and a broken spirit. We pray for innocent children who are victims of negligence, violence and abuse. We pray for those parents who are in need of nurturing and affirming their families but who lose the vision, the hope and the energy necessary to improve their situation. We pray for one-parent families where one person must provide support and direction.

We pray for those persons who help families in crisis, for the hope they offer in difficult times and for guiding the family toward a better way of life. Bless these persons so that they, as well as the families they work with, may experience your love, your peace, your sustaining hand, and your eternal hope. In the name of Christ, we pray. **Amen.**

Oración por la humanidad sufriente

Compasivo y eterno Dios de toda lengua y toda cultura, te alabamos por la continua fidelidad que muestras para con todas tus criaturas. Confiamos en que tu oído siempre atiende a nuestra voz. Tú que enviaste a Jesús a consolar a los quebrantados y a sanar a los enfermos, escucha nuestra oración por la humanidad sufriente de nuestros días.

Señor, oramos

— por las niñas y niños huérfanos en espera de hogares amorosos,

— por quienes sufren hambre y desnutrición a causa de la explotación, la guerra, y los desastres naturales,

— por las víctimas de la violencia en todas sus formas,

— por quienes sufren discriminación por el color de su piel, su país de origen, su situación económica, o su condición física.

— por las víctimas de leyes injustas y sistemas políticos que niegan sus derechos humanos,

— por las mujeres que carecen de protección legal e igualdad de oportunidades en muchos países de la tierra,

— por quienes son víctimas del VIH/SIDA en todo el mundo,

— por las personas refugiadas y emigrantes que buscan lugar donde reine la paz y plenitud de vida,

— por las personas que están encarceladas, y por sus familias,

— por quienes luchan contra enfermedades incurables, y por todas aquellas personas en nuestra familia humana cuyo dolor y angustia sólo tu conoces.

Sabiendo que tú ya has vencido el pecado y la muerte, elevamos estas peticiones en la plena confianza de que , en la presencia sanadora y consoladora de tu Santo Espíritu proveerás auxilio a estas tus criaturas. Mediante Jesucristo nuestro Señor te lo rogamos. **Amén.**

Presentación de Biblias a niños y niñas

Esta ceremonia se puede usar en un domingo cuando se tengan confirmaciones, o en el Domingo de la Biblia. Se puede incorporar al orden del culto dominical. El pastor, pastora, o maestro(a) de la escuela dominical presentará una Biblia a cada niño y niña. Se puede leer Lucas 2:41-52 antes de la presentación de las Biblias.

El pastor o pastora, la familia y maestros(as) dicen a los niños y niñas:

Reciban la Palabra de Dios, aprendan sus historias y estudien sus palabras. Sus historias y sus palabras son para todos nosotros. Nos dicen quienes somos, nos dicen que pertenecemos los unos a los otros porque somos el pueblo de Dios.

Niños y niñas:

Recibimos estas Biblias con nuestras manos, nuestros corazones y nuestras mentes. Juntos, vamos a leerla y estudiarla.

Los niños, niñas y líderes miran hacia la congregación:

Congregación:

Nos gozamos en este paso que dan en su caminata con Dios. Oramos para que Dios les guíe a ustedes, a sus familias y a nosotros al usar la Biblia en nuestros hogares, en las clases de escuela dominical, y en nuestra adoración individual. Aprenderemos juntos y creceremos en nuestro amor por la Palabra de Dios.

Niños y niñas:

Lámpara es a mis pies tu palabra y lumbrera a mi camino. Gracias a Dios.

Se puede cantar uno de los siguientes himnos:

MVPC: 233 Puedo confiar en Dios
             312 Tu palabra es, oh Señor
             314 Cristo me ama
             315 Tu palabra es mi cántico

The United Methodist Book of Worship, 1992
Es traducción.

RECURSOS PARA LA ADORACIÓN CON LA NIÑEZ

Es importante incluir en la planificación de la adoración una oportunidad para que los niños y niñas participen en el culto. Aquí se ofrecen algunos recursos que representan esfuerzos para aumentar la participación de los niños y niñas en los cultos de la iglesia. Estos pueden usarse durante los tiempos del año cristiano cuando toda la familia celebra su fe, como en la Semana de la Familia en mayo, o en un domingo cuando se enfatice el ministerio con la niñez.

UNA LUZ EN MI CAMINO

LÍDER: La Palabra de Dios se encuentra en la Biblia. La Palabra de Dios es como:
Niñas: una lámpara a nuestros pies,
Niños: y una luz en nuestro camino.
LÍDER: En la Biblia, la Palabra de Dios:
Niñas: ayudó a Jesús hace mucho tiempo,
Niños: y hoy nos ayuda también.
LÍDER: En el Antiguo Testamento, la Palabra de Dios dice:
Niñas: Ama a Dios con todo tu corazón,
Niños: y con toda tu alma y todas tus fuerzas.
LÍDER: Jesús usa palabras como éstas
Niñas: para que conozcamos a Dios,
Niños: y sepamos lo que Dios quiere que hagamos.

RESOURCES FOR WORSHIP WITH CHILDREN

It is important to include in the worship planning opportunities for children to participate in the worship experience. The resources offered here may be used to help increase children's participation during church services. In addition, these resources may be used on occasions in the Christian Year when the entire family celebrates their faith, such as Family Week in May, or on a Sunday when children's ministry is emphasized.

A LIGHT TO MY PATH

LEADER: God's Word is found in the Bible. God's Word is like

Girls: a lamp to our feet,

Boys: a light to our path.

LEADER: God's Word in the Bible

Girls: helped Jesus a long time ago,
Boys: and helps us today too.
LEADER: God's Word in the Old Testament says:
Girls: Love God with all your heart,
Boys: and with all your soul and all your might.
LEADER: Jesus used words like these
Girls: to help people know God,
Boys: and to know what God wants us to do.

TODA LA CLASE:
Oh Dios, que tu Palabra y tu luz
nos guíen adondequiera que
vayamos. Amén.

Nancy Ashley Young
Aventuras—Año 1, otoño/invierno 3

ALL:
O God, may your Word and
your Light guide our paths wherever we go. Amen.

Nancy Ashley Young
Aventuras—Año 1, otoño/invierno 3

LETANÍA DE ALABANZA

Lector/a 1: Te alabamos, oh Dios,
porque cumples tus promesas.
TODA LA CLASE: ¡Alabanzas al
Señor! ¡Bendito sea su nombre!
Lector/a 2: Te alabamos, oh Dios,
porque siempre nos amas.
TODA LA CLASE: ¡Alabanzas al
Señor! ¡Bendito sea su nombre!
Lector/a 3: Te alabamos, oh Dios,
por bicicletas y mariposas.
TODA LA CLASE: ¡Alabanzas al
Señor! ¡Bendito sea su nombre.
Lector/a 4: Te alabamos por los
árboles, las flores y los pájaros.
TODA LA CLASE: ¡Alabanzas al
Señor! ¡Bendito sea su nombre!
Lector/a 5: Te alabamos por los
patines, cuerdas para saltar y
abrigos.
TODA LA CLASE: ¡Alabanzas al
Señor! ¡Bendito sea su nombre!
Lectores: Te alabamos por _____
(*Agrega algo por lo que quieras
dar gracias a Dios*).

TODOS: *cantan o dicen las palabras
de la doxología* «A Dios el Padre
Celestial», MVPC 21.

Nancy Ashley Young
Aventuras—Año 1, otoño/invierno 7

A LITANY OF PRAISE

Reader 1: We praise you, O God,
for keeping your promises.
All: Praise God from whom all
blessings flow.
Reader 2: We praise you, O God,
for always loving us.
All: Praise God from whom all
blessings flow.
Reader 3: We praise you, O God,
for bicycles and butterflies.
All: Praise God from whom all
blessings flow.
Reader 4: We praise you, O God,
for trees and flowers and birds.
All: Praise God from whom all
blessings flow.
Reader 5: We praise you for skates
and for jump ropes and for jack-
ets.
All: Praise God from whom all
blessings flow.
Readers: We praise you for_____
(*Add something you want to
praise God for.*)

ALL: *Sing or say the words to
"Praise God From Whom All
Blessings Flow." UMH 95*

Nancy Ashley Young
Aventuras—Año 1, otoño/invierno 7

DIOS SIEMPRE ESTÁ A NUESTRO LADO

¿Está Dios contigo cuando duermes profundamente? ¡Sí!

¿Está Dios contigo cuando te lavas los dientes? ¡Sí!

¿Está Dios contigo cuando te sientes triste? ¡Sí!

¿Está Dios contigo cuando estás contento? ¡Sí!

¿Está Dios contigo cuando miras la televisión? ¡Sí!

¿Está Dios contigo cuando juegas conmigo? ¡Sí!

¿Está Dios contigo cuando hablas por teléfono? ¡Sí!

¿Está Dios contigo cuando ayudas en casa? ¡Sí!

¿Está Dios contigo cuando cantas una canción? ¡Sí!

¿Está Dios a tu lado todo el día? ¡Sí!

Aventuras—Año 2, otoño / invierno 10

GOD IS ALWAYS WITH US

Is God with you when you are fast asleep? **Yes!**

Is God with you when you brush your teeth? **Yes!**

Is God with you when you are feeling sad? **Yes!**

Is God with you when you are feeling glad? **Yes!**

Is God with you when you are watching television? **Yes!**

Is God with you when you are playing with me? **Yes!**

Is God with you when you talk on the telephone? **Yes!**

Is God with you when you are helping at home? **Yes!**

Is God with you when you are singing a song? **Yes!**

Is God with you all day long? **Yes!**

Aventuras—Año 2, otoño / invierno 10

ES MI IGLESIA

Es mi iglesia lugar para orar, y así siempre poder con el Señor hablar.

Es mi iglesia lugar para cantar alabanzas al Señor por lo que nos da.

Es mi iglesia lugar para escuchar con toda nuestra mente y corazón.

Es mi iglesia lugar para compartir y por otros preocupación mostrar.

MY CHURCH IS

My church is a place to pray at any time, not just on Sunday.

My church is a place to sing praises to God for many things.

My church is a place to hear with all our hearts and with our ears.

My church is a place to share, to show others we really care.

Es mi iglesia lugar de amor que
  nos llega de parte de Dios.

Es mi iglesia ....

Rebecca J. Kerr
Aventuras—Año 2, primavera / verano 2

My church is a place of love that's
  shown to us by God above.

My church is ....

Rebecca J. Kerr
Aventuras—Año 2, primavera / verano 2

¡ALABEMOS AL SEÑOR!

Los cielos cuentan la gloria de
  Dios.
  ¡Alabemos al Señor!

El firmamento proclama sus obras.
  ¡Alabemos al Señor!

El sol brillante en el día.
  ¡Alabemos al Señor!

La luna y las estrellas en la noche.
  ¡Alabemos al Señor!

Las nubes sobre la tierra y las
  aguas debajo.
  ¡Alabemos al Señor!

Todas las criaturas de los mares.
  ¡Alabemos al Señor!

Montañas y colinas.
  ¡Alabemos al Señor!

Valles profundos y los llanos.
  ¡Alabemos al Señor!

Arboles de frutos y cedros altos.
  ¡Alabemos al Señor!

Cactos floridos y desierto
hermoso.
  ¡Alabemos al Señor!

PRAISE THE LORD!

The heavens are telling the glory of
  God.
  Praise the Lord!

The skies proclaim his handiwork.
  Praise the Lord!

The bright sun in the daytime.
  Praise the Lord!

The moon and stars at night.
  Praise the Lord!

The clouds above the earth
  and the waters below.
  Praise the Lord!

All sea creatures in the oceans.
  Praise the Lord!

Highest mountains and hills.
  Praise the Lord!

Deepest valleys and flat plains.
  Praise the Lord!

Fruit trees and tall cedars.
  Praise the Lord!

Blooming cacti and desert
  marigold.
  Praise the Lord!

Lluvias cálidas, la nieve y el frío.
¡Alabemos al Señor!

Vientos recios que cumplen con su
mandato.
¡Alabemos al Señor!

Líderes de naciones y todas las
gentes.
¡Alabemos al Señor!

Hombres, mujeres, niñas y niños.
¡Alabemos al Señor!

Que la gloria del Señor perdure
para siempre.
¡Alabemos al Señor!

Que el Señor se regocije en sus
obras.
¡Alabemos al Señor!

Basado en Salmos 19:1-4,
104:31-34; 148:1, 3, 7, 9-13.
Aventuras—Año 2, primavera / verano 24,
alt.

VELITAS DE NAVIDAD

Cada uno de nueve niños lleva una
velita; al estar todos al frente entra
una niña o niño con su vela encen-
dida y enciende cada velita a medi-
da que cada niño/niña recita.

1. La luz de esta velita
   nos habla con claridad
   de la historia tan sublime
   que nos trajo Navidad.

2. Mi velita significa
   que Cristo nació en Belén,
   que los magos le adoraron,
   y los pastores también.

Warm rains, snow, and frost.
Praise the Lord!

Stormy winds that fulfill his
command.
Praise the Lord!

Leaders of nations and
all peoples.
Praise the Lord!

Men, women, girls, and boys alike.
Praise the Lord!

May the glory of the Lord endure
forever.
Praise the Lord!

May the Lord rejoice in his
works.
Praise the Lord!

Based on Psalms 19:1-4;
104:31-34; 148:1, 3, 7, 9-13.
Aventuras—Año 2, primavera / verano 24,
alt.

LITTLE CHRISTMAS CANDLES

Each of nine children carries a small
candle. Once they are at the front, a
child enters with his or her candle
lit and lights each child's candle as
he or she recites.

1. The light of this little candle
   speaks to us with clarity
   of that story so sublime
   brought to us at Christmas time.

2. This is what my candle means:
   Christ in Bethlehem was born
   and by Magi and the shepherds
   the Christ Child was adored.

3. La lucesita pequeña
   que mi vela puede dar,
   la humildad nos enseña
   que debemos imitar.

4. Mi velita siempre alumbra
   con rayos de santa paz,
   ahora que todo el mundo
   debiera de amarse más.

5. Esta luz tan pequeñita
   es el símbolo de amor
   que los niños y las niñas
   deben dar a su Señor.

6. Yo espero que mi velita
   traiga la luz de la fe;
   es el lente poderoso
   con que a Cristo se ve.

7. Mi vela trae esperanza
   de bien y de redención;
   alimenta de continuo
   al cansado corazón.

8. Mi velita no es estrella
   pero alumbra tu lugar;
   con anhelo se propone
   constantemente brillar.

9. En alegre Noche Buena
   mi velita enseña el bien;
   con sus rayos nos alumbra
   el sendero de Belén.

TODOS:

   Llevaremos las velitas
   al pesebre del mesón.
   Allí demos alabanza
   y sincera adoración.

S. R. de Acevedo, c.1939
Noche Buena © 2000 Oxford
University Press, Inc.
Usado con permiso.

3. This little tiny light
   shining so brilliantly
   teaches us that humility
   is something all must learn.

4. My little candle shines
   with rays of holy peace
   so all the world can see
   we must love each other.

5. This little light so slight
   is a symbol of love so bright
   that all the children of the world
   must give unto our Lord.

6. I hope my little candle
   brings the light of faith,
   which is the lens so mighty,
   it brings Christ into sight.

7. My candle brings hope
   of goodness and redemption.
   It nourishes the heart
   of the tired and worn-out.

8. My candle is not a star
   but it shines where you are,
   and with undaunted desire
   it will always give its light.

9. On a happy Christmas Eve
   my little candle shows the way;
   every ray a little beacon
   on the path to Bethlehem.

ALL:

   Let us now take our candles
   to the manger at the inn.
   Let us there give our praise
   and sincerest adoration.

trans. by Nicolás Kanellos
Noche Buena, © 2000 Oxford
University Press, Inc.
Used by permission.

MI PEQUEÑITA LUZ
(Música: *The United Methodist
Hymnal* # 585)

1. Mi pequeñita luz
yo dejaré brillar,
mi pequeñita luz
yo dejaré brillar.
Mi pequeñita luz
yo dejaré brillar.
Brillará, brillará, brillará.

2. Doquiera que yo esté
la dejaré brillar. . . . (*3 veces*)
Brillará, brillará, brillará.

3. En la oscuridad
la dejaré brillar. . . . (*3 veces*)
Brillará, brillará, brillará.

*Espiritual Afro-americano
Trad. al español por Raquel M. Martínez*

THIS LITTLE LIGHT OF MINE
(Music: *The United Methodist
Hymnal* # 585)

1. This little light of mine
I'm goin'a let it shine,
this little light of mine
I'm goin'a let it shine.
This little light of mine
I'm goin'a let it shine.
Let it shine, let it shine, let it
shine.

2. Everywhere I go
I'm goin'a let it shine..(*3 times*)
Let it shine, let it shine, let it
shine.

3. All through the night
I'm goin'a let it shine..(*3 times*)
Let it shine, let it shine, let it
shine.

Afro-American Spiritual

CUÉNTAME HISTORIAS DE CRISTO
(Música: Ver UMH 277)

Cuéntame historias de Cristo;
    me gusta oir
    cosas que Él me contaría
    estando aquí.
    Cuentos del campo,
    otros del mar.
    ¡Tan bella historia
    quiero escuchar!

Cuéntame cuando a los niños
    bendijo Él.
    Y sentiré que su mano
    posa en mi sien.
    Tiernas palabras,
    actos de amor,
    luz en el rostro
    de mi Señor.

Cuando en aquella mañana
    triunfal entró,
    con la infantil comitiva
    que lo siguió,
    yo hubiera ido,
    feliz también,
    cantando «¡Hosanna,
    Jesús es Rey!»

Letra: Wm. H. Parker, 1885,
trad. G. Báez-Camargo

TELL ME THE STORIES OF JESUS
(Music: UMH 277)

Tell me the stories of Jesus
    I love to hear;
    things I would ask him to tell me
    if he were here:
    scenes by the wayside,
    tales of the sea,
    stories of Jesus,
    tell them to me.

First let me hear how the children
    stood round his knee,
    and I shall fancy his blessing
    resting on me;
    words full of kindness,
    deeds full of grace,
    all in the lovelight
    of Jesus' face.

Into the city I'd follow
    the children's band,
    waving a branch of the palm tree
    high in my hand;
    one of his heralds,
    yes, I would sing
    loudest hosannas,
    "Jesus is King!"

Words: Wm. H. Parker, 1885

VENID, CANTEMOS
(Música: *Aventuras en Canción*, pág. 38
A Children's Songbook, Abingdon Press)

Venid, cantemos al Señor. (*2 veces*)
Venid, cantemos al Señor
con alegría.
Venid, cantemos al Señor
con alegría.

Letra y música: Raquel M. Martínez

COME, LET US SING UNTO THE LORD
(Music: See *Aventuras en Canción*, p. 38
A Children's Songbook, Abingdon Press)

Come, let us sing unto the Lord.
(*twice*)
Come, let us sing unto the Lord
with great rejoicing.
Come, let us sing unto the Lord
with great rejoicing.

Words and Music: Raquel M. Martínez

DIOS ES BUENO

(Música: Ver *Aventuras en Canción,* pág. 39
A Children's Songbook, Abingdon Press)

¡Oh, qué bueno, bueno es Dios!
¡Oh, cuán grande es su amor!
Si algo necesito Dios me lo da;
¡qué bueno es el Señor!

*Letra: Tim Krug; trad. por Jorge
A.Lockward © 1996 Cokesbury*

GOD IS GOOD

(Music: See *Aventuras en Canción,* p. 39
A Children's Songbook, Abingdon Press)

O! God is good to me.
O! How God loves me so.
And God's giving me all the things
I need to help me love and grow.

Words: Tim Krug © 1995 Cokesbury

¿QUIÉN HACE LAS FLORES?

(Música: Ver *Aventuras en Canción,* pág. 6
A Children's Songbook, Abingdon Press)

1. ¿Quién hace las flores, las flores,
   las flores?
   ¿Quién hace las flores?
   Nuestro Dios.

2. ¿Quién hace la lluvia, la lluvia,
   la lluvia?
   ¿Quién hace la lluvia?
   Nuestro Dios.

3. ¿Quién hace los mares, los
   mares, los mares?
   ¿Quién hace los mares?
   Nuestro Dios.

4. ¿Quién hace las nubes, las
   nubes, las nubes?
   ¿Quién hace las nubes?
   Nuestro Dios.

*Letra: Clotilde F. Náñez
© 1973 The United Methodist Publishing
House)*

WHO MAKES THE FLOWERS?

(Music: See *Aventuras en Canción,* p. 6
A Children's Songbook, Abingdon Press)

1. Who makes the flowers, the
   flowers, the flowers?
   Who makes the flowers?
   Our God.

2. Who makes the rain, the rain,
   the rain?
   Who makes the rain?
   Our God.

3. Who makes the sea, the sea,
   the sea?
   Who makes the sea?
   Our God.

4. Who makes the clouds, the
   clouds, the clouds?
   Who makes the clouds?
   Our God.

*Words: Clotilde F. Náñez
© 1973 The United Methodist Publishing
House)*

DIOS ME AMA

(Música: Ver *Aventuras en Canción*, pág. 10
A Children's Songbook, Abingdon Press)

Jesucristo enseñaba a una grande
multitud: «Dios les ama, yo les
amo,
siempre cerca Dios está».
Ahora sé que Dios me ama,
y conmigo siempre está.

*Letra: Ann Evans,
trad. por Jorge A. Lockward
© 1996 Cokesbury*

GOD LOVES ME

(Music: See *Aventuras en Canción*, p. 10
A Children's Songbook, Abingdon Press)

Jesus said to all the people
as they crowded close to hear:
"God loves you as I love you.
God is with you everywhere."
Jesus showed that God loves me.
God is with me everywhere.

Words: Ann Evans

ALLÁ EN EL PESEBRE

Música: Ver *Aventuras en Canción*, pág. 13
A Children's Songbook, Abingdon Press.

Allá en el pesebre
do nace Jesús,
la cuna de paja nos vierte gran luz.
Estrellas lejanas del cielo al mirar
se inclinan gozosas su lumbre
a prestar.

Pastores del campo,
    teniendo temor,
cercados de luz y de
    gran resplendor,
acuden aprisa
buscando a Jesús,
nacido en pesebre,
del mundo la luz.

Oh Cristo, pedimos hoy tu bendi-
    ción.
Rogamos que atiendas a nuestra
    oración.
A todos, oh Cristo, nos muestras
    amor;
nosotros te amamos también,
    Salvador.

*Letra: Autor desconocido.
Es traducción de* Away in a Manger

AWAY IN A MANGER

(*The United Methodist Hymnal*, # 217)

Away in a manger, no crib for a bed,
the little Lord Jesus laid down his
    sweet head.
The stars in the sky looked down
    where he lay,
the little Lord Jesus, asleep on the hay.

The cattle are lowing,
    the baby awakes,
but little Lord Jesus
    no crying he makes;
I love thee, Lord Jesus,
    look down from the sky
and stay by my cradle
    till morning is nigh.

Be near me, Lord Jesus, I ask thee
    to stay
close by me forever, and love me, I
    pray.
Bless all the dear children in thy
    tender care,
and fit us for heaven to live with
    thee there.

Words: Author Unknown

Rito para la celebración de un nombramiento Pastoral

Este rito se puede usar dentro del orden de un culto para celebrar el nombramiento del pastor o pastora que ha sido enviado por primera vez, o cuyo nombramiento se ha renovado para otro año, de acuerdo al orden de la Iglesia Metodista Unida. Quien dirija este rito puede ser el presidente del Comité de Pastor y Parroquia, u otra persona de la congregación. El rito puede adaptarse como sea necesario, cuando hay nombramientos de otros ministros ordenados, o ministros diaconales a la misma congregación.

Antes de las lecturas bíblicas del día se invita a quienes han recibido el nombramiento a pasar al frente delante de la mesa de comunión. Quien dirige dirá a la congregación:

Apreciada congregación:

Hoy damos la bienvenida a **N...**, quien ha sido nombrado(a) para servir como nuestro pastor(a). Él/Ella está bien capacitado(a) y ha sido nombrado(a) con oración y discernimiento, por nuestro Obispo **N.....**

Dirigente, dirigiéndose al pastor(a):

> Pastor(a) **N...**, usted ha sido enviado(a) a vivir entre nosotros, como portavoz de la palabra de Dios; como ministro de los sacramentos, y como sustentador(a) del amor, orden y discipulado del pueblo de Dios.

Pastor(a) responde:

> Hoy reafirmo este compromiso en la presencia de esta congregación.

Dirigente, dirigiéndose a la congregación:

> Hermanos y hermanas en Cristo: Como un pueblo comprometido a participar en los ministerios de la iglesia a través de sus oraciones, su presencia, sus dones y su servicio, ¿celebrarán esta nueva jornada apoyando y sosteniendo a **N.....** en estos ministerios?

Congregación:

> Hoy reafirmamos nuestro compromiso de apoyarlo(a) con nuestras oraciones, nuestra presencia, nuestros dones y nuestro servicio.

Dirigente:	¡Cuán hermosos sobre la montaña son los pies del mensajero(a)!
Congregación:	De quien anuncia la paz, quien trae buenas nuevas, quien anuncia salvación.

Aquí se puede cantar el «Gloria Patri»—MVPC # 23

Dirigente ofrece la siguiente oración:

Eterno Dios, danos sostén y fortaleza para cumplir nuestros ministerios junto con nuestro pastor(a) **N....** Concédenos paciencia, valor y sabiduría para desafiarnos mutuamente a realizar una mejor labor en tu nombre, pero también para cuidarnos unos a otros de tal manera que juntos podamos seguir a Jesucristo, viviendo unidos en amor, y ofreciendo nuestros dones y talentos a tu servicio. Por Jesucristo, nuestro Señor. **Amén.**

HIMNO CONGEGACIONAL

Sugerencias—MVPC:

213	Haz lo que quieras
214	Jesús, yo he prometido
331	Señor, tú me llamas

Cuando una pastora o pastor asociado es nombrado a una congregación por primera vez, representantes de la congregación pueden hacer una o todas las siguientes presentaciones. Después de cada presentación, la persona nombrada responderá: «Amén», y colocará lo recibido sobre una mesa.

Quien presenta:

N....: Acepte esta Biblia, y sea entre nosotros como quien proclama la Palabra.
Pastor(a) Amén.

N...: Tome esta agua, y bautice nuevos cristianos en este lugar.
Pastor(a) Amén.

N...: Tome este pan y esta copa y ayúdenos a mantener nuestra comunión con Cristo y su Iglesia.
Pastor(a) Amén.

N...: Reciba esta estola que simboliza su ordenación, y como nuestro pastor(a) condúzcanos a delicados pastos y a aguas de reposo.
Pastor(a) Amén.

Aquí el pastor/pastora toma la estola, se la coloca, y dice:

Jesucristo ha colocado su yugo sobre mí y yo voluntariamente lo recibo. Te pido, Señor, que me ayudes a aliviar las cargas de los cansados, y a ser humilde y sencillo(a) de corazón para cumplir este ministerio.

ORACIÓN CONGREGACIONAL

Oh Dios, bendice los ministerios de tu Iglesia. Te damos gracias por la diversidad de dones que has derramado sobre nosotros. Haznos uno en tu Espíritu, de tal forma que cada quién use sus diferentes dones para ministrar a los otros y así seamos un solo cuerpo. Permite que tu palabra sea proclamada con fidelidad y concede que seamos hacedores de tu palabra y no tan sólo oidores.

Habiendo muerto y resucitado con Cristo en el bautismo, nos reunimos alrededor de esta mesa y luego nos esparcimos por el mundo para ser tus testigos. Permite que seamos uno en servicio a los demás. En el nombre de Jesucristo, nuestro Señor. Amén.

El Pastor o pastora se puede arrodillar y quien dirige, junto con otros miembros de la congregación, pueden poner sus manos sobre su cabeza. La congregación une sus manos y dice:

El Señor te bendiga y te guarde. El Señor haga resplandecer su rostro sobre ti, y tenga de ti misericordia; el Señor alce su rostro sobre ti y ponga en ti paz. Amén.

HIMNO DE CLAUSURA

Sugerencias—MVPC   195   Tú has venido a la orilla
                                 289   Heme aquí

Traducción y adaptación: The United Methodist Book of Worship, 1992

Rompimiento de tierra para una casa pastoral
Parsonage Groundbreaking

Introducción

El rompimiento de tierra es ocasión para buscar la bendición de Dios sobre el proyecto que se inicia. Es oportunidad para reconocer y celebrar los pasos y decisiones que la congregación ha tomado en proveer vivienda para la familia pastoral. Aquí se ofrecen recursos para usarse en un culto celebrado en el sitio de la nueva construcción.

Lecturas sugeridas:

Génesis 28:11-22, 1 Corintios 3:10-17, Efesios 4:1-7; 11-13

Letanía	Litany
Para edificar una casa de residencia para el pastor o pastora y su familia, **Rompemos hoy esta tierra.**	To build a place of residence for the pastor and his/her family, **We break this ground today.**
Para que sea un lugar donde el amor de Dios gobierne y donde cada miembro de la familia pueda crecer en gracia y sabiduría, **Rompemos hoy esta tierra.**	That this house may be a place governed by God's love and where each family member finds space to grow in grace and in wisdom, **We break this ground today.**
Para que esta casa sirva como lugar de descanso físico, emocional y espiritual para sus habitantes, **Rompemos hoy esta tierra.**	That this house may provide physical, emotional and spiritual rest to its inhabitants, **We break this ground today.**
Para que sea un hogar de paz, donde haya siempre una sonrisa de bienvenida para todo visitante, **Rompemos hoy esta tierra.**	That this house may be a haven of peace, and a place where visitors are welcomed with a smile, **We break this ground today.**
Para que sea un hogar donde el compañerismo cristiano y el respeto mutuo abarquen a quienes entren por sus puertas, **Rompemos hoy esta tierra.**	That this house may be a place where Christian fellowship and mutual respect embrace all who enter through its doors, **We break this ground today.**

Oh Dios, como familia de tu amor nos hemos unido en el propósito de edificar esta casa para la familia pastoral. Tú nos has guiado, nos has fortalecido y confirmado en esta decisión. Continúa con nosotros al reunirnos hoy en acto de alabanza a ti y en fidelidad a tu llamado. Concede tu bendición a quienes emplearán sus labores en edificar esta casa para nuestras familias pastorales. Recibe, oh Dios, nuestra gratitud por tus dones de fe, esperanza y amor al servirte en Cristo Jesús, nuestro fundamento fiel. **Amén.**

El credo apostólico

Líder: Unámonos en esta confesión histórica de la fe cristiana:

Todos: Creo en Dios Padre, todopoderoso, creador del cielo y de la tierra;

Y en Jesucristo, su único Hijo, Señor nuestro; que fue concebido del Espíritu Santo, nació de la virgen María, padeció bajo el poder de Poncio Pilato, fue crucificado, muerto y sepultado; al tercer día resucitó de entre los muertos; ascendió al cielo y está sentado a la diestra de Dios Padre todopoderoso, de donde vendrá a juzgar a los vivos y a los muertos.

Creo en el Espíritu Santo, la santa Iglesia universal, la comunión de los santos, el perdón de los pecados, la resurrección del cuerpo y la vida perdurable. Amén.

Afirmación de fe

Creemos que somos hijos e hijas de Dios, llamados a un ministerio de servicio.

Creemos que somos la Iglesia de Cristo, miembros del cuerpo de Cristo, llamados a un ministerio de amor y reconciliación.

Creemos que somos llamados a sanar, a profetizar, a enseñar y a predicar.

Creemos que somos llamados a amar a nuestro prójimo y a testificar del amor de Dios en nuestras ciudades y vecindarios.

Creemos que somos llamados a proclamar las buenas nuevas de vida en abundancia; a proclamar que nuestro Dios es el Dios de la vida. ¡Aleluya! ¡Amén!

Affirmation of Faith

We believe that we are God's sons and daughters, called to a ministry of service.

We believe that we are Christ's Church, members of the body of Christ, and that we are called to a ministry of love and reconciliation.

We believe that we are called to heal, to prophesy, to teach and to preach.

We believe that we are called to love and serve our neighbor, and to witness to God's love in our cities and in our neighborhoods.

We believe that we are called to proclaim the good news of life abundant; to proclaim that our God is the God of all life. Alleluia! Amen!

Credo del Pueblo Inmigrante
(Creed of the Immigrant People)

Un pueblo en marcha
(A People Marching)

Ca - mi - na, pue-blo de Dios, ca - mi - na, pue-blo de Dios.
Walk on, O peo-ple of God; walk on, O peo-ple of God.

LETRA: Cesáreo Gabaráin; trans. por George Lockwood, 1987
MÚSICA: Cesáreo Gabaráin; arr. por Juan Luis García, 1987

R

Proclamemos nuestra fe, como pueblo de Dios:
Creemos en un solo Dios, principio y fin de toda la vida, creador del cielo y tierra.
Creador de un pueblo digno, sobre el cual derramó su Santo Espíritu de unidad, fortaleza, justicia e igualdad.

Creemos en Dios que defiende el derecho de la viuda, del huérfano y del forastero; que derriba las fronteras, las diferencias y los grandes poderes.
Y que acompaña a los trabajadores en las esquinas, a las trabajadoras domésticas, a los vendedores ambulantes, campesinos y refugiados; es un Dios con un rostro angustiado porque vive en medio de nosotros como indocumentado, desempleado, sin casa y menospreciado.

R

Let us proclaim our faith as people of God:
We believe in one God, beginning and end of all life, creator of heaven and earth.
Whose people were created with dignity and upon whom the Holy Spirit spread unity, strength, justice and equality.

We believe in God who defends the rights of widows, orphans and the stranger, who breaks down borders, differences and arrogances.
Who walks with the laborers gathered on street corners, with domestic workers, with street vendors, with farmworkers and with refugees; a God with an anguished face because he lives among us as an undocumented person, unemployed, without a home, rejected and despised.

Creemos y confiamos en el poder del mismo Dios en quien confiaron Abraham, Sara, Moisés, Isaías, María y Jesús de Nazaret.

El mismo Dios que antes cruzó el Mar Rojo con su pueblo, hoy también cruza las fronteras que nos separan. **R**

Creemos en el Dios de los profetas, reformadores, mártires de la fe y los santos anónimos de ayer y hoy.

Proclamamos al mismo Dios en quien creyeron y confiaron Agustín, Teresa de Ávila y Martín Lutero; el mismo Dios que inspiró a Martin Luther King, Jr., a Oscar Arnulfo Romero y a César Chávez. Ellos, guiados por un mismo Espíritu y una misma causa, dieron sus vidas, y abrieron el camino para un nuevo orden de solidaridad.

Creemos en Jesucristo, quien fue rechazado por los suyos,

pero estuvo dispuesto a entregarse por la redención de todos, que comparte nuestra concreta realidad de cada día y que, con su victoria sobre la muerte, nos dio esperanza de vida nueva.

Creemos que debemos ser fieles a Dios, el Único y Soberano,

que rige la vida de ricos y pobres, de niños y ancianos, de mujeres y hombres, de toda raza, idioma, credo y condición, y que nos invita a construir una nueva realidad: su reino de amor, solidaridad y vida eterna. Esta es nuestra fe y la reafirmamos doquiera que estemos, porque ¡Dios va con nosotros! Siempre en marcha. ¡Aleluya! ¡Amén! **R**

We believe and trust in the power of the same God in whom Abraham, Sarah, Moses, Isaiah, Mary and Jesus of Nazareth trusted.

The same God who crossed the Red Sea with his people and today still crosses the borders which separate us. **R**

We believe in the God of the prophets, reformers, martyrs of the faith, and the unknown faithful of yesterday and today.

We proclaim the same God in whom Augustine, Teresa of Avila and Martin Luther believed and trusted; the same God who inspired Martin Luther King, Jr., Oscar Arnulfo Romero and César Chávez. All these persons, guided by the same Spirit and the same cause, offered their lives, making way for a new order of solidarity.

We believe in Jesus Christ, who was rejected by his own,

but was willing to offer himself for the redemption of all; who shares the concrete reality of our daily lives and who, through his victory over death, gave us hope of new life.

We believe we should be faithful to God, the only One and Sovereign,

who guides the lives of rich and poor, young and old, women and men of all races, languages, beliefs and conditions; and who invites us to build a new reality: God's kingdom of love, solidarity and eternal life. This is our faith and we proclaim it wherever we are, because "God goes with us." Always marching.

Alleluia! Amen! **R**

CREDO PARA INMIGRANTES

Creo en Dios todopoderoso, quien guió a su pueblo durante el éxodo y en el exilio, el Dios de José en Egipto y de Daniel en Babilonia, el Dios de los extranjeros y los inmigrantes.

Creo en Jesucristo, el galileo desplazado, que nació lejos de su hogar y de su gente; que tuvo que huir de su país con sus padres porque su vida corría peligro, y cuando regresó del exilio tuvo que sufrir la opresión del tirano Poncio Pilato, servidor de un imperio extranjero; que fue perseguido, injuriado y finalmente torturado; fue acusado y condenado a muerte en un juicio injusto. Sin embargo, al tercer día, ese Jesús despreciado resucitó de la muerte, no como extranjero sino para ofrecernos la ciudadanía de los cielos.

Creo en el Espíritu Santo, el inmigrante eterno del reino de Dios entre nosotros, quien habla todas las lenguas, habita en todos los países y reúne a todas las razas.

Creo en la iglesia como un hogar seguro para todo extranjero y creyente que la forman, quienes hablan un mismo idioma y tienen el mismo propósito.

Creo que la comunión de los santos comienza cuando aceptamos la diversidad de los santos. Creo en el perdón que nos hace a todos iguales, y en la reconciliación que nos identifica mucho más que la raza, el idioma o la nacionalidad. Creo que

CREED FOR IMMIGRANTS

I believe in almighty God, who guided his people in exile and in exodus, the God of Joseph in Egypt and of Daniel in Babylon, the God of foreigners and immigrants.

I believe in Jesus Christ, a displaced Galilean, who was born away from his people and his home, who had to flee the country with his parents when his life was in danger, and who upon returning to his own country had to suffer the oppression of the tyrant Pontius Pilate, the servant of a foreign power. He was persecuted, beaten and finally tortured, accused and condemned to death unjustly. But on the third day, this scorned Jesus rose from the dead, not as a foreigner but to offer us citizenship in heaven.

I believe in the Holy Spirit, the eternal immigrant from God's kingdom among us, who speaks all languages, lives in all countries, and reunites all races.

I believe that the church is the secure home for all foreigners and believers who constitute it, who speak the same language and have the same purpose.

I believe that the communion of saints begins when we accept the diversity of the saints. I believe in the forgiveness which makes us all equal, and in the reconciliation which identifies us more than does race, language or nationality. I

Dios, en la Resurrección, nos reúne a todos como un solo pueblo en el que todos somos distintos pero iguales al mismo tiempo.

Creo en la vida eterna más allá de este mundo, en la cual nadie será inmigrante sino todos ciudadanos del reino de Dios que no tendrá fin. Amén.

believe that in the Resurrection, God will unite us as one people in which all are distinct and all are alike at the same time.

I believe in life eternal beyond this world, where no one will be an immigrant but all will be citizens of God's Kingdom that has no end. Amen.

CREDO HISPANO

Creemos en Dios Padre todopoderoso, creador de los cielos y de la tierra; creador de los pueblos y las culturas; creador de los idiomas y de las razas.

Creemos en Jesucristo, su Hijo, nuestro Señor, Dios hecho carne en un ser humano para todos los humanos; Dios hecho carne en un momento para todas las edades; Dios hecho carne en una cultura para todas las culturas; Dios hecho carne en amor y gracia para toda la creación.

Creemos en el Espíritu Santo, por quien el Dios encarnado en Jesucristo se hace presente en nuestro pueblo y nuestra cultura; por quien el Dios creador de todo cuanto existe nos da poder para ser nuevas criaturas; quien con sus infinitos dones, nos hace un solo pueblo: el cuerpo de Jesucristo.

Creemos en la Iglesia, que es universal porque es señal del reino venidero; que es más fiel mientras más se viste de colores; donde todos

HISPANIC CREED

We believe in God, the Father Almighty. Creator of the heavens and the earth; Creator of all peoples and all cultures; Creator of all tongues and races.

We believe in Jesus Christ, his Son, our Lord, God made flesh in a person for all humanity; God made flesh in an age for all the ages; God made flesh in one culture for all cultures; God made flesh in love and grace for all creation.

We believe in the Holy Spirit, through whom God incarnate in Jesus Christ makes his presence known in our peoples and our cultures; through whom, God Creator of all that exists, gives us power to become new creatures; whose infinite gifts make us one people: the Body of Christ.

We believe in the Church universal because it is a sign of God's Reign, whose faithfulness is shown in its many hues, where all

los colores pintan un mismo paisaje; donde todos los idiomas cantan una misma alabanza.

Creemos en el reino venidero, día de la gran fiesta, cuando todos los colores de la creación se unirán en un arco iris de armonía; cuando todos los pueblos de la tierra se unirán en un banquete de alegría; cuando todas las lenguas del universo se unirán en un coro de alabanza.

Y porque creemos, nos comprometemos a creer por los que no creen, a amar por los que no aman, a soñar por los que no sueñan, hasta que lo que esperamos se torne realidad. Amén.

the colors paint a single landscape, where all tongues sing the same praise.

We believe in the Reign of God—the day of the Great Fiesta, when all the colors of creation will form a harmonious rainbow, when all peoples will join in joyful banquet, when all tongues of the universe will sing the same song.

And because we believe, we commit ourselves: to believe for those who do not believe, to love for those who do not love, to dream for those who do not dream, until the day when hope becomes reality. Amen.

Somos el pueblo de Dios

¡Somos el pueblo de Dios! Somos el signo de un nuevo mundo, una nueva creación. Somos hermanas y hermanos de Jesús.

Creemos en Dios. Creemos en la bondad de Dios, la presencia de Dios en la historia humana, y la proximidad del amor de Dios.

Creemos en Cristo Jesús, Dios encarnado. Creemos que esta encarnación y revelación están presentes en medio de nuestras vidas. Creemos que Dios se reveló y se sigue revelando en la humanidad, para que del sufrimiento humano brote rescate y sanidad; y de la muerte, vida nueva.

Creemos en el Espíritu Santo que se mueve entre nosotros, que nos hace un pueblo de Dios. Creemos que, por el poder del Espíritu Santo, el mundo puede cambiar y la comunidad de paz, amor y justicia puede ser una realidad.

¡Somos el pueblo de Dios! Somos el signo de un mundo nuevo, una nueva creación. Somos hermanas y hermanos de Jesús. Amén.

We Are the People of God

We are the people of God! We are the sign of a new world, a new creation. We are sisters and brothers of Jesus Christ.

We believe in God. We believe in the goodness of God, in the presence of God in human history, in the nearness of God's love.

We believe in Jesus Christ, God incarnate. We believe that this incarnation and revelation are present in the midst of human life. We believe that God was revealed to us and continues to reveal himself in humanity, that out of human suffering may come rescue and healing; and out of death, new life.

We believe in the Holy Spirit which moves among us and makes us a people of God. We believe that by the power of the Holy Spirit the world can change and a community of peace, love and justice can become a reality among us.

We are the people of God! We are the sign of a new world, a new creation. We are sisters and brothers of Jesus Christ. Amen.

Un nuevo año

1. Al a-cer-car-se un nue-vo a-ño, nos re-u-ni-mos con gra-ti-tud pa-ra tra-er-te los co-ra-zo-nes y a-gra-de-cer-te tan-ta vir-tud.

2. Dios de los tiem-pos, de las e-dad-es, Dios de los pue-blos, Dios e-ter-nal: ¿Có-mo po-dre-mos a-gra-de-cer-te tan-ta bon-dad de tu ma-nan-tial?

3. En es-te a-ño que ya prin-ci-pia, hoy su-pli-ca-mos tu ben-di-ción. Se-a tu Es-pí-ri-tu nues-tro guí-a pa-ra cum-plir con nues-tra mi-sión.

Coro

En hu-mil-dad te glo-ri-fi-ca-mos; ven, tu re-ba-ño a trans-for-mar. ¡Haz de no-so-tros un san-to tem-plo don-de tu glo-ria pue-da bri-llar!

LETRA: Raquel M. Martínez
MÚSICA: Raquel M. Martínez

Al umbral del año

LETRA: Anónimo, alt.
MÚSICA: Raquel M. Martínez
Música © 2003 Abingdon Press

Bautizados, renovados
(Through Baptismal Waters)

(♩ = 80)

C   F   C   G   C

1. So - mos bau - ti - za - dos, so - mos re - no - va - dos; so - mos re - ves-
2. Pue - blo re - di - mi - do, pue - blo con - sa - gra - do pa - ra pro - cla-
1. Through bap-tis - mal wa-ters, we have found re-new-al. We've put on the
2. God is our Re-deem-er, God has sanc - ti-fied us to pro-claim the

G/D   D7   G7   C   F

ti - dos de Cris - to Je - sús.   Pue-blo su - yo so - mos;
mar el a - mor de Je - sús.   Pue-blo su - yo so - mos;
gar - ment of Je - sus the Christ. There is on - ly one God;
won - ders that Je - sus im - parts. There is on - ly one God;

C   G   C7   Dm/F   C/G   G7   C

a Dios con - fe - sa - mos. Dé-mos-le la glo - ria y to-do ho - nor.
a Dios con - fe - sa - mos. Dé-mos-le la glo - ria y to-do ho - nor.
we are God's own peo-ple. Let us of - fer praise with voice and heart.
we are God's own peo-ple. Let us of - fer praise with voice and heart.

LETRA: Raquel M. Martínez, 1992; trad. al inglés por Raquel M. Martínez, 2003   RENOVACIÓN
MÚSICA: Raquel M. Martínez   669.669
© 1996, 2003 Raquel M. Martínez

Su gran familia

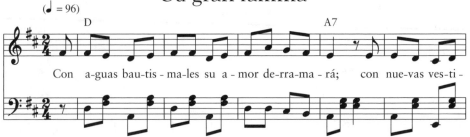
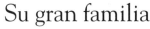

(♩ = 96)

D   A7

Con a-guas bau-tis - ma-les su a - mor de-rra-ma - rá; con nue-vas ves-ti-

LETRA: Joel N. Martínez
MÚSICA: Raquel M. Martínez
© 2003 Raquel M. Martínez

274

Canto de las Posadas
(Versión original)

LETRA: Tradicional, alt.
MÚSICA: Trad., arr. por Raquel M. Martínez
Arr. © 2003 Abingdon Press

Posada Song
(Original Version)

(♩ = 120)

Outside 1.	In the bless - ed name of heav'n,	I beg you, sir, let us
Inside 2.	I don't have a room for you;	please do not stop here, just
Outside 3.	We have trav - eled man - y days;	risk - y the jour-ney and
Inside 4.	For your names I do not care;	do let me sleep, it is
Outside 5.	Please have pit - y my good friend,	she is so wea - ry, so
Inside 6.	You are Jo-seph of Naz - a - reth?	With your be - lov - ed a -

in for the night, for my be - lov - ed Ma - ry is with child,
move on your way. The doors are closed, I'm set - tled for the night.
lone - ly the way. My name is Jo - seph, I'm from Naz - a - reth.
late in the night. Did you not hear? I can - not let you in.
worn and so cold. Her time is near, and soon she will give birth
bout to give birth? En - ter, my friends, I failed to rec - og - nize

and is un - a - ble to go an - y fur - ther to - night.
I will not o - pen for fear that you might be some knave.
We need a place where my Ma - ry can rest for a day.
I will not o - pen my door un - til morn - ing is nigh.
to a dear Child who will be the true Light of the world.
One who will bring love and peace and good will to the earth.

WORDS: Trad., English trans. by Raquel M. Martínez, 2001
MUSIC: Trad., arr. by Raquel M. Martínez, 2001

English trans., arr. © 2003 Abingdon Press

Canto de Las Posadas
(*Versión alterna*)

(♩ = 112)

Grupo de afuera:

1. En el nom-bre de los cie-los pi-do hoy po-sa-da,
2. Des-de le-jos hoy ve-ni-mos, lar-go fue el dí-a.
3. E-lla de-be des-can-sar, su tiem-po ha lle-ga-do

pues Ma-rí-a, mi es-po-sa, ya es-tá can-sa-da.
Soy Jo-sé de Na-za-ret y e-lla es Ma-rí-a.
de dar luz al pro-me-ti-do Ver-bo en-car-na-do.

Grupo de adentro:

Es-te no es un me-són; si-gan a-de-lan-te.
Yo no ten-go in-te-rés; dé-jen-me que duer-ma.
¿Sois Jo-sé de Na-za-ret? ¿E-lla es Ma-rí-a?

Mi por-tal no a-bri-ré, ¿qué si es un tu-nan-te?
Lo re-pi-to o-tra vez: No a-bri-ré la puer-ta.
Pres-tos al me-són en-trad, ¡no os co-no-cí-a!

LETRA: Tradicional, alt.
MÚSICA: Canto del siglo 14, arr. de Ernesto MacMillan, 1893, alt.

278

Posada Song
(Alternate Version)

Persons outside:

1. In the bless-ed name of heav'n I come seek-ing shel-ter.
2. We have trav-eled with-out rest; long has been the jour-ney.
3. It's for her I seek a place, look on her with fa-vor.

Ma-ry, my be-lov-ed wife can-not trav-el yon-der.
We have come from Naz-a-reth and just need a cor-ner.
She will soon be giv-ing birth to our bless-ed Sav-ior.

Persons inside:

This is not a room-ing house, please do not dis-turb me.
That is none of my con-cern, all my folks are sleep-ing.
How could I not rec-og-nize One of God's own choos-ing!

I re-fuse to let you in, go a-bout your jour-ney.
We are set-tled for the night; come back in the morn-ing.
En-ter in-to my a-bode; grant your peace and bless-ing!

WORDS: Trad., alt.; English trans. by Raquel M. Martínez
MUSIC: *A Spring Carol*, 14th cent.; harm. by Ernest MacMillan, 1893, alt.
English trans. © 2003 Abingdon Press

Canto de entrada

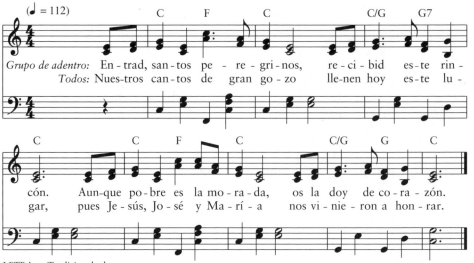

Grupo de adentro: En-trad, san-tos pe-re-gri-nos, re-ci-bid es-te rin-
Todos: Nues-tros can-tos de gran go-zo lle-nen hoy es-te lu-

cón. Aun-que po-bre es la mo-ra-da, os la doy de co-ra-zón.
gar, pues Je-sús, Jo-sé y Ma-rí-a nos vi-nie-ron a hon-rar.

LETRA: Tradicional, alt.
MÚSICA: Tradicional, arr. por Raquel M. Martínez
Arr. © 2003 Abingdon Press

Vamos, pastores, vamos

Va-mos, pas-to-res, va-mos, va-mos a Be-lén,
Hur-ry to Beth-le-hem, shep-herds now a-rise.

a ver en e-se ni-ño la glo-ria del E-dén;
See in the Ho-ly Je-sus a glo-rious par-a-dise.

a ver an e-se ni-ño la glo-ria del E-dén.
See in the Ho-ly Je-sus a glo-rious par-a-dise.

LETRA: Tradicional; trad. al inglés por Raquel M. Martínez
MÚSICA: Tradicional; arr. por Raquel M. Martínez
Trad. al inglés, arr. © 2003 Abingdon Press

Entrance Song

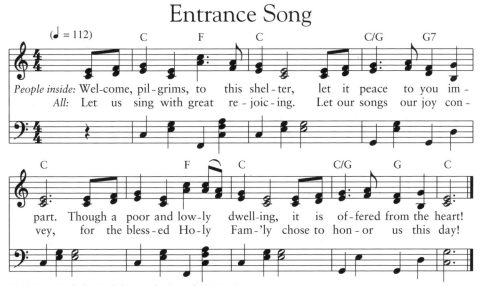

(♩ = 112)

People inside: Wel-come, pil-grims, to this shel-ter, let it peace to you im-
All: Let us sing with great re-joic-ing. Let our songs our joy con-

part. Though a poor and low-ly dwell-ing, it is of-fered from the heart!
vey, for the bless-ed Ho-ly Fam-'ly chose to hon-or us this day!

WORDS: Trad. alt.; English trans. by Raquel M. Martínez
MUSIC: Trad.; arr. by Raquel M. Martínez
English trans., arr. © 2003 Abingdon Press

Hurry to Bethlehem

(♩ = 88)

Hur-ry to Beth-le-hem, shep-herds now a-rise.
Va-mos, pas-to-res, va-mos, va-mos a Be-lén,

See in the Ho-ly Je-sus a glo-rious par-a-dise.
a ver en e-se ni-ño la glo-ria del E-dén;

See in the Ho-ly Je-sus a glo-rious par-a-dise.
a ver en e-se ni-ño la glo-ria del E-den.

WORDS: Trad.; English trans. by Raquel M. Martínez
MUSIC: Trad.; arr. by Raquel M. Martínez
© 2003 Abingdon Press

Every New Morning Jesus Is Born
(Todos los días nace el Señor - MVPC 119)

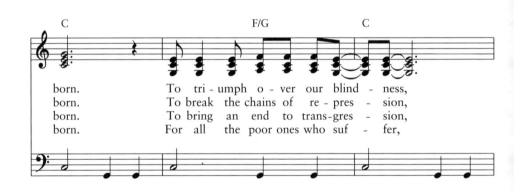

WORDS: Juan Antonio Espinoza, 1976; Eng. trans. by Raquel M. Martínez, 1997
MUSIC: Juan Antonio Espinoza, 1976; arr. by Raquel M. Martínez, 1997

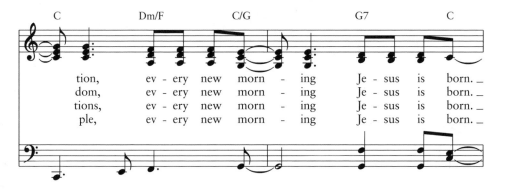

| C | Dm/F | C/G | G7 | C |

tion, ev - ery new morn - ing Je - sus is born. _
dom, ev - ery new morn - ing Je - sus is born. _
tions, ev - ery new morn - ing Je - sus is born. _
ple, ev - ery new morn - ing Je - sus is born. _

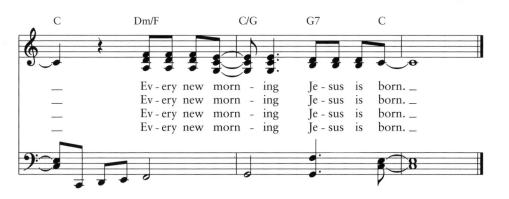

| C | Dm/F | C/G | G7 | C |

_ Ev - ery new morn - ing Je - sus is born. _
_ Ev - ery new morn - ing Je - sus is born. _
_ Ev - ery new morn - ing Je - sus is born. _
_ Ev - ery new morn - ing Je - sus is born. _

5. To grant us peace everlasting,
   Jesus Christ is born.
   For human sorrow and grieving,
   Jesus Christ is born.
   In every person who struggles,
   every new morning, Jesus is born.
   Every new morning, Jesus is born.

6. To bring his love to the nations,
   Jesus Christ is born.
   To wipe out selfish ambitions,
   Jesus Christ is born.
   As we embrace one another,
   every new morning Jesus is born.
   Every new morning Jesus is born.

7. Into a world that is sleeping,
   Jesus Christ is born.
   To shake and waken our being,
   Jesus Christ is born.
   In every soul who is waiting,
   every new morning Jesus is born.
   Every new morning Jesus is born.

Jubilosos
(Adaptación del Salmo 33)

(♩. = 69)

C

1. Ju - bi - lo - sos, ju - bi - lo - sos o - fre - cen los
2. Nues - tro Dios, nues - tro Dios es el Dios de jus -
3. Nues - tro Pa - dre, nues - tro Pa - dre es nues - tro au -

C   **G7**

jus - tos a Dios a - la - ban - za. Ju - bi -
ti - cia y mi - se - ri - cor - dia. Nues - tro
xi - lio y nues - tro es - cu - do. Nues - tro

G7

lo - sos, ju - bi - lo - sos o - fre - cen los jus - tos a Dios a - la -
Dios, nues - tro Dios es el Dios de jus - ti - cia y mi - se - ri -
Pa - dre, nues - tro Pa - dre es nues - tro au - xi - lio y nues - tro es -

C

ban - za. Ju - bi - lo - sos, e - le -
cor - dia. Al E - ter - no, al E -
cu - do. Su gran - de - za, su gran -

LETRA: Basada en el Salmo 33
MÚSICA: Popular mexicana, arr. por Raquel M. Martínez
Arr. © 2003 Abingdon Press

DE COLORES

C7

ve - mos a Dios po - de - ro - so nues-tro co - ra -
ter - no le pla - ce el jui - cio y to - da ver -
de - za y mi - se - ri - cor - dia nos li - ber - ta -

F   **C**   **A**

zón. Hoy can - te - mos con ar - pa y sal - te - rio; can - te - mos con
dad. El con - se - jo y los pen - sa - mien-tos de Dios per - ma -
rán. ¡Y por e - so nues-tros co - ra - zo - nes en Dios po - de -

Dm   **G7**   **C7**   **F**

go - zo la nue - va can - ción. Hoy can - te - mos con ar - pa y sal -
ne - cen por la e - ter - ni - dad. El con - se - jo y los pen - sa -
ro - so se a - le - gra - rán! ¡Y por e - so nues-tros co - ra -

C   **A**   **Dm**   **G7**   **C**

te - rio; can - te - mos con go - zo la nue - va can - ción.
mien-tos de Dios per - ma - ne - cen por la e - ter - ni - dad.
zo - nes en Dios po - de - ro - so se a - le - gra - rán.

Santo, Santo, Santo
(Holy, Holy, Holy)

(♩ = 60)

Santo, Santo, Santo, mi co - ra - zón te a -
Ho - ly, Ho - ly, Ho - ly, my heart, my heart a -

do - ra. Mi co - ra - zón te sa - be de-cir:
dores you. My heart knows how to say to you:

San - to e - res, Dios. San - to e - res, Dios.
You are ho - ly, Lord. You are ho - ly, Lord.

LETRA: Canto folklórico argentino / Argentine folk song
MÚSICA: Canto folklórico argentino / Argentine folk song; arr. por Raquel M. Martínez
Arr. © 2003 Abingdon Press

Quince años Dios te concede

(♩. = 58)

1. Quin-ce a - ños Dios te con - ce - de   en es - te mun-do vi -
2. Da - le   a Cris-to la glo - ria   por tu fe - liz e - xis -
3. Mues-tra, Oh Dios, al cre - yen-te   to - do tu a mor y po -

LETRA: Versos 1 y 2, anónimo, alt.; verso 3, Daniel W. Whittle, trad. anónimo; último coro, Raquel M. Martínez
MÚSICA: Raquel M. Martínez
Música © 2003 Abingdon Press

vir.
tir.
der.

Siem-pre guar-dar - te Dios quie - re,
Nun - ca des - pre-cies su gra - cia;
E - res de gra-cia la fuen-te;

y tu a-mor re - ci - bir.
quié-re - le siem-pre ser - vir.
lle - na de paz nues-tro ser.

Coro 1-2: Gó - za-te en es-ta ce-le-bra-ción,
Coro 3: Ben-di-ce hoy es-ta ce-le-bra-ción;

da - le a Dios tu ju-ven-tud
mo-ra en nues - tro co-ra-zón.

y vi - vi-rás ba-jo su pro-tec-ción;
Guár-da-nos ba-jo tu fiel pro-tec-ción.

en ca-da pa - so que das,
Con-vier-te nues-tra la - bor

en-con-tra-rás ple-ni - tud.
en fru - tos de ben-di - ción.

The Lord's Prayer

WORDS: Matthew 6:9,13; English adapt. S. T. Kimbrough, Jr.
MUSIC: Carlos Rosas

Viento que produce vientos
(Wind Who Makes All Winds That Blow)

1. Vien - to que pro - du - ce vien - tos   que do - ble - gan el fru -
1. *Wind who makes all winds that blow,*   *gusts that bend the sap - ling*

tal,   tor - be - lli - no en las a - guas,
low,   *gales that heave the sea in waves,*

en la men - te un zo - zo - brar;   Vi - vi - fi - ca con tu a -
stir - rings in the mind's deep caves: *Aim your breath with stead - y*

lien - to,   a tu I - gle - sia da po - der.
pow - er   *on your church this day, this hour.*

LETRA: Thomas H. Troeger, de *Borrowed Light*; trad al. español, Alberto Merubia y Raquel M. Martínez
MÚSICA: Raquel M. Martínez

Hoy re-nue-va nues-tras vi - das, Fue-go de Pen-te-cos - tés.
Raise, re-new the life we've lost, Spir-it, God of Pen-te - cost.

2. Fuego que enciende hogueras,
   sol que el astro en torno va,
   faro que alumbra escollos,
   guíanos con tu verdad.
   Ven como en antiguos tiempos,
   fuego santo arrobador.
   Oh, Vigor, Luz, Fortaleza,
   a tu Iglesia da valor.

3. Santo Espíritu flameante
   muévete en nuestro ser;
   de tu altar haznos hogueras
   quémanos con tu poder.
   Sopla sobre esa llama
   hasta que nuestro vivir
   sea tal que tu palabra
   pueda el mundo recibir.

2. *Fire who fuels all fires that burn,*
   suns around which planets turn,
   beacons marking reefs and shoals,
   Shining truth to guide our souls:
   Come to us as once you came;
   burst in tongues of sacred flame!
   Light and Power, Might and Strength,
   fill your church, its breadth and length.

3. *Holy Spirit, wind and flame*
   move within our mortal frame;
   make our hearts an altar pyre,
   kindle them with your own fire.
   Breathe and blow upon that blaze
   till our lives, our deeds and ways
   speak that tongue which every land,
   by your grace, shall understand.

LA ESTROFA HISPANA

En la liturgia de la Santa Comunión encontramos esta frase: «*Y así, con todo tu pueblo y con toda la compañía del cielo alabamos tu nombre y nos unimos en el himno eterno*». ¡Y ese himno eterno de todos los pueblos incluye la estrofa hispana! Debemos ofrecer nuestra estrofa para que nuestros acentos, nuestros ritmos y nuestra experiencia en Jesucristo sea de bendición para toda la santa Iglesia de Cristo. Así, la Iglesia del Señor sobre la tierra reflejará más y más la visión que se describe en el libro de Apocalipsis: «*Después de esto miré, y he aquí una gran multitud, la cual nadie podía contar, de todas naciones y tribus y pueblos y lenguas, que estaban delante del trono y en presencia del Cordero. . .*» *(Apocalipsis 7:9).*

¡Qué gran visión para la Iglesia y para el mundo de nuestros días! En medio de confusión y conflictos, de discordia y diversidad, la comunidad cristiana afirma su esperanza en la unidad de todas las voces en una alabanza al Señor de todas las naciones. Al ofrecer nuestra estrofa al himno universal también iremos aprendiendo las estrofas que otros pueblos cantan al Señor. ¡Y los otros pueblos irán aprendiendo la nuestra hasta que haya un rebaño con un solo Pastor!

Al preparar y ofrecer este recurso para la Iglesia hispana, los autores/editores desean invitar a quienes lo utilicen a continuar produciendo más recursos. La riqueza de las contribuciones litúrgicas que surgen de la vida congregacional entre el pueblo hispano, caribeño y latinoamericano es incalculable. Nuestro deseo es estimular a nuestros lectores a ofrecer sus tradiciones y prácticas litúrgicas para que nuestro pueblo pueda celebrar con gozo la fe que nos une en Cristo Jesús.

Estamos conscientes que hay música, letanías, credos, oraciones, coritos (estribillos) y otros ejemplos de liturgia hispana en cuadernos, hojas, boletines, etc., de iglesias locales que nunca se han publicado o distribuido fuera de su región. Nuestra esperanza es que estos tesoros del pueblo se vayan ofreciendo a toda la Iglesia mediante los esfuerzos que realicen líderes en los campos de la música, liturgia y teología. *Fiesta Cristiana* es una respuesta al anhelo entre la Iglesia Hispana Metodista Unida de un recurso básico para la adoración. Estamo seguros de que este anhelo no se satisface con este libro. Siempre seguirá habiendo necesidad de más recursos impresos, y ahora audio-visuales, para ayudar al crecimiento de nuestro pueblo

En la introducción se hizo notar que nuestra fe se arraiga en un Dios que se mueve y se manifiesta en la historia. También se afirmó que el Señor de la historia es Redentor de todos los pueblos. Las fronteras políticas y culturales no son más fuertes que el amor que nos une en un solo Señor. Reconociendo un bautismo, bebiendo del mismo Espíritu, confesando una misma fe (Efesios 4:4-5), como metodistas unidos buscamos la unidad de la Iglesia para así dar testimonio a todo el mundo.

En muchas partes de Latinoamérica, nuestras iglesias metodistas prefieren identificarse como «evangélicas» en lugar de «protestantes». Y ciertamente, como parte del movimiento wesleyano, debemos reflejar en nuestra adoración, así como en nuestra misión y ministerio, la preocupación de proclamar las buenas nuevas del Evangelio, tanto en palabra como en hecho. Nunca debemos perder esta nota en nuestra liturgia, nuestra himnología o nuestra teología. ¡El mundo entero es nuestra parroquia y todos los pueblos son el campo de nuestra labor!

Finalmente, en este recurso también incluimos algunas secciones en inglés. Esto se hizo por motivos evangélicos. La Iglesia Metodista Unida comienza a responder al crecimiento del pueblo hispano/latino en este país. El Plan Nacional para Ministerio Hispano manifiesta esta respuesta. Con frecuencia las congregaciones y pastores(as) de habla inglesa están iniciando ministerios de alcance misionero al pueblo latino en sus comunidades. Esas congregaciones y líderes necesitan un recurso bilingüe que las ayude a responder adecuadamente a esta necesidad. Aquí ofrecemos esta modesta contribución para la gloria de Dios y el crecimiento de la Iglesia Metodista Unida.

THE HISPANIC STANZA

In the liturgy of Holy Communion we find the phrase: *"And so, with all your people and all the company of heaven we praise your name and join their unending hymn"*—and that unending hymn includes a Hispanic stanza! Our stanza needs to be offered so that our accents, rhythms and our experience in Jesus Christ may be a blessing for all in Christ's holy Church. In this way, the Lord's Church all over the earth may come to reflect more fully the vision described in the Book of Revelation: *"After these things I looked, and behold, a great multitude which no one could number, of all nations, tribes, peoples, and tongues, standing before the throne and before the Lamb, clothed with white robes, with palm branches in their hands."* *(Rev. 7:9)*

What a vision for the Church and for the world in our days! In the midst of confusion and conflict, of discord and diversity, the Christian community affirms its hope in the harmony of all the voices in praising the Lord of all the nations. As we offer our stanza in the universal hymn, we will be learning the stanzas that other peoples sing to the Lord, and they will be learning ours until there is one flock with one Shepherd!

In preparing and offering this resource for the Hispanic Church, the authors/editors encourage all who use it to continue producing more resources. The wealth of liturgical contributions that is arising from the congregational life of Hispanic, Caribbean and Latin American people is incalculable. Our hope is to stimulate the readers to offer their traditions and liturgical practices so that the Spanish-speaking people can celebrate with joy the faith that unites us in Christ Jesus.

We are aware that there are music, litanies, creeds, prayers, praise choruses and other examples of Hispanic liturgy in congregational publications that are never published or distributed beyond their locality. Our hope is that the treasures of the people might be offered to the wider church through the efforts of leaders in the fields of music, liturgy and theology. *Fiesta Cristiana* is a response to the desire within Hispanic Methodism for a basic resource for worship. This desire among our people is not fulfilled with this book. There is need for more printed, as well as audio visual resources.

In the Introduction it was noted that our faith is rooted in the God who moves and is revealed in history. It was also affirmed that the Lord of history is the redeemer of all nations. The political and cultural boundaries are not stronger than the love that unites us together in one Lord. Recognizing one baptism, drinking from the same Spirit, confessing the same faith, (Eph. 4:4-5) we, as United Methodists, seek the unity of the church so we might bear witness to the whole world.

In many parts of Latin America, our Methodist churches prefer to identify themselves as "Evangelical" instead of "Protestant." Surely, as Wesleyans, we should reflect in our worship, as well as in our mission and ministry, our concern to proclaim the good news of the gospel, in word as well as in deed. We should never lose this note in our liturgy, our hymnody and our theology. The whole world is our parish and all peoples are our field of labor.

Finally, some sections in English are included in this resource. This was done with an evangelical purpose. The UMC is beginning to respond missionally to the growth of the Hispanic/Latino population: The National Plan for Hispanic Ministry reflects this response. More frequently, English-speaking congregations and pastors are initiating ministries of missional outreach to the Latino people in their communities. These congregations and leaders need a bilingual resource to help them respond adequately to this need. Here we offer this modest contribution for the glory of God and the growth of the United Methodist Church.

Referencia de himnos en
Mil voces para celebrar (1996) y The United Methodist Hymnal (1989)

Español—Inglés

Mil voces para celebrar		The United Methodist Hymnal	
157	A Cristo coronad	327	Crown Him With Many Crowns
21	A Dios el Padre celestial	95	Praise God From Whom All Blessings
90	A media noche resonó	218	It Came Upon the Midnight Clear
242	A solas al huerto	314	In the Garden
184	Abre mis ojos a la luz	454	Open My Eyes That I May See
149	Al Cristo vivo sirvo	310	He Lives (I serve a risen Savior)
28	Al Dios de Abraham, loor	116	The God of Abraham Praise
169	Alabad al gran Rey	98	To God Be the Glory
29	Alma, bendice al Señor	139	Praise to the Lord, the Almighty
164	Alzad la cruz	159	Lift High the Cross
98	Ángeles cantando están	238	Angels We Have Heard on High
262	Bálsamo de amor en Galaad	375	There Is a Balm in Gilead
63	Bendito Cristo	189	Fairest Lord Jesus
201	Busca primero	405	Seek Ye First
139	Cabeza ensangrentada	286	O Sacred Head, Now Wounded
151	Camina, pueblo de Dios	305	Camina (Walk On O People of God)
383	Cantad del amor de Cristo	701	When We All Get to Heaven
49	Cantemos al Señor	149	Cantemos (Let's Sing Unto the Lord)
25	Castillo fuerte es nuestro Dios	110	A Mighty Fortress Is Our God
206	¡Cómo en su sangre pudo haber!	363	And Can It Be that I Should Gain
174	Conduce, Rey eterno	580	Lead On, O King Eternal
234	Cristo es el todo para mí	469	Jesus Is All the World to Me

Inglés—Español

Referencia de himnos en Mil Voces para celebrar (1996) y The Faith We Sing (2000)

Español / Inglés

MIL VOCES PARA CELEBRAR		THE FAITH WE SING	
55	Aleluya	2026	Halle, Halle, Halleluja
241	¿Cómo podré estar triste?	2146	His Eye Is on the Sparrow
53	Cuánto nos ama	2108	O How He Loves You and Me
363	Dad gracias	2036	Give Thanks
263	Débil soy	2158	Just a Closer Walk With Thee
355	Dios está aquí	2049	God Is Here Today
307	Enviado soy de Dios	2184	Sent Out In Jesus' Name
165	Eres digno	2063	You Are Worthy
217	Gracias, Señor	2044	My Gratitude Now Accept O God
230	Hazme un instrumento de tu paz	2171	Make Me a Channel of Your Peace
57	Jesu, tawa pano (Heme aquí, Jesús)	2273	Jesus, We Are Here(Jesu, Tawa Pano)
278	Miren qué bueno	2231	O Look and Wonder
258	Nada te turbe	2054	Nothing Can Trouble
219	Perdón, Señor	2134	Forgive Us, Lord
33	Santo	2019	Holy
73	Sólo tú eres santo	2077	You Alone Are Holy
273	Somos uno en Cristo	2229	We Are One in Christ Jesus
267	Somos uno en espíritu	2223	They'll Know We Are Christians
322	Te ofrecemos, Padre nuestro	2262	Let Us Offer to the Father
379	Tuya la gloria	2011	We Sing of Your Glory

Inglés / Español

ÍNDICE DE PRIMERAS LÍNEAS
Y TÍTULOS DE LOS HIMNOS
(Título en letra cursiva si es diferente a la primera línea)

Recursos adicionales

¡Alabadle! Hispanic Christian Worship, edited by Dr. Justo L. González, (Nashville: Abingdon Press, 1996).
- A collection of essays by Hispanic authors of various Christian traditions. The editor emphasizes the joyous dimension of worship among Hispanics.

By Water and the Spirit, Gayle Carlton Felton, (Nashville: Discipleship Resources, 1998).
- Study edition of the church's official interpretive document on baptism adopted by the 1996 General Conference.

Contemporary Worship, edited by Tim and Jan Wright (Nashville: Abingdon, 1997).
- Brief essays by leaders in the contemporary worship movement in the U.S. on the meaning, practice and variety of contemporary worship.

Contemporary Worship for the 21st Century, Daniel T. Benedict & Craig Kennet Miller (Nashville: Discipleship Resources, 1994). Discipleship Resources
- 3 formats for contemporary worship, - examples of contemporary worship services

El Significado de la Santa Comunión en la Iglesia Metodista Unida, E. Byron Anderson. Traducido/adaptado por Martha Rovira de Raber (Nashville: Discipleship Resources, 2001).
- Provee una introducción sobre la interpretación de la Santa Comunión en la Iglesia Metodista Unida.

Festejemos Juntos al Señor—Libro de celebraciones de la Iglesia Evangélica Metodista en América Latina
© 1989 Asociación Ediciones La Aurora, Avenidas Corrientes 728, 1416 Buenos Aires, Argentina

Manual de Adoración (Worship Manual) (Nashville: Discipleship Resources).
- reflexión sobre las bases bíblicas, teológicas y litúrgicas para la adoración

Worship Matters—Volumes I & II, edited by E. Byron Anderson (Nashville: Discipleship Resources, 1999).
- a two-volume guide for United Methodist pastors, worship leaders and musicians. The two volumes are a comprehensive overview of United Methodist worship patterns, the celebration of the sacraments, distinct cultural traditions, worship planning, and much more. A valuable resource.

RECURSOS ADICIONALES PARA MINISTERIOS HISPANOS

Módulo I (bilingüe)
- Programa de capacitación para el desarrollo de ministerios hispanos (Nashville: Junta General de Discipulado)

Module I (bilingual)
- Training program for the development of Hispanic Ministries (Nashville: Discipleship Resources)

Módulo II (bilingüe)
- Programa de capacitación para misioneros(as) laicos(as) y pastores(as) mentores(as) (Nashville: Junta General de Discipulado)

Module II (bilingual)
- Lay Missioners and Pastor-Mentor Training Program (Nashville: Discipleship Resources)

Pentecost Journey: A Planning Guide for Hispanic Ministries, Jeannie Treviño-Teddlie (Nashville: Discipleship Resources, 1999).
- Designed for congregational leaders who want to initiate ministry with Hispanics; conference leaders responsible for ministry with Hispanics, church growth and development and/or new congregations. Includes a companion video.

RECURSOS PARA LA NIÑEZ

*Aventuras—*Recursos bilingües para la Escuela Dominical, edades 3-5, 6-8, 9-11, Marta Sanfiel, Editora general, (Nashville, Abingdon Press).

Aventuras en Canción (Adventures in Song), Carmen Saraí Pérez, Editora (Nashville: Abingdon Press, 1999).
- selección de cantos bilingües que aparecen en el recurso *Aventuras.* Además del libro de música, los cantos están en casetes.

Children Worship, MaryJane Pierce Norton, (Nashville: Discipleship Resources, 1998).
- recurso que ayuda a incorporar a los niños y niñas a los actos de adoración de la congregación.

Recursos adicionales de música

Himnarios

Cantos del Pueblo
© 1997, Abingdon Press, 201 Eighth Avenue, South, Nashville, TN 37202
- una compilación solamente de la letra de himnos en español para comunidades de fe que se reunen en la iglesia o en el vecindario. Ver el acompañamiento musical en *Mil Voces Para Celebrar*.

Celebremos su Gloria
© 1992 Celebremos / Libros Alabanza, c/o 8635 la Prada, Dallas, TX 75228

El Himnario Presbiteriano
© 1999 Geneva Press, 100 Witherspoon Street, Louisville, KY 40202-1396.

Flor y Canto, segunda edición
© 2001, OCP Publications, 5536 NE Hassalo, Portland, OR 97213.
- Incluye: himnario con letra y música (tapa dura), himnario con letra solamente (tapa rústica), edición para teclado, edición para guitarra. También está disponible en una colección de 18 discos compactos que incluyen todos los cantos del himnario.

Libro de Liturgia y Cántico
© 1998 Augsburg Fortress, P. O. Box 1209, Minneapolis, MN 55440-1209

The Faith We Sing—Suplemento a *The United Methodist Hymnal*
© 2000 Abingdon Press, 201 Eighth Avenue South, Nashville, TN 37202

Otros recursos

Global Praise 1
© 1996, rev. 1997, 1998, 1999, General Board of Global Ministries, The United Methodist Church, GBGMusik, 475 Riverside Drive, New York, NY 10115
- Indigenous songs from around the world that reflect the commonality we have with one another in our spiritual journey with God. Also available on CD.

Global Praise 2
© 2000 General Board of Global Ministries, The United Methodist Church, GBGMusik, 475 Riverside Drive, New York, NY 10115
- *Songs for worship and witness from Asia, Africa, The Caribbean, Europe, North and South America, and the Pacific islands, for the enrichment and the strengthening of one another in our faith journey.*

Gente Nueva—casetes para comunidades de fe, (Nashville: Discipleship Resources, 1999).
- colección de cantos en español para usarse en cultos de alabanza y en grupos pequeños de la iglesia. El paquete incluye dos casetes (vocal e instrumental), un folleto con la letra de los cantos y sugerencias para diseñar cultos de alabanza.

Tenemos esperanza / Temos esperança / We have hope, Jorge A. Lockward, Editor, © 2002 General Board of Global Ministries, The United Methodist Church, GBGMusik, 475 Riverside Drive, Room 320, New York, NY 10115
- cantos de fe y esperanza de Latinoamérica, en tres idiomas: español, portugés e inglés. Disponible también en disco compacto.

Todas las Voces, Pablo Sosa (casete)
- 16 cantos de 12 países latinoamericanos; cantos del pueblo, interpretados con instrumentos auténticos de sus países.

RECONOCIMIENTOS / ACKNOWLEDGEMENTS

Prólogo / Foreword—Justo L. González
Introducción General / General Introduction—Joel N. Martínez,
Traducción al español—Carmen Gaud
Cómo usar *Fiesta Cristiana*—Joel N. Martínez
Patrón básico de adoración—Adaptado de *Mil Voces Para Celebrar* y *The United Methodist Book of Worship*

CULTOS GENERALES / GENERAL SERVICES

Culto de la Santa Comunión—Adaptado de *Mil Voces Para Celebra*r
Saludo e Invitación—Yolanda Pupo Ortiz
Acto de Alabanza—World Council of Churches, 7th Assembly, 1991
WCC, 150 route de Ferney, 1211 Geneva 2, Switzerland

Culto de la Santa Comunión / A Service of Holy Communion—Yolanda
Pupo Ortiz English translation: Raquel M. Martínez

Culto de Alabanza con la Santa Comunión / Praise Communion Service—
Joel and Raquel Martínez

Culto de la Santa Comunión para el Fin del Año—Roberto Luis Gómez

Culto Breve de la Santa Comunión para Uso en el Hospital o un Hogar
Roberto Luis Gómez

La Santa Comunión—con prefacios para diversas ocasiones—Joel N.
Martínez

La Gran Acción de Gracias
Música para la Comunión -A - Raquel M. Martínez
Música para la Comunión -B - Raquel M. Martínez
Música para la Comunión -C - William Loperena, O.P.

El Sacramento del Bautismo—Adaptado de MVPC
Credo y Acción de Gracias Sobre el Agua Bautismal—Joel N.
Martínez

Culto de Renovación del Pacto Bautismal—Adaptado de *The United Methodist Book of Worship*
Letanía de Confesión y Acción de Gracias Sobre el Agua

Bautismal—WCC 7th Assembly, 1991, World Council of Churches, 150 route de Ferney, 1211 Geneva 2, Switzerland
Canto «Bautizados, renovados»—Raquel M. Martínez

Service of Reaffirmation of the Baptismal Covenant—Adapted from *The United Methodist Book of Worship*
Litany of Confession and Thanksgiving Over the Waters—WCC 7th Assembly, 1991, World Council of Churches, 150 route de Ferney, 1211 Geneva 2, Switzerland
Song "Through Baptismal Waters"—Raquel M. Martínez

CULTOS ESPECIALES

Culto de Matrimonio Cristiano—Adaptado de MVPC. English translation of "Presentation of the Bible," "Presentation of Arras," "Presentation of the Lazo"—Raquel M. Martínez

Culto de Renovación del Pacto Matrimonial
Saludo, Oración de la Pareja, Respuesta Congregacional, Letanía de Gratitud, Oración de Clausura—Joel N. Martínez
Declaración de Propósito, Renovación de Votos —Noe E. Gonzales

Culto de Consolación y Acción de Gracias—Joel N. Martínez

EL AÑO CRISTIANO / THE CHRISTIAN YEAR

Introducción—Adaptado de *The New Handbook of the Christian Year,* Abingdon, 1992.
Trad. Raquel M. Martínez

Calendario—*The UM Book of Worship,* —Trad. Raquel M. Martínez

Colores del Año Cristiano—*The UM Book of Worship*, Trad. Raquel M. Martínez

Leccionario Común Revisado—traducción de *The Revised Common Lectionary,* 1992.

Adviento / Advent
Actos de adoración: / Acts of Worship —Joel N. Martínez, unless otherwise credited.

313

La Corona de Adviento—*The UM Book of Worship,* Spanish trans. by Raquel M. Martínez

Encendido de las velas de Adviento, *The UM Book of Worship,* Trad. — Raquel M. Martínez

Navidad / Epifanía

Actos de adoración: / Acts of Worship: Navidad, Christmas Season — Joel N. Martínez, unless otherwise credited.

La Epifanía del Señor / The Epiphany of the Lord — Joel N. Martínez, unless otherwise credited

Culto para el Día de Reyes—Carmen Gaud

Estación Después de la Epifanía / Season After the Epiphany

Actos de adoración: / Acts of Worship:

El Bautismo del Señor / Baptism of the Lord — Joel N. Martínez, unless otherwise credited

Domingos después de la Epifanía / Sundays After the Epiphany— Joel N. Martinez, unless otherwise credited

Domingo de la Transfiguración / Transfiguration Sunday — Joel N. Martínez, unless otherwise credited

Cuaresma / Lent

Culto de Miércoles de Ceniza—Fernando Santillana

Actos de adoración: / Acts of Worship: Cuaresma / Lent — Joel N. Martínez, unless otherwise credited

Culto para el Domingo de Pasión / Ramos—Yolanda Pupo-Ortiz

Actos de adoración: / Acts of Worship:

Semana Santa / Holy Week — Joel N. Martínez, unless otherwise credited

Culto de Jueves Santo—Carmen Gaud

Culto de Tinieblas—*The UM Book of Worship,* Trad. — Raquel M. Martínez

Recursos para el Viernes Santo—Yolanda Pupo-Ortiz

Resurrección / Easter

Vigilia Pascual o el Primer Culto de Resurrección — *The UM Book of Worship,* Trad. — Raquel M. Martínez; Proclamación de Resurrección (Exultet), porciones del *Libro de Liturgia y Cántico,* pp.143--144.

Actos de adoración: / Acts of Worship:

Domingo de Resurrección / Easter Sunday — Joel N. Martínez, unless otherwise credited

Estación de Resurrección / Easter Season — Joel N. Martínez, unless otherwise credited

Día o Domingo de la Ascensión / Ascension Day or Sunday — Joel N. Martínez, unless otherwise credited

Día de Pentecostés / Day of Pentecost — Joel N. Martínez, unless otherwise credited

Estación después de Pentecostés / Season After Pentecost
Actos de adoración: / Acts of Worship:
Domingo de la Trinidad / Trinity Sunday — Joel N.Martínez, unless otherwise credited
Día de Todos los Santos / All Saints Day — Joel N. Martínez, unless otherwise credited
Día o Domingo de Acción de Gracias / Thanksgiving Day or Sunday — Joel N. Martínez, unless otherwise credited
Reinado de Jesucristo/Domingo de Cristo el Rey / Reign of Christ/Christ the King Sunday — Joel N.Martínez, unless otherwise credited

CULTOS DE LA TRADICIÓN HISPANA
SERVICES FROM THE HISPANIC TRADITION

Culto de las Posadas—Raquel M. Martínez
Introducción: Adaptación de *Historia de las Posadas* (datos históricos en las Posadas) — Librería San Pablo, 3802 Brooklyn Ave. Los Angeles, CA 90063
Oración de preparación, Oraciones del pueblo, Bendición—Joel N. Martínez

A Service of Las Posadas—Raquel M. Martínez
Introduction: Adapted from *Historia de las Posadas* (datos históricos en las Posadas) — Librería San Pablo, 3802 Brooklyn Ave. Los Angeles, CA 90063
Prayer of Preparation, Prayers of the People, Benediction—Joel N. Martínez

Celebración de Quince Años—Joel and Raquel Martínez
Introducción: Adaptación de *Religious Celebration for the Quinceañera*, Mexican-American Cultural Center, San Antonio, TX
Oración—Roberto Escamilla, *The United Methodist Book of Worship*, Trad. — Raquel M. Martínez
Renovación de Lealtad—Horacio Ríos

Fifteenth Birthday Celebration—Joel and Raquel Martínez
  Introduction: Adapted from *Religious Celebration for the Quinceañera,* Mexican-American Cultural Center, San Antonio, TX
  Prayer—Roberto Escamilla, *The United Methodist Book of Worship*
  Renewal of Loyalty — Horacio Ríos, Trans. — Raquel M. Martínez

Culto en el Vecindario y en las Comunidades de Fe—Raquel M. Martínez

Domingos especiales en la Iglesia Metodista Unida

Día de las Relaciones Humanas—Cristian de la Rosa

Una Gran Hora de Compartir—Joel N. Martínez

Domingo de Conciencia Sobre Asuntos Nativoamericanos
  Saludo—*The UM Book of Worship,* Trad. — Raquel M. Martínez

Domingo de Paz con Justicia—Raquel M. Martínez, © 1998 United Methodist Communications, Nashville

Domingo de Comunión Mundial—Joel N. Martínez

Día del Estudiante Metodista Unido—Cristian de la Rosa

Domingo del Laicado—Joel N. Martínez

Otros días especiales

Domingo de Aldersgate—Joel N. Martínez

La Familia Cristiana—Joel N. Martínez

Día de las Madres / Mother's Day—Joel N. Martínez

Día de los Padres / Father's Day—Joel N. Martínez

Día del Trabajo—Joel N. Martínez

Día de la Independencia—Joel N. Martínez

OTROS CULTOS

Culto para el Domingo de la Reforma—Horacio Ríos

Liturgia con unción de aceite para personas enfermas—Horacio Ríos

RECURSOS PARA OTRAS OCASIONES

Acción de gracias para graduandos / Thanksgiving for Graduates—Joel N. Martínez

Bendición de un hogar—*The UM Book of Worship*, Trad. — Raquel M. Martínez

Consagración de nuevos oficiales / Consecration of New Officers—Joel N. Martínez

Consagración de un edificio—*The UM Book of Worship*, Trad. — Joel N. Martínez

Letanía de gratitud para el aniversario de una iglesia — Yolanda Pupo Ortiz

Oración al principiar una tarea / Prayer at the Beginning of a Task — Raquel M. Martínez

Oración de seguridad en tiempos difíciles / Prayer of Assurance for Difficult Times — Raquel M. Martínez

Oración para familias en crisis / Prayer for Families in Crisis—Roberto L. Gómez
Mil Voces Para Celebrar © 1996 Abingdon Press. Trans. — Raquel M. Martínez

Oración por la humanidad sufriente—Joel N. Martínez

Presentación de Biblias a niños y niñas—*The UM Book of Worship*, Trad. — Joel N. Martínez

Recursos para la adoración con la niñez—*Aventuras*, Abingdon Press
- Velitas de Navidad / Little Christmas Candles, S. R. de Acevedo, c. 1939, trans. by Nicolás Kanellos. In Noche Buena, © 2000 Oxford University Press, 198 Madison Avenue, New York, NY 10016-4314
- Bilingual Songs—*UMH* and *Aventuras en Canción*, Abingdon Press

Rito de Celebración de un nombramiento—*The UM Book of Worship,* Trad. — Joel N. Martínez

Rompimiento de tierra para una casa pastoral / Parsonage Groundbreaking—Joel N. Martínez

AFIRMACIONES DE FE / AFFIRMATIONS OF FAITH

Credo apostólico—*Mil Voces Para Celebrar,* © 1996 Abingdon Press

Afirmación de fe / Affirmation of Faith—Yolanda Pupo-Ortiz, Trad. — Raquel M. Martínez

Credo del pueblo inmigrante / Creed of the Immigrant People—Tomás López, Trad. — Raquel M. Martínez; musical response: Césareo Gabaráin, arr. Juan Luis García. Oregon Catholic Press, 5536 NE Hassalo, Portland, OR 97231

Credo para inmigrantes / Creed for Immigrants—Jose Luis Casal

Credo hispano / Hispanic Creed—Justo L. González, *Mil Voces Para Celebrar,* © 1996 Abingdon Press

Somos el pueblo de Dios / We Are the People of God—Yolanda Pupo-Ortiz

MÚSICA

Al umbral del año
    Letra: anónimo, adapt.; música: Raquel M. Martínez

Bautizados, renovados / Through Baptismal Waters
    Letra y música: Raquel M. Martínez

Canto de las Posadas (Versión original)
    Letra: tradicional, adapt.; música: tradicional, arr. de Raquel M. Martínez

Canto de las Posadas (Versión alterna)
    Letra: tradicional, adapt.; música: Canto del siglo 14, arr. de Ernesto MacMillan, 1893, alt.

Canto de entrada
Letra: tradicional, adapt.; música: tradicional, arr. por Raquel M. Martínez

Vamos, pastores, vamos / Hurry to Bethlehem
Letra: tradicional, trad. — Raquel M. Martínez; música: tradicional, arr. por Raquel M. Martínez

Posada Song (Original version)
Words: Traditional, Trans. — Raquel M. Martínez; music: Traditional, arr. by Raquel M. Martínez

Posada Song (Alternate version)
Words: Traditional, Trans. — Raquel M. Martínez; music: A Spring Carol, 14th cent.; harm. by Ernest MacMillan, 1893, alt.

Entrance Song
Words: Traditional, adapt., trans. — Raquel M. Martínez; music: Traditional, arr. by Raquel M. Martínez.

Hurry to Bethlehem
Words: Traditional, trans. — Raquel M. Martínez; music: Traditional, arr. by Raquel M. Martínez

Every New Morning Jesus Is Born
Words and Music: © Juan Antonio Espinoza, 1976, 1997; published by OCP Publications; trans. — Raquel M. Martínez, arr. by Raquel M. Martínez

Jubilosos
Letra: basada en el salmo 33; música: popular mexicana, arr. de Raquel M. Martínez

Quince años Dios te concede
Letra: versos 1 y 2: anónimo, alt., verso 3: Daniel W. Whittle, 188
Traducción: anónimo; último coro: Raquel M. Martínez; mú
Raquel M. Martínez

Santo, Santo, Santo / Holy, Holy, Holy
Letra: Canto popular argentino / Argentine folk song; música: popular argentina, arr. por Raquel M. Martínez

Su gran familia
Letra: Joel N. Martínez; música: Raquel M. Martínez

The Lord's Prayer
Music: © 1976, 2001 Carlos Rosas; Administered by OCP Publications. English translation originally published by General Board of Global Ministries, 2001

Un nuevo año
Letra y música: Raquel M. Martínez

Viento que produce vientos / Wind Who Makes All Winds That Blow
Letra: Thomas H. Troeger, de *Borrowed Light*; trad. al español: Alberto Merubia y Raquel Martínez; © 1994, © 2003 Oxford University Press, Inc.
música: Raquel M. Martínez

REFLEXIÓN SOBRE LA LITURGIA HISPANA
A REFLECTION ON HISPANIC LITURGY

La Estrofa Hispana / The Hispanic Stanza—Joel N. Martínez

APÉNDICES

Referencia de himnos en *Mil Voces Para Celebrar* y *The United Methodist Hymnal* — General Board of Discipleship
Referencia de himnos en *Mil Voces Para Celebrar* y *The Faith We Sing* — Raquel M. Martínez